愛着理論と精神分析
Attachment Theory and Psychoanalysis

ピーター・フォナギー
Peter Fonagy

遠藤利彦・北山 修 監訳

誠信書房

Attachment Theory and Psychoanalysis
by Peter Fonagy
Copyright © Peter Fonagy 2001
First published by Other Press (USA), represented by Cathy Miller Foreign Rights Agency, London, England.
Copyright © Japanese language edition, Seishin Shobo 2008
Japanese translation rights arranged with Cathy Miller Foreign Rights Agency, London, England through Japan UNI Agency, Inc., Tokyo.

監訳者まえがき

北山　修

　本書の著者たちに言わせれば，ボウルビィの愛着理論という仕事は，これだけ心理学の世界で引用されているというのに，その実践担当であるべき精神分析の世界で重視されないというのが，まったくもって大問題なのである。それは，本書を読んでもらえばわかるのだが，ボウルビィの態度と他の精神分析家たちの姿勢の両方に困難があったからだという。

　それで本書は，これまで大きな分裂を起こしてきた両者の間を取り持とうという，大志を抱いた書物なのである。

　もともと，フロイトの考えでは，精神分析は実証可能な科学となることを目指していた。しかしながら，精神分析にはファンタジーの読みとその解釈，そして物語の紡ぎ出しを方法とする言語芸術なのだという側面もあって，誕生以来ずっと精神分析の科学指向と反科学性の間の揺れは続いている。それでもなお，そこを揺れるにまかせず，反科学的な精神分析を実証可能な科学にしようとする愛着理論の動きには，ついて行く者とついていかない者とにはっきりと分かれるのである。だから，両極をしぶとく橋渡しして折り合いをつけようとする本書の試みは，結果的に非常に面白い現代精神分析の歴史的展望を含む入門書になっている。

　そして実は，そこで展開する思考の営みこそ，精神分析的であると言える。フロイト派精神分析という主体の無意識は，中央にではなく，その周辺にあり，そこで生まれる中央と周辺の対話こそがフロイト的であるという事実を，本書は例証するものだと思うのだ。

　まさに，この解題で監訳者・遠藤氏が言うように，

　「今や心を成り立たせている脳神経・生理的，遺伝的，生物学・進化論的あるいは認知科学的な基盤など，心に関わるさまざまな仕組みが厳密な方法論に従って解明されつつある。フロイトがこの今に蘇るならば，きっと彼は躍起になって，そうした実証的な知見と自らが打ち立てた心のモデルとの照

合を図ったのではないだろうか」。

　それでも，実に多様な人間の集合体となった精神分析世界には，こういう努力をほとんど相手にしない精神分析家たちもいる。しかし，私の目から見て，フォナギー教授らの実証研究は，精神分析が英国の国民医療サービスで，具体的に生き残るためにどうしても欠かせない仕事なのである。私には，30年前の，行動療法のアイゼンク対精神分析一派の理論的で実践的な戦いを，ロンドンのモーズレィ病院における卒後研修の2年間，その場で見てこの身で体験しているので，その切実さがよくわかる。その動向や結果次第で，予算が増減されスタッフたちの数や治療室のスペースまでもが左右されてしまう。米国でパーソナリティ障害という旗印を掲げて，精神医学のなかに精神分析を生き残らせるために戦ったカーンバーグたちが果たしたような役割が，欧米ではいつも求められているのである。

　また，フォナギー教授が精神分析で重視されるのは，それだけではない。今まで世界的に見ても，英国精神分析協会は精神分析学を着実にリードしてきたのだ。そして，その内実はずっと三分割されながら決して分裂しないでいるわけで，彼ら自身が数年前の国際精神分析学会におけるパネルで語っていたように，この分割されながら分裂しない英国精神分析協会の在り方や努力こそ，多産でいられることの源泉なのである。そしてそうであることの体現者である彼こそが，三派のなかでクライン派や中間学派に比べ勢力後退の感のあるアンナ・フロイト学派の出身で，これを代表する論客なのである。だから，本書の文章や構成には，分割しながら分裂しないでいようという著者の強固な意志が感じられる。加えて，国際精神分析学会の大会におけるコメントも，その意志に満ちた，明晰かつユーモア溢れるもので，オーラルな能力が重視される精神分析家としても優秀な人だと考えられる。

　日本人研究者には以前から馴染みがあり，2008年夏に横浜で開催される世界乳幼児精神保健学会 World Association for Infant Mental Health (WAIMH) の世界大会の前身が日本で大会をもったとき，エムディ先生らとともに来日されていた。また今，日本では狩野力八郎氏らがベイトマン/フォナギーの *Psychotherapy for Borderline Personality Disorder : Mentalization-Based Treatment* を翻訳されたばかりで，2008年春，その縁で来日される。だから，著者はメンタライゼーション概念に基づくボーダーライン

の治療技法論でも活躍ということになり，本書はその基礎理論をまとめたものとしても位置づけることができる。

　実は，本書や解題でもわかるが，このメンタライゼーションという概念は，精神分析の治療論ではアルファ・ファンクション（W. ビオン）やリフレクションというような概念でも議論されていたところだ。精神分析家や一般読者には，このことに注意を向けておいてもらいたい。例えば「リフレクション」という言葉で言うなら，こちらの反省（セルフ・リフレクション）の原点は相手の照らし返しや映し返し（リフレクト・バック）にあるというアイデアは，実に言語的な観察に基づく物語なのである。例えば英語では，"interest" や "excite" などの言葉を使うとき，「興奮する」「興味を抱く」という意味を表すのに動詞の受身形で言わねばならないのだが，この言語表現に表れる，外から受身的に与えられて能動的な心の働きが作動しているという現象は，実に言われてみないとわからないが，言語を通して追跡可能なのである。

　英語で平たく言うならそういうアイデアなのだが，重要な他者に見守られ応えてもらいながら子どもが他者を思う心理だということになれば，日本語の「甘える／甘やかす」「思う／思われる」というような母子や親子の相互性の領域に一挙に通じることになる。つまり，他者に思われながら人びとは思うようになることを，「思われる」と言うのだというのは，本当に含蓄のある物語を孕む論理なのだ。『日常臨床語辞典』でも指摘しておいたが，日本語の「れる」「られる」が自発，可能，受身などを表すことは，母子の相互関係のなかでの発生論を考えるなら当然なのである。児童分析の D. W. ウィニコットの言い方に倣えば，こういう与えられたものを自分が創造したもののように思う錯覚が，原初的創造性なのであり，それこそ起源は外か内か，と問えないものなのである。

　こういう身近なことを考えると，科学としての精神分析や心理学に関心がなくとも，本書のもたらすかもしれないスリルとインパクトは計りしれないものとなろう。確かに，実証的なものというよりは物語的なものが好まれるわが国の臨床風土は，私にも染み付いている。それで，拙著では劇的観点から精神分析を紹介したばかりだが，そこでは，早期の濃厚な親子関係で書き込まれた台本を人びとは相手役を代えながら繰り返すことを強調している。

そこで，最近の講演会や授業などでは，その根拠と台本書き込みのメカニズムや如何と問われることが多いのだが，私は，これからは間違いなく本書を読むようにすすめるつもりだ。

　溢れんばかりの中身に食いついて，完成まで粘り強く，そして多岐にわたって文章を検討された，遠藤利彦氏とこの翻訳チームに感謝したい。私は最後の段階で，精神分析から見た検討を担当したが，導入部を共有して以来，実質的な中身のことは，ほとんど遠藤氏と訳者たちにおまかせしてきた。九州大学で数年間一緒に過ごしてこの仕事を始めたときは，本書がこれだけの広がりと深さを持っていたとは認識していなかった。今，訳書が完成するとき，参加者たちのほとんどが居場所を異にしたまま出版の日を迎え，大きな時間が流れてまた一つ貴重な「作品」が誕生したことについて，その無謀さを恥じるとともに，距離を超え喜びを分かち合いたい。

序　文

　精神分析と愛着理論の間には，あるわだかまりが存在している。それは多くの家庭内不和のように，問題がどこから始まったかを確認するのが難しいものである。

　1960年代初頭，ジョン・ボウルビィ（John Bowlby）の論文が『児童精神分析研究』（*Psychoanalytic Study of the Child*）誌（Bowlby, 1960）に掲載されて以降，主要な精神分析家の多くが彼を敵対視するようになった。愛着理論は機械論的で，非力動的で，精神分析理論に対する誤解に基づいて展開されていると非難されたのである（A. Freud, 1960 ; Schur, 1960 ; Spitz, 1960）。皮肉にも，ボウルビィの見解に対する反意が，アンナ・フロイト（Anna Freud）とメラニー・クライン（Melanie Klein）の信奉者に一つの小さな共通基盤をもたらすことにはなったが（Grosskruth, 1986），当のボウルビィは，その後の数十年間にわたり，精神分析のなかにおいて相対的に孤立した存在となる。エンジェル（Engel, 1971），ロックリン（Rochlin, 1971），ロイフェ（Roiphe, 1976），そしてハンリー（Hanley, 1978）といった主要な論者によってかなり定期的に加えられた，これらの批判は，多様な問題を提起してはいるが，根本的には比較的少数の見解の相違として要約することができる。すなわち，ボウルビィは，欲動，「エディプス」，無意識過程（とりわけ無意識的なファンタジー），そして内在化された複雑な動機づけおよび葛藤解決システムといった概念を放棄したと見なされている。また，人の感情は自我によって経験されるものであり，社会化の影響を受け，あるいは乳児の身体に起源を有する快感の源でもあるが，ボウルビィは，こうした一連の感情の豊かさについても，それを捨て去ってしまったと見られている。愛着理論は，もっぱら養育者の行動に由来する子どもの脆弱性のみに注目し，それ以外の生物学的な脆弱性を無視しているようであり，そして

子どもが示す問題の原因を，身体的分離というたった一つの変数に還元して考察しようとするものだとも考えられている。ボウルビィはまた，愛着を形成し，喪失に反応する子どもの能力に，自我の発達的状態がいかに影響するかを検討していないとも非難される。さらに彼は，母親への怖れや身体的分離以外のトラウマに関係したネガティブな愛着に対する考慮を怠っているとも論難されている。ボウルビィは，複雑な象徴機能を十分に認識することなく，その代わりに進化論的な考察を強調しているという点において，還元主義者と見なされているのである。しかし，これらの言は，あくまでも，公に向けて調整され発信された，精神分析的評価の一端を示しているに過ぎない。非公式には，もっと辛辣なことが言われているのである。「ボウルビィは人間を動物であるかのように扱っている」（Grosskruth, 1987, p. 406）。分析家は，彼の業績について，それを見下すような酷評をしており，それを読む義理さえも感じていないようである（Ellingen, 1997：Marrone による引用，1998）。最もよく知られている英国の分析家ベスト 10 に確実に入り，おそらく最も国際的に引用されている論者の一人でありながら，彼の著作は英国精神分析学会においては，まだ必読書の扱いとはなっていない。そして，こうした確執が消失していくわずかばかりの兆しも見られないというのが現状である。つい最近の 1992 年にも，リレスコヴ（Lilleskov, 1992）は次のように書いている。「ボウルビィによる欲動理論の軽視によって行動の観察は容易になったかもしれないが，そうした観察についての説明力は減じてしまった」（p. 128）。

　ボウルビィの論に異を唱えた歴史上重要な精神分析家について取り上げ論じるよりも，また，彼らがなした口汚い論評と愛着理論に関する根深い誤解を問題にするよりも，むしろ，われわれはボウルビィ自身による精神分析の説明を簡単に見ておくべきであろう。ただ，遺憾ながら，彼の精神分析に関わる記述は，時に，彼の才能に似つかわしくないこともある。「パーソナリティの成長経路」（Pathways of the Growth of Personality）という表題がつけられた彼の著作集第 2 巻 22 章（Bowlby, 1973）において，ボウルビィは，二つの理論モデルを線路システムの 2 タイプにたとえている。そこでは，パーソナリティ発達の精神分析的モデルは，停止が起こり得る単線と見なされている。成人の病理的な状態は，健常な早期発達における固着あるい

はそこへの退行のために生じると考えられているのである。それに対して、ボウルビィがその代案として示した、生物学者のウォディントン（Waddington, 1966）に由来するモデルは、一定範囲内の複数の発達経路を含むものであり、そこでは一つの主要な道筋が異なった小道に分岐していく。ボウルビィの論点ははっきりしてはいるものの、不誠実でもある。なぜならば、彼はアンナ・フロイト（Anna Freud）やエリック・エリクソン（Eric Erikson）などといった、同じような「マルチトラック」の発達的ネットワークを仮定していた人物の仕事に極めて精通していたからである。ボウルビィは、〔実際のところ、精神分析の一部は複数の発達経路を仮定しているにもかかわらず、それがないものとして、精神分析を槍玉にあげているという意味において——訳注：以下同様〕ただ精神分析のわら人形を攻撃しているようであり、やましい感は否めない。同じように、ボウルビィは彼の1958年の論文において、精神分析家たちが、「二次的動因説」と彼が呼ぶところのものから何とか離れようと試みながら、それが失敗に終わっていることを執拗に説明しようとしている。二次的動因説とは、口唇とその他の身体的欲求を基礎とする一次的動因が、ある特定他者との絆の形成に対する二次的動因を派生的に生み出すと仮定するものであるが、ボウルビィは、それとは対照的に、社会的な絆それ自体を、生物学的基礎を持つ一次的なものと位置づけたのである。しかし、これに関してもまた、フロイトとバーリンガム（A. Freud & Burlingham）は1944年にすでに、子どもには、母親にくっつこうとする本能的欲求があることを認識していた。また、さらにそれよりも早く、ハンガリーの精神分析家であるイムレ・ヘルマン（Hermann, 1923）は、ボウルビィがハーロウ（Harlow）の仕事を用いたのと何ら変わらない形で、霊長類の観察に基づきながら、養育者への「しがみつき」を一次的本能として提示していたのである。

　ボウルビィ（Bowlby, 1980 c）はこの狭量な態度を最後まで貫いた。パークス（Parkes）とスティーヴンソン=ハインド（Stevenson-Hinde）によって編集された論文集でのエピローグで、彼は精神分析への幻滅を再び記している。「精神分析は人間の心の内的な働きを重視し、親密な人間関係の特別な意味を認識はしたが、そのメタ心理学はすでに廃れかかり、一つのハンディキャップとなっており、また、たった一つの回顧的な研究方法に執着す

るだけでは，意見の相違点を解決するのに何ら意味をもたない」(p. 310)。ボウルビィはここで，詳細に探ろうともせずに，端から，精神分析的観察の妥当性を排除して考えているように見える。同じ章で彼は，「一つの方法の長所は他の方法の短所の少なくともいくつかを補うかもしれない」(p. 312) と述べ，異なった調査方法が，本質的にそれぞれ長所と短所とを有しており，うまく結合することで効果を発揮し得ると論評している。しかし，その当時までに，彼の知識の地平線から精神分析はもはや姿を消していたのである。1988年の段階で，彼は標準的な精神分析的見解を次のように見なした。「子どもの**本当の経験**がどのようなものであったかということに重きを置く者は，いかなる者も……哀れなまでに単純素朴であると見なされた。ほとんど自明のごとく，外界に興味を持つ者は誰もが内界には興味を持ち得ないと考えられ，実際，そうした者はほぼ確実にそこからは逃げ出していた」(Bowlby, 1988, pp. 43-44)。

　同時代の創造的な精神分析家の多くとは異なり，ボウルビィの考えが新しい精神分析学派をなすに至らなかったことについて考察するのは興味深いことである。もちろん，もしそうなっていたとしたら，このような書を著す必要はなかったのだろうが。むしろ，ボウルビィの発想は，一連の実証的調査へと発展し，そのことが，ますます，愛着理論を精神分析から遠ざけることとなった。それは，臨床事例の理解に新たな方向づけを行ったということによってのみならず，両立不可能な認識論を持ち込んだということによっても，両者の裂け目を決定的なものとしたのである。表象のリアリティよりも，観察，調査，そして現実に関する表象を重視するという関心によって，ボウルビィは，その半生の大部分を，ほとんど，最も非正統的な精神分析家として送ることになるのである。ジェリミー・ホームズ (Jeremy Holmes) (Holmes, 1995) の次のような言はきわめて核心をついている。「ボウルビィの理論とその臨床実践へのとてつもない波及的影響は，何十年もの間，事実上，精神分析の記録からエアブラシで消されていたのである。それどころか，それはスターリン時代の反体制者のような扱いであった」(p. 20)。

　このように，まさに精神分析家は一貫して，いくらか偏向した形で，愛着理論を読み違え，それには豊かさと説明力が欠けていると見なしてきた。同様にボウルビィも，精神分析が全体として抱える弱みに一貫して焦点を当

て，ほとんどまるで相互に修正的な関係を築こうとするのを邪魔するかのようにふるまったのである。その結果として，ボウルビィの支持者は，実証科学や実験室的観察といった分野の出身者から構成されることとなった。もっとも，こうした傾向には例外も存在する。ブレザートン（Bretherton, 1987）は，愛着理論，分離-個体化理論，そしてスターン（Stern）による母子間の関係性の理論について，思慮深い比較考察を提示している。この他にも，たとえばアレン（Allen, 1995, 2000），イーグル（Eagle, 1995, 1997），ホームズ（Holmes, 1993 b, 1997），そしてマローネ（Marrone, 1998）などによる，良き統合の試みはいくつか存在している。本書では，愛着理論と古典的な精神分析的発想との間にどのような接点があり得るか，その潜在的可能性を考察した後で，こうした論者の幾人かについて簡単にレビューを行うつもりである。

　本書では，愛着理論と精神分析との関係が，各派の信奉者が一般的に認識している以上に複雑であることを示すという目的で，上述した論者と同じように両者の統合を試みたいと考える。確かに多くの接点が存在し，そのうちのあるものは明白であり，あるものはより微妙であり，またあるものは，おそらく，さらに薄弱である。重要な相違点もやはり存在する。現時点において，精神分析には全体として，一貫した一群の命題があるわけではないので，主要な精神分析学派それぞれにおいて，愛着理論とどのような重なりがあるのかを個別に見ていくしか，探索の道はないようである。本書ではまず，愛着理論と愛着研究におけるいくつかの鍵となる知見についての簡単な概説から始めることにする。その後で精神分析的アプローチのレビューをするが，それはフロイトから始まり，ダニエル・スターン（Daniel Stern）の仕事にまで及ぶ予定である。重要な問題でありながら，スペース上の制約と著者の無学によって省略しなくてはならないところが多々あることを予めお含み置きいただきたい。

目　　次

監訳者まえがき　　i
序　文　　v

第 1 章　愛着理論入門 …………………………………… 1

第 2 章　愛着研究における重要な知見 ……………… 17
　　愛着の測度　　17
　　愛着の安定性の規定因　　24
　　初期の愛着からのその後の発達の予測　　28
　　愛着と精神病理　　32
　　愛着の無秩序性　　37
　　乳児の精神病理から成人の精神病理への道筋　　47

第 3 章　フロイトの諸モデルと愛着理論 …………… 51
　　愛着理論との接点　　51
　　愛着理論との相違点　　55

第 4 章　構造論的アプローチ：
　　　　　特に北米におけるアプローチに焦点を当てて …………… 57
　　愛着理論との接点　　59
　　愛着理論との相違点　　67

第 5 章　構造論モデルの修正 …………………………… 70
　　アンナ・フロイトの理論と愛着理論との接点および相違点　　73
　　マーガレット・マーラーの理論と愛着理論との接点および
　　　相違点　　76
　　ジョセフ・サンドラーの理論と愛着理論との接点および
　　　相違点　　85

第 6 章　クライン-ビオン・モデル ……………………… 89
クライン派のモデルと愛着理論との接点　92
愛着理論との相違点　99

第 7 章　英国独立学派における精神分析と
その愛着理論との関連 …………………… 103
愛着理論との接点　105
愛着理論との相違点　113

第 8 章　北米対象関係論者と愛着理論 ………………… 116
アーノルド・モデル　116
ハインツ・コフート　119
オットー・カーンバーグ　123
精神分析における対人関係学派　129

第 9 章　現代の精神分析的な乳幼児精神医学：
ダニエル・スターンの功績 ……………… 130
愛着理論との接点　131
愛着理論との相違点　135

第 10 章　対人関係的-関係論的アプローチ：
サリヴァンからミッチェルへ …………… 136
愛着理論との接点　140
愛着理論との相違点　146

第 11 章　精神分析的愛着理論家 ………………………… 150
カレン・リオンズ=ラス　150
モリス・イーグル　155
ジェレミー・ホームズ　160
アリエッタ・スレイド　167
アリシア・リーバーマン　171

第12章 要約：
何が精神分析理論と愛着理論に共通なのか ……………175
パーソナリティの発達は子どもの社会的環境との関連において
　　最も研究されている　175
情緒的発達の認知的基盤　181
愛着理論における精神分析的着想の再発見　201

第13章 愛着理論は精神分析的洞察から
いかに利益を得られるか ……………207

第14章 結　論 ……………212

文　献　214
解題：愛着理論と精神分析——対立から対話へ　266
人名索引　289
事項索引　292

第1章
愛着理論入門

　愛着理論は，一般的な心理学と臨床的精神力動論との間に横たわる溝を橋渡しし得るほとんど唯一の精神分析的理論であると言うことができる。多くの研究者が，実証的社会科学に源泉を持つ心についての理論（主に心理学的研究）とライフ・コースを決定づける個々人の経験の重要性に焦点を当てた臨床的理論（精神病理学も含む）との間に，今日に至るまで，大きな隔たりが存在することに言及してきた。最近，ポール・ウィトル（Paul Whittle）（Whittle, 2000）は，この理論間の亀裂を心理学の分野全体に走っている断層線と表現した。確かに，精神分析の地殻プレートとそれに隣接する実験心理学の地殻プレートとの間に断層線を見つけることは容易である。精神分析の地殻プレートでは，経験に意味が与えられることは，精神分析的治療による変化へと至る王道としてだけでなく，行動の主要な原因と見なされる。それに対して実験心理学の地殻プレートでは，理論的経済性と信頼性のある観測が強調され，レトリックと思弁的理論構築が嫌忌される。しかしながら，愛着理論はその断層線の両側に基盤を有している。こうした事情は，どのようにして可能になっているのだろうか。

　ジョン・ボウルビィ（John Bowlby）による愛着理論の研究は，彼が21歳で，不適応少年のための保護施設で働いていたときに始まった。ボウルビィの2人の少年との臨床経験は，彼に強い衝撃を与えた。その2人の少年は母親との関係が甚だしく崩壊していたのである。10年後に彼が行った回顧的研究，すなわち44人の盗癖児の生育歴を検討した研究（Bowlby,

1944）は，初期の母子関係の崩壊を精神障害の重要な前兆として見るべきであるという彼の観点を明確に打ち出した。盗癖児とクリニックにいた他の子どもとを分ける要因の一つは，両親から長期的に分離していたという証左であった。特に，彼が「愛情欠損」（affectionless）と名づけた児童では，長期的な分離の程度が著しかった。1940年代後半，ボウルビィは，施設収容が幼い子どもに与える影響に関する研究知見のレビューに着手することによって（Bowlby, 1951），自身の興味を母子関係へと拡大した。母性的養育の剥奪（maternal deprivation）が甚だしい子どもは，彼が「愛情欠損」の年若い盗癖児において同定したものと，同じ症状を発現する傾向にあった。もっとも1951年のモノグラフでは，総じて子育てに，そのなかでもとりわけ乳児と母親の関係に中心的位置を与えながらも，母性的養育の剥奪がなぜ有害な結果をもたらし得ると想定されるのか，そのメカニズムには言及していなかった。母性的養育の剥奪の研究そのものは，他の解釈，特に母子の絆をそれほど重視しない解釈（例えば，Rutter, 1971）に対して無防備であった。ほぼ同時期に，ジェームズ・ロバートソン（James Robertson）は，ボウルビィの励ましにより，病院への入院時あるいは乳児院への入所時のエピソードに見られた18〜48か月児が両親から分離する際の衝撃を，4年間にわたりフィルムに収めた（Robertson, 1962）。ちなみに後に，このロバートソンの資料を十分に裏づける，より体系的な行動観察と行動描写のデータが，クリストファー・ハイニッケ（Christopher Heinicke）により収集されている（Heinicke & Westheimer, 1966）。

　ボウルビィは，20世紀初頭に流布していた愛情の絆の起源に関する見解に満足していなかった。精神分析的理論もハル学派の学習理論もともに，主要な養育者に対する情緒的絆を口唇欲求の充足に基づく二次的欲求であると強調していた。しかし，少なくとも動物の領域においては，さまざまな種における幼い個体が食物を与えてくれない成体に対しても愛着を示すようになる（Lorenz, 1935）という証左がすでに得られていた。ボウルビィ（1958）は，人間の乳児が社会的相互作用に参加する傾向を持ってこの世に生まれてくるということを認めた最初の人物の一人である。発達心理学はずっとこの発見を自明の理として活用してきている（例えば，Meltzoff, 1995；Watson, 1994）。しかしながら，20世紀の中頃においては，養育者との相互作用を開

始・維持・終結するために愛着を形成し，この人物を探索と自己高揚のための「安全基地」（secure base）として用いるという乳児の生物学的傾向に中心的位置を与えようとするボウルビィの方向づけは，もう一つの（擬似）生物学的決定論——すなわちリビドー的本能と攻撃的本能の理論に基づく決定論——に公然と反抗するものだったのである。

ボウルビィの決定的に重要な貢献は，彼が確固たる焦点を，発達早期における母親への完全なる（安定した）愛着を求める乳児の欲求に当てたという点である。彼は，そのような愛着を与えられない子どもは，過度の愛情あるいは復讐への欲求，強い罪悪感，抑うつといった**部分剝奪**の徴候，あるいは無関心，緘黙的無反応，発達遅滞，および後の発達段階になると，皮相的な行動傾向，真正な感情の欠落，集中力の欠如，欺瞞，強迫的盗癖といった**完全剝奪**の徴候を示すと考えた（Bowlby, 1951）。後にボウルビィは，こうした相互作用を分離への反応のフレームワーク，すなわち「抵抗（protest）→絶望（despair）→脱愛着（detachment）」へと組み込んだ（Bowlby, 1969, 1973）。抵抗は，子どもが分離の脅威を知覚したときからはじまる。それは，泣き，怒り，その状況からの物理的逃避の試み，および親を探そうとする行為により特徴づけられる。それはまた，1週間ほど継続し，夜になると激しくなる。抵抗の後に絶望が起こる。能動的な身体的動作は消失し，泣きは断続的になる。子どもは悲しんでいるように見え，接触をあまり行わないようになり，そして他の子どもあるいは家から持ってきたお気に入りの対象に対して敵意を向けたりするようになる。そしてその後，愛着対象（attachment figure）を喪失したことを悲哀する（mourning）段階へと入るようである（Bowlby, 1973）。脱愛着という最終段階は，社交性が多少とも回復したことにより特徴づけられる。他の成人がケアを行おうとする試みは，もはや，はねつけられはしない。しかし，この段階に達した子どもは，養育者との再会時に著しく異様なふるまいをするだろう。ハイニッケとウェストハイマー（Heinicke & Westheimer, 1966）による2～21週間にわたる分離の研究では，2人の子どもは再会時に自分の母親を再認していなかったようである。そして，8人の子どもは顔を背けたり，立ち去ったりした。彼らは，交互に，泣いたり無表情な様子を見せたりした。脱愛着は再会後もある程度持続し，そして，その後しがみつくような行動がそれに取って替わることになる

が，それは見捨てられるという強い恐れをほのめかすものである。

　ボウルビィの愛着理論は，古典的精神分析と同様，生物学的基礎を有している（特に Bowlby, 1969 を見よ）。愛着は，容易に，微笑みや発声といった「分子」レベルの〔微小な個々の〕乳児の行動に還元することができる。これらの行動に誘発されて養育者は，社会化の文脈において，子どもの興味へと注意を向け，そして子どもとの近接状態を確立することになる。泣きは大部分の養育者にとって不快なものとして経験され，養育者はこの不快な刺激を終結させることを求め世話を行うことになるが，この泣きと同様，微笑みや発声もまた愛着行動なのである。ボウルビィは，養育者との近接を通して，栄養摂取，環境についての学習，社会的相互作用が可能になるのみならず，捕食者（predators）から保護されることになり，結果的に安全性が高まるという愛着の生存価〔生物個体が生存し繁殖していくうえでプラスに働く機能・価値〕を強調した。ボウルビィ（Bowlby, 1969）が愛着行動の生物学的機能として特に考えたのは，その捕食者からの保護という点であった。愛着行動は，**行動システム**（behavioral system）（ボウルビィはこの用語を比較行動学から借用した）の一部と見なすことができる。このことは，精神分析と愛着理論との間の激しい論争の性質を理解するうえで鍵となる。行動システムには生得的な動機づけが含まれている。それは他の欲動には還元し得ないものである。それは，栄養摂取が必ずしも原因となって愛着が生じるわけではないという理由（Harlow, 1958），そしてまた虐待的な養育者に対しても愛着が生じるということ（Bowlby, 1956）を説明する。

　個々の特定の行動を愛着そのものと同一視することはできない。30 年にわたる研究の後，心理学的メカニズムとしての愛着の主要な構成要素が何であるのかについて，総じて一致した見解が得られているようである。近接性を確立・維持する行動には以下の三つが含まれる。すなわち，(1) 養育者を子どもへと引きつける信号（例えば，微笑み），(2) 同じ機能を遂行する（泣きのような）養育者が不快に感じる行動，そして，(3) 子どもを養育者のもとへと運ぶ骨格筋の活動（主に移動）である。脆弱な乳児は，遺伝的に関連のある養育者に近接していることでよりよく保護され，そして，それゆえに生存，ひいては繁殖機会が増加するということは自明なことである。行動の全体的システムは，さまざまな文脈において，近接性を最適化するとい

う共通の機能を備えている（這い，微笑，泣きなど）。システムは安定した内的組織化を保証するべく存在している。その組織化は目標を有しており，そして個々人は「目標修正的」（goal-corrected）な方法で環境の変化に柔軟に反応することができる。ボウルビィは，熱線追尾ミサイル（heat-seeking missile）という軍事的アナロジーを用いてこれを表現している。

この分子レベルの小さな個々の行動レベルにおいて，ボウルビィの定式化と対象関係論の定式化（例えば，Fairbairn, 1952 b）にはかすかではあるが重要な差異がある。愛着理論においては，子どもの目標は対象そのもの，例えば母親ではないのである。システムを制御する目標は，元来，物理的な状態，すなわち母親との近接性を望ましい程度に保持することである。この物理的目標は，後に，より心理学的な目標，すなわち養育者の近くにいたいという感情に取って代わられる。目標は対象そのものではなく，近接している状態あるいはそれに関わる感情であるため，子どもが生活している文脈，言い換えると養育者の反応は，愛着システムに強力な影響を与えるだろう。なぜなら，もし子どもが愛着の目標がすでに達成されたと知覚したならば，このことが行動システムに影響を与えることになるからである。

愛着理論は，当初から，愛着以外のものにも関心を抱いていた。実際，それは，発達理論の一つとして，何が愛着であり，何が愛着でないのかについて重要な特徴づけをなし得てこそ意味をなすものである。**探索行動システム**（exploratory behavioral system）は，愛着対象が探索の際に不可欠な安全基地を供給するという点で（Ainsworth, 1963），微妙に愛着と相互関連を有している。子どもは養育者が一時的に不在であることを見つけたとき，その探索行動を突然停止する（Rajecki et al., 1978）。愛着対象の不在は探索を抑制するのである。それゆえに，安定型愛着（secure attachment）は，一連の認知的能力や社会的能力の獲得において，促進的に働くと想定することができる。対照的に，**恐れシステム**（fear system）は，愛着システムを活性化させるものであるが，養育者が利用可能（availability）であることがわかると子どもは，さもなければ危険なものとして知覚されるような刺激に対してその反応を低減させる（Bowlby, 1973）。恐れシステムが，ボウルビィが危険の「生来的な」手がかりと呼んでいるもの（例えば，新奇性，突然の騒音，孤立）によって喚起されると，子どもはすぐに保護と安全の源，

すなわち愛着対象を探そうとする。こうしたことからすれば，分離は，そうした手がかりに無防備にさらされることと，保護してもらううえで不可欠な源から切り離されることという二つのストレッサーを含んでいることになる。ボウルビィは，**不安**（anxiety）という術語を愛着対象の不在を経験することで恐れシステムが喚起される状況に対してあえて用いている。愛着・探索・恐れという三つの行動システムは，子どもの発達的適応を制御している。すなわち，これらは組み合わさることによって，母親からあまりに遠くはぐれる，あるいはあまりに長い間離れたままであるということなしに，子どもが学習し発達するための手段を提供しているのである（Ainsworth & Wittig, 1969）。

　恐れシステムが喚起されていないときの子どもの他者との親密な関係を求める傾向は，**社交あるいは愛情システム**（sociable or affectional behavioral system）の活性化ということによって説明することができる。「子どもは機嫌が良く，そして愛着対象の所在に確信があるとき，遊び相手を探す」（Bowlby, 1969, p. 307）。**養育システム**（caregiving system）は，子どもが実際にあるいは潜在的に危険であると親が知覚したときに，近接性と慰めを促進するよう仕組まれた親としての行動の一部である（Cassidy, 1999, p. 10）。理想的には，養育システムは子どもの愛着システムと相補的に働くものと言える。しかし実際には，子どもの苦痛が現実の危険あるいは知覚された危険と結びついていないときでも，養育システムが活性化されるという例もあり得る。例えば，探索することができない欲求不満から生じる子どもの苦痛に対して養育者が，さらに養育行動を施す（例えば，なだめる）ことで反応しようとすることは，状況を改善させるというよりはむしろ悪化させるだろう。

　愛着の絆は，ある個人が他の人にとって際立って情緒的に重要であり，それゆえに換えがきかない，いわゆる**愛情の絆あるいは結びつき**（affectional bonds or ties）の下位分類としてある。その個人との親密性が希求され，そしてその個人と分離すると苦痛が生じる。個人が関係から安全や慰めを得ようとするときに，愛情の絆が愛着の絆になる（Ainsworth, 1989）。それゆえ，愛情の絆においては2人の関係は対称的であったりなかったりするが，愛着の絆においては2人の関係は明らかに通常，非対称的なものとなる。子

どもの方から安全性（security）を得ようとするような親は，何か他の心理的障害の徴候を示しており，そして，そのために子どもにも障害を生じさせてしまう可能性がある（Bowlby, 1969, p. 377）。愛情の絆においてはまた，愛着と性的関心（sexuality）との関係をいかに捉えるかということも重要となる。ボウルビィは，愛着と性的行動には，著しく密接な関連があるということを認識しており，そして次のように記述している。すなわち，「……二つのシステムは独立しているものの，相互に，そして相互の発達に影響を及ぼし合う傾向があるということについて十分な証左がある」（Bowlby, 1969, p. 233）。しかし，疑いなく，愛着なしに性行動が起こり得ること，そしてまた，おそらく性行動を伴わない結婚生活が，婚姻関係というパートナーシップ全体の多数派を占めているという事実は，これらのシステムが分離しており，せいぜいゆるやかに関連しているにすぎないということの証拠であると言える。

人生初期において，子どもは数多くの愛着関係（attachment relationships）を形成する傾向を持っている。そして，養育を与えてくれる多くの人について，好みの主要な愛着対象を頂点とする階層構造が存在するようである（Bretherton, 1980）。養育を与えてくれる人のなかで誰がそうした階層構造の一番上に位置するかを決定する要因としては，その人物の世話を受けながら乳児が一緒に過ごす時間の量，そうした世話の質，その人物の子どもに対する情緒的投資，その人物が子どもの目の前に現れる頻度のようなものがある（Cassidy, 1999 ; Colin, 1996）。愛着関係の多層性は，愛着理論と精神分析的理論の接点として重要である。

『母子関係の理論』（*Attachment and Loss*）の三部作のⅠ巻で，ボウルビィ（Bowlby, 1969）はまだ，物理的近接性がいったん保証され，システムが終結するといったこと以上に愛着行動がどのように機能しているのかについて，明確にしていなかった。近接性こそが愛着システムの設定目標（set goal）であり，その測定は単純かつ純粋に行動的なものであった。対象の不在は生物学的欲求を生じさせ，その対象が戻ってきて目の前にいるとそれは消失する。したがって，行動主義的還元主義を最も悪い形で強調したような特徴を有する，明らかに簡略化されたそのようなアプローチに対して，精神分析家の大部分が反感を向けたとしても少しも不思議ではない。よ

くあることだが（そして精神分析的理論自体についての批判的評価においてもあったことだが），（しばしば，まさにその批判に応じる形で）批判の対象となったものにも変化と進展が生じるということがあるにもかかわらず，とかく批判的意見は初期の定式化に拘泥し，頑なにその見解を変えない傾向があるのである。

　エインズワース（Ainsworth）の1970年代の研究（Ainsworth et al., 1978）は，愛着の概念を洗練する手助けとなった。彼女は，分離（母親の物理的不在）そのものはストレンジ・シチュエーション法に対する乳児の反応を理解するうえで鍵とならないと認識していた。[1] 乳児の反応を説明するのは，母親のいつもとる行動がそこでも同じように生じるだろうと期待される状況で，母親が〔それに反して〕突如退出するということに対する乳児の評価や査定なのである。実験室的分離によって動揺している，少なくともやや年長の子どもにおいては，そこでの子どもの苦痛と母親が戻ってくることにより引き起こされる子どもの安堵感とを説明するのは，母親の不在ではなく，むしろ母親の明らかに気紛れな行動なのである。このより洗練された力動的-認知モデルは，ボウルビィによってレビューされた母性的養育の剝奪における臨床的研究へと拡張して考えることができる。主要な養育者からの分離によって引き起こされる混乱は，徐々に複雑化する一群の（無意識的）評価プロセスによって，大きくもまた小さくもなるのである。

　三部作のII巻では，ボウルビィは，愛着システムの設定目標を，養育者の近接可能性（accessibility）と応答性（responsiveness）を保持することとして確立した。そして彼はそれらを一つの術語，すなわち〔情緒的〕**利用可能性**（availability）に包摂した（Bowlby, 1973, p. 202）。実際は，II巻の第3部においてはじめて愛着システムが作動することにおける評価

---

[1] これは，子どもがそれぞれ最大3分という2回の「非常に短時間の分離」に直面する全所要時間20分の実験室的テストである。メアリー・エインズワース（Mary Ainsworth）と彼女の同僚（Ainsworth et al., 1978）は，以下の知見を得た。すなわち，中流階級の1歳児の大多数は，母親との近接性を探索し，そして再会時には安堵の様子を見せるという反応を示した（安定型愛着 securely attached—B型）。しかし，約25%の子どもは無関心の微妙なサインを呈するという反応を示し（回避型愛着 anxious avoidantly attached—A型），そして残りの15%は近接性の探索を行うものの再会時にはほとんど安堵の様子を示さないという反応を見せた（抵抗型愛着 anxious resistantly attached〔アンビヴァレント型愛着〕—C型）。この査定の結果については，次章とこの本の全体を通して，より精細に議論を行う。

(appraisal) のきわめて重要な役割に言及している。そこにおいて彼は，利用可能性とは愛着対象が利用可能であるという信頼感を伴った予測を意味するものであり，それは重要な発達期にわたる表象された経験を通して「そこそこ正確に」(tolerably accurately) (p. 202) 得られるものであると主張している。ここに至って，愛着行動システムは，ボウルビィによって表象モデルとして，あるいは，クレイク (Craik, 1943) に従い**内的作業モデル** (IWM: Internal Working Models) として議論された認知メカニズムのセットによって支えられるものとなったのである。ボウルビィの観点は，実際はほとんど「ピアジェ学派」と同じであった。[2]

　愛着の土台として表象システムを仮定することにより，個人差についてさらに洗練された形で検討できるようになった (Bowlby, 1973, 1980 a)。人間の愛着システムを作動させる生物学的影響力により重きを置くことで，ほとんどすべての人間が愛着を示すと想定することができる。今まで見てきたように，愛着には安定型 (secure) あるいは不安定型 (insecure) があるだろう。安定型愛着は，必要なときには愛着対象が近接可能であり，そして応答的であると見なされるような表象システムを意味している。不安に満ちた不安定型愛着は，子どもが養育者の応答性を期待しておらず，そしてその知覚された愛着対象の応答性のなさを克服するための方略を採るような表象システムを含意している (Ainsworth et al., 1978)。ボウルビィは，養育者の応答性，すなわち「母親の，しがみつきや後追い，およびそれらと結びついているすべての行動を許容したりあるいは逆に拒絶したりする程度」(Bowlby, 1958, p. 370) が，愛着システムの安定性を決定するうえで重要であると想定していたという点で先見の明があったと言える。後に述べるが，この仮定についてはかなり多くの実証的支持が得られている (De Wolff & van

---

2　ピアジェ (Piaget) のボウルビィ (Bowlby) への影響は，コンラート・ローレンツ (Konrad Lorenz) やロバート・ハインド (Robert Hinde) のような比較行動学者に比べてあまり認識されていない。しかし，ローレンツとピアジェは，ジュネーブの世界保健機関 (World Health Organization) においてボウルビィが組織した養育的ケアとパーソナリティ発達についてのディスカッション・グループの出席者であった。こうした会合は，ロナルド・ハーグリーヴス (Ronald Hargreaves) により依頼されたものであった。ハーグリーヴスはボウルビィの友人であり，同じロンドン大学附属病院 (University College Hospital) の卒業生であった。また，彼は当時，WHO の精神衛生事業を担当しており，精神医学に対して社会的に洗練されたアプローチを促進させることにおいて，非常に先見の明を持っていたと考えられるべきである。

IJzendoorn, 1997 ; NICHD Early Child Care Research Network, 1997)。

　したがって，内的作業モデルの中心的特徴は，予測される愛着対象の利用可能性と関連がある。相補的な関係にある自己についての作業モデルもまた，ボウルビィにより想定されている。これの鍵となる特徴は，子どもが，愛着対象の目から見て自分がどの程度受け入れられる存在，あるいは受け入れられない存在として映ると感じているかである。養育者に関する内的作業モデルが拒絶に焦点化された子どもは，それと相補的に，愛されない，価値のない，不備のあるといった自己についての作業モデルを発達させると考えられる。ボウルビィによって明確には述べられていないが，愛着対象と自己についてのこうしたモデルは，自己-他者の関係を表象する相互規定的（transactional）で相互作用的（interactive）なモデルである。認知科学が発展し，対象関係論が精神分析において現在，徐々に支配的になっていることにより，発達心理学，社会心理学，認知心理学，臨床心理学において，社会的情報を処理するという主要な機能を備えた関係性の表象やスキーマを広く含む多様な構成概念が生み出されている（Baldwin, 1992 ; Westen, 1991）。ボウルビィによって想定された仮説的構造，そして愛着理論家による再定式化（後述）と精神分析家における現在の考えとの類似点ならびに相違点は，このモノグラフの主要な話題の一つである。

　ボウルビィのオリジナルの概念は，愛着の領域における複数の偉大な人物たちにより思慮深く洗練された（Bretherton, 1991 ; Bretherton & Munholland, 1999 ; Crittenden, 1990, 1994 ; Main, 1991 ; Main et al., 1985 b ; Sroufe, 1990, 1996）。ここでは，それらを徹底的にレビューするということはしない。しかし，図 1-1 に示すように，それらに関する四つの表象システムを要約しておくことは有用であろう。すなわち，(1) 生後 1 年の間に創出され，その後，精緻化される初期の養育者との相互作用の性質についての予期，(2) それによって，愛着に関連する経験についての一般的な記憶と特定の記憶とが符号化され，また検索されることになる出来事の表象，(3) 連続する個人的語りと発達しつつある自己理解とに関連づけることによって，特定の出来事同士を概念的に結びつける自伝的記憶，(4) 他者の心理学的性質を理解し（欲求や情動といった因果的・動機づけ的な心の状態と意図や信念といった認識論的な心の状態を推測したり帰属したりし），そしてまたそう

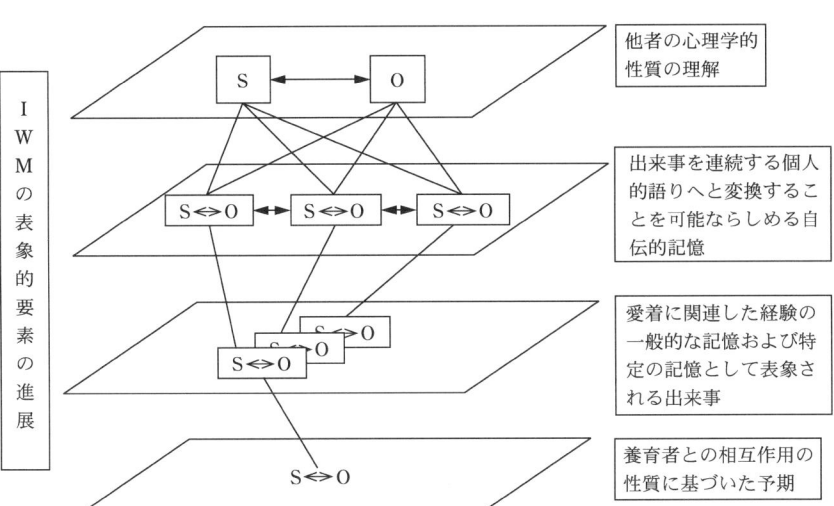

図1-1　内的作業モデル（IWM）の個体発生

した他者の心理学的性質と自己の心理学的性質とを識別すること，である。

　1970年代後半，愛着に関するストーリーは，アラン・スルーフ（Alan Sroufe）とエヴァレット・ウォーターズ（Everet Waters）という，この領域の非常に卓越した理論家2人により，さらに洗練されることになった（Sroufe & Waters, 1977 a）。彼らにおいては，愛着システムの設定目標は物理的距離の制御というよりはむしろ「主観的な安全感」（felt security）となる。それゆえに，外的な出来事や社会的環境の文脈だけでなく内的手がかり，例えば，気分，病気，あるいはファンタジーでさえも，分離に対する子どもの反応と関連があると見なされ得るようになったのである。主観的な安全感という概念は，愛着の概念の適用可能性を発達早期からより年長の子どもへ，そして成人にまでも拡張したと言える（Cicchetti et al., 1990）。スルーフ（Sroufe, 1996）は，愛着理論を情動制御の観点から再概念化した。安定型愛着を有する個人は，自己制御のための能力を内在化しており，早くから情動の下方制御（down-regulate）（回避型）あるいは上方制御（up-regulate）（抵抗型）を行う個人とは対照的である。主観的な安全感に貢献する経験の範囲は，決して養育者の行動ばかりに限定されないため，これはボウルビィの考えの実質的な拡張であると考えられる。しかし，エインズ

ワース（Ainsworth, 1990）が指摘しているように，主観的な安全感を愛着対象の現在の利用可能性に関する評価を伴った感情に限定して考えるならば，それとボウルビィの観点とは一致し得ると言えよう。愛着対象との距離が実際に近接しているということは，しばしば，子どもが自分は安全であるということを感じることができるための手段となる（Ainsworth & Bowlby, 1991）。このように，過去は予期に影響を与えたりバイアスをもたらしたりはするが，しかしそれらを規定するものではない。年長の子どもも成人も，愛着対象の近接可能性と応答性をモニターし続ける。〔過去に由来する〕パーソナリティの内在化された側面は，現在の愛着関係の質と相互作用すると考えられるだろう。

　利用可能性の評価に関する潜在的な外的脅威については，1973年の本においてかなりの部分を割いて取り上げられている。例えば，自殺するという脅し，子どもを置き去りにするという脅し，あるいはどこかへ送り出すという脅しのような，見捨てることについての象徴的コミュニケーションに，ボウルビィは衝撃を受け記述を行っている。そのような経験が「現実」のものとして捉えられる限りにおいて，そこでは，脅しのリアリティと子どもの精神のリアリティは明らかに重なり合うことになる。ボウルビィは，例えば，親による比喩的コミュニケーションを子どもが利用可能性への脅威として具体的に解釈してしまう可能性について言及している（例えば，「あなたのおかげで私は死にそうよ」）。ドメスティック・バイオレンスは，発達的問題を引き起こす特に強力な源である（Davies & Cummings, 1995, 1998）。なぜならば，それはまさしく，母親がひどい目に遭いそうだという恐れが，夫婦間の激しい葛藤時には母親に近接できないといった利用可能性のなさを予期させることにつながるからである。オープン・コミュニケーションが，親の怒りのような破壊的な出来事が脅しとして知覚される程度を低減し得るという一貫した観察結果（Allen & Hauser, 1996；Allen et al., 1996）は，ファンタジーが，利用可能性の評価にバイアスをもたらす源としてさほど大きな役割を果たさないことを示唆している。

　後の研究において，ボウルビィ（Bowlby, 1979, 1980 a, 1987）は，認知心理学，そしてとりわけ神経機能と認知機能の情報処理モデルの影響をさらにいっそう受けることになった。まさに，認知心理学者が表象モデルを特定の

種類の情報やデータへのアクセスという観点から定義するように，ボウルビィは，愛着パターンの差異はある種の思考，感情，記憶への個々人のアクセスの程度における違いを反映していると提案した。例えば，愛着の回避型モデルは，愛着と関連した思考，感情，記憶に対して制限されたアクセスしか行い得ないが，一方，アンビヴァレント型のモデルは愛着と関連した情報に対して誇張されたアクセスあるいは歪曲されたアクセスをもたらす。それゆえに，ボウルビィは，愛着と関連した情報への情動的アクセスだけではなく認知的アクセスもまた，乳児と養育者の間における過去の関係の性質に左右されると考えた。

1970年代後半と1980年代の間，愛着研究は児童虐待，すなわち身体的虐待や性的虐待について徐々に関心を抱くようになった。恐れ，突然のすくみ，あての定まらない動き（disorientation）によって特徴づけられる，ストレンジ・シチュエーション法での行動における無秩序／無方向型愛着（disorganized/disoriented, Main & Solomon, 1986）は，子どもに対する虐待的ふるまい（例えば，Cicchetti & Barnett, 1991）や親の生育歴における未解決のトラウマ（Main & Hesse, 1990）と関連があった。〔自らは〕脅え／〔子どもを〕脅えさせる（frightened/frightening）行動は，子どもの愛着の組織化を阻むと仮定されている（Main & Hesse, 1992）。愛着対象が，同時に安全と危険の両方のシグナルとしてあるということは，愛着行動システム全体を潜在的に蝕むと容易に理解できるだろう。もっとも，児童虐待は，乳児期に観察される愛着の無秩序性のいくらかを説明するが，すべてを説明するというわけではない。それゆえ，愛着システムの組織化の失敗を引き起こす潜在的な理由は，より微妙でありながら，しかし乳児の視点から見て深く動揺を与えるような諸経験をも含むものへと拡張されてきている。例えば，解離あるいは奇妙で脅えた表情を見せる瞬間が，ストレンジ・シチュエーション法での行動が無秩序型として分類された子どもの親において観察されているのである（Schuengel et al., 1999 a；Schuengel et al., 1999 b）。乳児期における無秩序型愛着は，縦断的研究（Lyons-Ruth, 1996 b；Shaw et al., 1996）において，特に解離的症状を含む（Carlson, 1998）後の精神病理と関連があった。愛着は極めて広範な概念と今なお見られているが，愛着の無秩序性に関する研究と理論は，これまでの愛着研究に比して，初期の

愛着経験とパーソナリティ障害との間により納得のいく理論的関連を提供しており，そしてそれゆえ現在の臨床的愛着研究の最先端部分をなしていると言えるのである（Lyons-Ruth & Jacobovitz, 1999；Solomon & George, 1999 a）。

　愛着の生物学的基礎は，依然として動物研究に依拠している。マイロン・ホファー（Myron Hofer）のネズミの子どもの研究において，ここで述べていることに明らかに類似する，母子関係の制御的相互作用が同定されている（Hofer, 1995；Polan & Hofer, 1999）。30 年にわたるホファーの研究により，母親の近くにとどまりそして相互作用を行うことの進化論的生存価は，単に保護ということを超え，乳児の生理システムと行動システムの制御に資する多くの道筋へと拡張され得るということが明らかになっている。ホファーの見解は，愛着という「関係が，母親が自分の子どもとの間に持つパターン化された相互作用を通して，自分の子孫の生理機能と行動との両方の発達を形成する機会を提供することになる」というものである（Polan & Hofer, 1999, p. 177）。愛着はそれ自体が究極の目的ではない。それは，枢要な個体発生的な生理学的課題と心理学的課題とを果たすべく，進化によって採用されたシステムなのである。ホファーが，愛着を，親子の相互作用において隠れた（hidden），しかし観測可能な制御プロセスとして再定式化したことは，通常，愛着という表題のもとで議論されてきた現象の領域について，非常に異なった説明の方法を提供するものと言える。伝統的な愛着モデルは，明らかに循環論的である。分離に対する反応は，社会的絆の崩壊に帰属されるが，その社会的絆の存在は，分離反応の存在から推論されるのである。「喪失」において失われるものは，絆ではなく高次制御メカニズム（higher order regulatory mechanism），すなわち心的内容の評価と再組織化のためのメカニズムを生成する機会である。こうした文脈においては，愛着は，多様な適応的行動システム群から複雑な心的生活を生み出すプロセスとして概念化されることになる。決してすべてではないが，そのような心的機能のいくつかはヒトに特有のものである。それらを生成するメカニズム（愛着関係）には，ヒト以外の種からの進化論的連続性がある。ちょうど，ラットの子どもでは，生物学的制御機構の個体発生的発達が，きわめて重要な形で母子のユニットに依存して生じてくるように，人間の発達において

は，心理学的解釈能力が，度重なる母親との相互作用の文脈において，発達してくるのである。

　それでは愛着理論は，より伝統的な精神分析の考えとどのように異なっているのだろうか。愛着理論は，ラパポートとギル（Rapaport & Gill, 1959）の五つの基礎的な精神分析的観点のうち三つを十分に利用し続けていると言える。ボウルビィが彼の新しい理論に最も強く進んで取り入れた観点は，発生的な観点である（ボウルビィにおいては発達的な観点）。構造的な観点もまた進んで取り入れられ，そしてそれは現代認知心理学の文脈において実質的に精緻化されてきている。適応的な観点もまた，養育者と子どもとの関係の詳細な描写の文脈において，明らかに中心的位置を占めている。これら三つの原則はすべて，明らかにボウルビィの元来の定式化に作用しており，そして，そのより最近の展開においても依然として生きている。しかし，二つの観点は明らかに捨て去られている。それらは経済的な観点と力動的な観点である（もっとも彼の三部作の最終巻においては，1セクションすべてが知覚的防衛とその他の無意識的プロセスに充てられているのだが）。

　1950年代と1960年代の精神分析家の大部分にとって，後者の二つの観点は，前者の三つの観点に比べて，精神分析というディシプリンを定義するうえではるかに重要であった。さらに悪いことには，ボウルビィは，その時点では理解することが難しかった数多くの新しい考えを精神分析的発想に追加したのである。それらは，心的機能に関する比較行動学的観点（現在では社会生物学として認識されているもの），行動の動機として身体的欲動よりも関係性を重視する対象関係的観点，外的環境の役割を極めて重く見る認識論的観点，伝統的な臨床レポートを精神分析的研究における唯一のデータソースとして重視する見方をきっぱりと否定する調査的観点などである。ボウルビィが精神分析家の間であまり人気がなかったことは，少しも驚くべきことではない。

　同期して生じた多くの歴史的な出来事や変化により，歩み寄りが可能になりつつある。それらは以下の四つである。すなわち，(1) 愛着理論においては，乳児の行動と子どもの物理的環境におけるそれらの規定因への焦点づけから，乳児と親における内的表象に対するより広い関心への移行が生じたということ，(2) 精神分析においては，科学的に受け入れられ（信頼性と妥当

性があり），そして精神分析的な臨床家および理論家に有用な情報を提供し得るようなパラダイムが深刻な不足を見せるとともに，組織的観察と実証的研究についての関心が増大しつつあること，(3) アメリカ（と程度は弱いがヨーロッパ）の精神分析を支配していた理論的覇権が破綻し，多様な理論に対する許容度が高まったということ，そしてそこでは，臨床的有用性と知的魅力とが新しい考えを受容するうえでの主要な基準となったということ，(4) 愛着理論の枠内においては，ある意味，「パラダイムの限界性」についての認識，すなわち臨床的研究において純粋に認知科学的なアプローチをとることの限界と臨床家に関連がある調査と理論構築を豊かになし得る他の理論的枠組みの必要性についての認識が増大したということ，である。こうしたことを通して，愛着理論と精神分析の両方において，統合への望みが高まってきているのかもしれない。

第2章
愛着研究における重要な知見

　ここ30年における愛着研究の知見について包括的な要約を提供することは，どのようなものであれ，この短いモノグラフの範囲を超えている。特定の実証研究についてはこれまでにそれとなく言及してきた。この章では，愛着理論の発展に貢献した知見，そしてまた，精神分析と愛着理論との新たな関係の展開に関連がありそうな知見を選択し，短く概観することとする。幸運なことに，このことについては近年優れたレビューがある。特にキャシディとシェーバー（Cassidy & Shaver, 1999）により編集された巻は，そうした要約の決定版とも言える。また，アレン（Allen, 2000）によるモノグラフは，臨床的知見に関する手にとりやすく，それでいて権威のある集大成である。

愛着の測度

　愛着理論の進展は，一部，乳児と成人の愛着行動における個人差に関連した発見によって生じたものといえる。愛着の安定性（attachment security）の規定因についての研究は，信頼性と妥当性のある愛着分類の測度に大いに依拠している。愛着分類を査定するために，種々の測定手続きと符号化システムが利用可能である。本章でふれる知見の大部分はそうした測定手続きに依存しているため，それらの測度が何に基づいているのか，そして何を提供し得るのかについて簡略に検討しておくことは有用であろう。

ストレンジ・シチュエーション法

メアリー・エインズワース（Mary Ainsworth）と彼女の同僚（Ainsworth et al., 1978）により考案されたストレンジ・シチュエーション法（Strange Situation）は，1～2歳の乳児の愛着を測定するための簡便な実験室的手続きである。それには，乳児と養育者との間の短い分離エピソードが二つ含まれている。分離の間の乳児の行動および特にその分離から養育者と再会した際の行動は，以下の四つのカテゴリーのいずれかに分類されることになる。すなわち，安定型（securely attached）（B），回避型（anxiously attached avoidant）（A），アンビヴァレント／抵抗型（anxiously atttached ambivalent/resistant）（C），無秩序／無方向型（disorganized/disoriented）（D）である。分離時の苦痛と再会による安心という安定型のパターンは，養育者が慰めてくれるという信頼感によって特徴づけられる内的作業モデル（IWM：Internal Working Model）を反映していると考えられている。回避型のパターンは，養育者の利用可能性（availability）についての乳児の信頼感の不足を示唆し，そしてこのことは，早熟にも，自らの情動喚起をコントロールし，あるいは抑える方向に調整しようとする方略に通じるものと考えられている。さらに，回避型のパターンは，分離の間あまり苦痛を示さず，そして再会時に明らかに無関心を示すと考えられている。それらは，分離について対処しようとする未熟な試みである。分離時に苦痛を示すが，しかし養育者が戻ってくることでも慰められないアンビヴァレント型の乳児は，養育者の注意を確保するために，感情について誇張する，あるいは感情をさらに強める方向に調整しようとする方略を用いるようである。無秩序／無方向型の乳児は，総じて，奇妙なそして〔どこに行きたいのか何をしたいのか〕方向性が定まらない形で母親との近接性を探索する。例えば，母親に背を向けながら近づく，隠れる，動作の最中に突然すくむ，あるいはただ何もない空間をじっと見つめるなどである（Main & Solomon, 1990）。

ストレンジ・シチュエーション法で得られた愛着分類の時間的安定性については，現在論争がある。エインズワースにより描出されたパターンがボウルビィ（Bowlby, 1973）によって記述された愛着行動システムを支配する持続的な認知・情動的構造を反映しているとすれば，それらのパターンは愛

着理論家にとって興味深いものである。初期の研究は，ストレンジ・シチュエーション法において得られる愛着分類が時間的安定性の基準を満たしていることを明らかに示唆していたが，しかし，より最近の調査は時間的安定性に対する期待をかなり裏切るものになってきている。例えば，比較的最近，ベルスキィ（Belsky）とその同僚は，それまでの先行研究とは異なり，3か月後の再査定において，ABCの3分類で同じカテゴリーに分類された乳児が50％以下であったことを報告している（Belsky et al., 1996 a）。もっとも，D型の時間的安定性は一般的に高い（Lyons-Ruth et al., 1991）。総じて，家族機能に大きな変動が頻繁に認められるハイリスク・サンプルにおいては，時間的安定性が低くなるようである（Solomon & George, 1999 b）。

キャシディとマーヴィンのシステム

　キャシディとマーヴィンのシステムは，保育園児と幼稚園児（2歳半から4歳半）を対象とする5カテゴリーの愛着分類のことである（Cassidy & Marvin, 1992）。安定型の子どもの再会場面は，滑らか，オープン，温かい，そしてポジティヴなものとして描写される。一方，アンビヴァレント型の子どものそれは，近接性の探索は強いが，赤ちゃんじみた，そしてはにかみ屋なものとして描写される。回避型の子どもは，身体的あるいは心理的な親密性を回避するため，幾分，養育者から分離し，その存在をあまり気にとめない感じである。無秩序型は，この年齢になると，乳児期における無秩序性に特徴的な行動を示すだけでなく，統制的な，そして時には懲罰的な行動をも見せるようになる。また，上記の四つのカテゴリーの点からは描出することができない行動に対して分類不能不安定型（insecure other classification）というものがある。この年齢集団を対象とするものとしては他に二つの分類システムがある。すなわち，クリッテンデンの愛着の就学前査定（Crittenden, 1992）とメインとキャシディの幼稚園児を対象とした愛着分類（Main & Cassidy, 1988）である。キャシディとマーヴィンのシステムは三つのシステムのなかでは最もよく研究されたものと言えるが，これら三つのシステムはいずれもストレンジ・シチュエーション法がこれまでに受けてきたような厳密な検討には付されていない。それゆえ，この年齢集団から得られた愛着のデータはある程度，慎重に取り扱われるべきである。

象徴的表象に基づいた測度

　5歳以上の子どもに関しては，愛着の行動的測度の使用が限定され，むしろ子どもが象徴的に生み出すものが愛着行動を支配するコントロール・システムの状態をより正確に反映するだろうという想定から，それに基づいたいくつかの測度が存在する。分離不安テスト（SAT: Separation Anxiety Test），すなわち愛着と関連する場面を描写した何枚かの絵画に対して，子どもがどのような反応を示すかを査定するためのコーディング・システムが開発されている（Slough & Greenberg, 1990）。そこにおいて，安定型の子どもは，絵に描写されているような分離についての対処を建設的に話す。回避型の子どもは，何らかの対処を示すのに途方に暮れる。アンビヴァレント型の子どもは，絵のなかの親への怒りとその親を喜ばせたいという望みの両方を合わせたような反応をする。一方，無秩序型の子どもは，恐れ，あるいは無秩序的・無方向的な思考プロセスを示す（Kaplan, 1987）。象徴的表象に基づく他の測度としては，分離と再会のストーリーを含んだドールプレイがある（Bretherton et al., 1990）。これは，キャロル・ジョージ（Carol George）とその同僚（Solomon et al., 1995）やデーヴィッド・オッペンハイム（David Oppenheim）（Oppenheim et al., 1997）によっていっそう発展してきている。SATが愛着の象徴的測度として最も多く用いられている一方で，物語の筋を完成させる際の語り（Story stem completion narratives）は，5～7歳のIWMの査定としてかなり満足のいくものであるという証左が増えつつある（例えば，Steele, 1999）。

　類似しているがより複雑かつ洗練されたアプローチが，近年，グリーンとその同僚により報告されている（Green, 2000）。このアプローチの革新的な点は，ドールハウス物語完成課題（doll house story completion task）の文脈において現れてくる語りに関連づけて子どもが十分な関心を示すに至るまで，実験者が子どもの愛着システムを慎重に喚起するという点である。7歳までの子どもへの実施において，その査定は納得できるものであり，かつ生産的なようである。その分類は適切な心理測定的特性を備えており，そして母親の成人愛着面接の分類と強い関連性を有することが見出されている。

児童愛着面接（CAI）

　成人愛着面接（AAI）は，巧妙にもより低い年齢集団をカバーできるように拡張されてきている。面接は 12～14 歳という若年青年に対しても妥当であることが示されており（Ammaniti et al., 1990 ; Ammaniti et al., 2000），それは性的虐待を受けた前青年期の女子に対するトローウェル（Trowell）の研究において用いられている。児童愛着面接（CAI : Child Attachment Interview）（Target et al., 準備中）は発達的に適切な面接であり，そのコーディング・システムは 8～14 歳に対するものであるが，潜在的には言語年齢が 6～7 歳児に対しても拡張して用いることができる。CAI は，面接者の教示とプローブ（probe）を根本的に変化させた AAI の修正版である。面接者は，子どもが語りを産出することを期待せず，また，面接の焦点は過去の親との関係ではなく，現在の親との関係に置かれる。コーディング・システムは，安定-不安定の分類を可能にするものであり，その結果は信頼性と時間的安定性を有し，親の AAI 分類の結果と強く関連するということが示されている。

愛着 Q ソート法（AQS）

　実験室での子どもの行動を分類したり，半投影法や投影法に現れる心的表象を分類したりはしないもう一つのアプローチは，比較的長い時間にわたり家庭での子どもの行動を実際に観察するというものである（それぞれの訪問につき 2～6 時間）（Posada et al., 1995 ; Waters, 1995 ; Waters & Deane, 1985）。この測度は時間的安定性と信頼性の両方を兼ね備えている。近年，AQS（Attachment Q-sort）はストレンジ・シチュエーション法とは幾分か異なった構成概念を測定しているという問題提起がなされている（van IJzendoorn et al., 印刷中）。ストレンジ・シチュエーション法と AQS との関連性はせいぜい中程度のものであり，そしてまた AQS には，ストレンジ・シチュエーション法に比べて，子どもの気質的な差異がより多く混入してしまうという可能性がある。それにもかかわらず，愛着の安定性に関わる多くの研究知見が，愛着の主たる測度として，この AQS を現に用いている。

成人愛着面接（AAI）

　成人愛着の主要な測度のなかで精神分析家の興味を最も引くものは，成人愛着面接（AAI : Adult Attachment Interview）(George et al., 1996) である。面接は子ども時代についての語りに焦点を当てたものであり，それは心理療法の査定の過程で行われる方法と類似している。AAI は，子ども時代の微妙な問題に迅速にかつ粘り強く到達するという特別な性質を備えている——それはメアリー・メイン（Mary Main）が，かなり適切にも「無意識を驚かす」(surprising the unconscious) として表現しているところの性質である。インタビュー・プロトコルは，逐語録に書き起こされ，そして語りの形式を特別に重視するコーディング・システムに従って分類される（Main & Goldwyn, 1998 a, b）。そのシステムの中核となるものは，グライス（Grice, 1989）の合理的会話の協調性原理である。整合一貫性において得点が高い面接の語りとは，自分が言ったことに対して根拠を与えることができ，簡潔であるが完結した話をし，そのときどきのトピックに的確に関連づけることができ，そして明瞭かつ秩序立っている話し手の語りである。コーディング・システムにおいて愛着が安定していると判定されるタイプ（自律型 autonomous classification—F）は，語りにおける高い整合一貫性と最も密接に結びついている。三つの不安定型のパターン（insecure patterns）は次のとおりである。すなわち，愛着軽視型（dismissing）（愛着についての理想化あるいは軽視—Ds），とらわれ型（preoccupied）（怒りあるいは受け身的—E），そして喪失あるいは虐待と関連のある未解決型（unresolved）(U) である。Ds と E のカテゴリーはそれぞれ順に，乳児の回避型（avoidant）とアンビヴァレント／抵抗型（ambivalent/resistant）のカテゴリーに概念的にも実証的にも対応している。喪失あるいは虐待についての質問という面接のある部分における認知的無秩序性の徴候のみにその特異性が現れる U 型は，D 型の乳児を特徴づける，愛着システムの全般的な無秩序性と対応している。

　乳児の出生前に得られたものでさえ養育者の AAI における語りから，生まれた後の乳児の愛着分類を予測できるというユニークな性質によって，AAI は研究者たちによって急速に採用されることとなった。この予測に

ついては,現段階では少なくとも14の研究において実証されている(van IJzendoorn, 1995)。さらに,AAIの分類は2か月という期間にわたって時間的安定性があり,そして言語性と動作性のIQ,自伝的記憶,社会的望ましさ,面接者効果,そして一般的な会話スタイルとは関連性を持たない〔ため,まさに愛着そのものの特質を取り出し得ていると考えられる〕(Bakermans-Kranenburg & van IJzendoorn, 1993 ; Crowell et al., 1996 ; Fonagy et al., 1991 b ; Sagi et al., 1994)。AAIは母親の感受性(sensitivity)を予測するが,それと乳児のストレンジ・シチュエーション法の分類との関連性を十分に説明できるほどの予測力は有していない〔母親のAAIの分類が感受性への影響を介して子どものSSPの分類を規定するという因果的パスは十分には説明されていない〕(Pederson et al., 1998)。AAIを用いることで蓄積された興味深い研究知見についての包括的レビューは,ヘッセ(Hesse, 1999)によって行われている。

現在関係性面接

現在関係性面接(CRI : Current Relationship Interview)はAAIに類似したものとして作成された。そして,この測度を用いることで現在の愛着関係が安定か不安定かを査定することができる(Crowell & Owens, 1996)。被面接者がその人自身とそのパートナーの安全基地行動(secure base behavior)を説得的に描写することができると,あるいはパートナーのネガティヴな行動を整合一貫した方法で描出することができると,その面接は安定型と評定される。愛着軽視型ととらわれ型の面接は,それぞれ順に理想化と不安を伴った不満という形で不安定性を映し出す。恋愛関係が現在,認知的組織化に破壊的影響を及ぼしているとき,その面接は未解決型として符号化される。AAIとCRIとの間には弱いが統計的に有意な関連性がある(Gao, 1998 : Crowell et al., 1999 より)。

成人愛着の自己報告式測度

成人愛着を測定し得ると称する数多くの質問紙型の測度が,現在利用可能である。愛着の個人史に関する自己報告式測度には,愛着史尺度(Attachment History Questionnaire)(Pottharst, 1990),親・友人愛着目録

(Inventory of Parent and Peer Attachment) (Armsden & Greenberg, 1987b), そして互恵的・回避的愛着尺度 (Reciprocal and Avoidant Attachment Questionnaire) (West & Seldon-Keller, 1994) のようなものがある。恋愛的愛着 (romantic attachment) の安定性についても, 愛着スタイル尺度 (Attachment Style Questionnaire) (Hazan & Shaver, 1987) やそれに基づく関係性尺度 (Relationship Questionnaire) (Bartholomew & Horowitz, 1991) のような測度が存在している。これら二つは, 関係性に対する人の一般的態度についての短い文章を示すだけの単純な測定具であり, 被験者はどの文章がその人自身に最も当てはまるのかを選ぶように尋ねられる。それらの文章は, 安定型 (secure), 恐れ型 (fearful), とらわれ型 (preoccupied), そして拒絶型 (dismissing) の個人についてのものとなっている。この測定具をより正統的な質問紙の形式に発展させた尺度が, グリフィンとバーソロミュー (Griffin & Bartholomew, 1994) によって提供されている。それらの測度および他の測度についての優れたレビューが, スタイン (Stein et al., 1998) やクロウエルとその同僚 (Crowell et al., 1999) によって行われている。

愛着の安定性の規定因

　ボウルビィ-エインズワースのモデルに従うならば, 愛着の安定性の規定因は, 近因あるいは遠因のいずれかとして捉えることができるだろう。近因は, 親子関係の質に強い影響を与えるものであり, 主に乳児の気質と母親の感受性に関連したものである。遠因は, そうした近因に作用するものである。しかし, この種の〔遠因の間接的効果を扱う〕媒介モデルは, 研究者によってあまり探索されておらず, またそれらが正確なものであるかどうかについては, それにも増して示されていないというのが現状である。

　乳児の気質は, 一般的に, 愛着の安定性の強力な規定因とは見なされていない。ヴォーンとボスト (Vaughn & Bost, 1999) は彼らの徹底的なレビューから次のように結論づけている。すなわち,「パーソナリティや対人的行動の質を説明するにあたって, 愛着の安定性に気質が深く関与しているということは考えられない」(p. 218) ということである。総じて, 気質的

扱いにくさ（temperamental difficulty），ネガティヴな反応性，そして情動性（emotionality）についての親の報告は，安定型／不安定型の分類とは関連しないのである。しかし，乳児期初期のいらだちやすさ（irritability）は，社会的に不遇な状況が養育者を特定のストレス下に置くようなとき，その不適切な養育習慣を強めることによって（その影響を増長させることによって），不安定性のリスクを増大させるようである（例えば，Susman-Stillman et al., 1996; van den Boom, 1994）。

　母親の養育は，明らかに愛着の安定性に寄与する。特に母親の感受性，苦痛への応答性（responsiveness），穏やかで適切な刺激付与，相互同期性と温かさ，養育への傾倒，そして全般的応答性はすべて，非常に数多くの研究において，愛着の安定性の予測因となることが実証されている（ベルスキィBelsky, 1999 a による優れたレビューを参照のこと）。回避型愛着は，総じて，侵害的，つまり過度に刺激を与えるような，そして過度に統制的な，乳児との相互作用スタイルによって予測される。アンビヴァレント／抵抗型の乳児の愛着は，一般的に，非応答的で，そしてあまり熱心に養育に傾倒しない特徴と関連している。しかし，これらの関連性の強度は，比較的小さい。66 の調査のメタ分析（4 千組以上の母子を対象とした分析）における効果量は .17 であった（De Wolff & van IJzendoorn, 1997）——その値はいかなる基準から見ても小さい。養育者の感受性の効果を特に検証していた 30 の研究のデータセットに限った場合，効果量は .22 に増加したものの，それでもやはり，母親の感受性が愛着の安定性の主要な規定因であるという主張については，現段階では実証的支持が不足しているようである。[1]

　他の流れの証左は，愛着理論の立場をより支持している。ネガティヴな気質を持った子どもの母親の感受性を実験的に豊かにさせるというユニークな研究では，愛着の安定性が28%から68%に増加した〔何も施さない統制群の安定型の割合は28%であったのに対して，感受性の増大を図った実験群の安定型の割合は68%となった〕という点で，非常に大きい効果量が得られている（van den Boom, 1994）。このことは，少なくとも社会的に不利な立場の集

---

[1] 効果量は，関連性の重要性やその強さの指標として統計的有意性の代わりにしばしば用いられる。例えば，効果量 .17 は，感受性豊かな養育者であれば，その乳児が安定した愛着を持つ機会が 6〜7% 増加することを意味する。

団においては，母親の感受性が乳児における愛着の安定性の獲得にとって非常に重要であるということを示唆している。12以上の研究におけるそのような介入の効果量を統合的に算出すると，.48となる（van IJzendoorn et al., 1995）。父親の感受性と，乳児の父親への愛着の安定性との関連性は，より小さいものであるが，それでも統計的には有意である（van IJzendoorn & De Wolff, 1997）。同様に，親以外の養育者も，彼らが子どもに対して感受性を示すならば，安定した愛着対象になる可能性がより高くなるようである（Goosens & van IJzendoorn, 1990）。

　愛着の安定性を決定するうえで，養育の質が重要であるという最も華々しい証左は，母親の養育行動の直接的観察からは得られていない。むしろ，前述したとおり，14の研究において，母親あるいは父親に実施されたAAIが，子どもの愛着の安定性だけでなく，子どもがストレンジ・シチュエーション法で示すまさにその愛着のカテゴリーをも顕著に予測するということが実証されている（van IJzendoorn, 1995）。すなわち，とらわれ型のAAIの語りは，乳児のアンビヴァレント型愛着を予測するのに対して，愛着軽視型のAAIの語りは，ストレンジ・シチュエーション法での乳児の回避型行動を予測する。そしてまた，悲哀（mourning）に関する心理的解決の不足（すなわち未解決型の語り）は，乳児の愛着における無秩序性を予測するのである（後の部分を参照）。それぞれの親に対するAAIを子どもが生まれる前に実施し，データ収集と符号化を行った場合でさえ，それらが12か月と18か月の乳児の愛着分類を予測していたことからすると，この現象に関して気質による説明（子ども→親の効果）を適用することは不適切なようである（Fonagy et al., 1991 b ; Steele et al., 1996 a）。

　スレイド（Slade）と彼女の同僚による最近の証左は，愛着の安定性の世代間伝達という難問に対して重要な手がかりを与えるものである。彼女らは，AAIにおける自律型（安定型）の母親が，愛着軽視型やとらわれ型の母親に比べて，自分と自分の歩行開始期の子どもとの関係を，より整合一貫した形で，またその関係のなかでの喜びや楽しみをより明確に伝える形で表現するということを示した（Slade et al., 1999 a）。われわれは，実際には未だ意図性を有してはいない乳児に対して意図性があるものとして接する親の能力，すなわち乳児の心のなかにあると想定される，そしてまた親自身がそ

の子やその子の心的状態に関して心のなかに生起させる，思考，感情，欲求といった視点から乳児について考える能力が，愛着の世代間伝達の重要な媒介変数であり，養育者の感受性の影響に関するこれまでの研究知見をうまく説明し得ると考えている（Fonagy et al., 1991 a）。AAI の文脈において自分自身と自分の養育者の心的状態についての内省能力が高い者は，彼らに対して安定型愛着を向ける子どもをより持ちやすい傾向がある。そして，われわれはこうした知見と自己の発達を育成する親の能力とを関連づけて考察したことがある（Fonagy et al., 1993 b）。われわれはまた，片親家族，親の犯罪行為，失業，家族成員数の過剰，そして精神病理によって特徴づけられる比較的高いストレス（すなわち剥奪された）群の母親でも，彼女たちの内省機能（reflective function）が高い場合には，安定型愛着の乳児をより持ちやすいという知見を得ている（Fonagy et al., 1994）。このことは，過去を思い出すあるいは語るということができない者は，少なくとも彼らの子どもに対しては，その過去を繰り返すように運命づけられている（より繰り返しやすい）というフロイト的な考え（Freud, 1920）を多少とも支持していると言える。

　子どもの社会的文脈は，たとえ理論的には遠因でも，愛着の安定性の規定因として，同様に重要である。総じて，よく機能しているパーソナリティを持った親は，安定型愛着の乳児を持ちやすい（Del Carmen et al., 1993；Maslin & Bates, 1983）。より重篤な抑うつを抱えた母親により接している子どもは，不安定型に分類されやすい（Lyons-Ruth et al., 1986；Radke-Yarrow et al., 1985；Teti et al., 1995）。そのことはまた，夫婦関係が非常に不調和な両親のもとで暮らしている子ども（Erel & Burman, 1995），そしてまた不十分なソーシャル・サポートしか受けていない母親と一緒に暮らしている子ども（Crittenden, 1985；Crnic et al., 1986）においても同様である。ただし，それらの効果は概して小さく，比較的信頼性の薄いものであり，そしてそれゆえにあまり追認もされていない。ベルスキィ（Belsky, 1999 a）は，愛着の安定性の予測因は，発達的精神病理における危険因子としても考えることができ，そして愛着の予測因と精神病理の予測因は互いに加算的に，あるいは相互作用的にも作用すると考えて然るべきであると提案している。いずれにせよ，現段階での証左は，愛着の近因（例えば，母子の

相互作用）が相対的に弱い予測因であり，そしてまた遠因（例えば，親の精神病理）については，それにも増してさらに弱い予測因であるということを示しているにすぎない。いずれのソースからの予測力も弱かったことは，そこに非常に強い遺伝的影響が介在しているか，あるいは大部分の心理社会的研究と同様に測定の範囲が限られていること，すなわちかなり限定された均質な層からのみ心理社会的環境の標本抽出が行われている可能性があるということを示唆しているのかもしれない（Maccoby, 2000）。

初期の愛着からのその後の発達の予測

ボウルビィは，乳児-母親の愛着の安定性における差異が，後の親密な対人関係，自己理解，そして心理的障害に長期的に関連するということを明らかに確信していた。愛着分類における個人差が，言語性 IQ のような認知的能力，対人的な能力やスキル，そして精神病理といった非常に広範囲の後の発達との間にどのような関連性があるかということが研究されてきた。それらの研究で得られた知見は，初期の愛着関係の発達的性質についての主張を部分的に支持しているにすぎない（Belsky & Cassidy, 1994 ; Thompson, 1999）。乳児の安定型愛着は，短期的には，後の親子のポジティヴな相互作用をより予測するが（例えば，Slade, 1987），乳児における安定型愛着と6歳以上の親子の相互作用との間については，強くまた持続的な直接的関連性は見出されていない（例えば，Grossman & Grossman, 1991）。いくつかの研究では，さまざまな年齢の親と子それぞれにおける愛着分類の査定間にかなり高い一致があることが実証されている（Main & Cassidy, 1988 ; Wartner et al., 1994）。18 か月から 20 歳にかけての安定型と不安定型という 2 分類でのかなりの連続性もまた，成人愛着面接を用いて報告されており（Hamilton, 2000 ; Waters et al., 2000），その二つの研究における連続性の数値はそれぞれ 72% と 77% であった。もっとも，他のサンプルでは，時間的安定性が，それほど高くはなかった（Grossman et al., 1999 ; Weinfield et al., 2000）。連続性が発達の道筋においてごく自然に生じるということは極めてありそうにないことと言える。発達的な連続性がどれくらいあるかということはおそらく，こうした研究においては未だ知られておらず，そして

また観察され得ないような家族生活の生態環境における重要な媒介条件に大きく左右されるのかもしれない。

　ボウルビィ-エインズワースのモデルはまた，乳児-母親の関係から他の親密な二者関係に対する正確な予測を導く。安定型の乳児-母親の関係性は，きょうだいとの間のより調和のとれた相互作用を予測するというやや弱い証左がある（例えば，Teti & Ablard, 1989；Volling & Belsky, 1992）。そしてかなり多くのデータにより，就学前そして10歳時において，乳児の頃に安定した愛着を有していた子どもと彼らの教師やカウンセラーとの間には，より適切な関係が展開されるということが明らかにされている（例えば，Weinfield et al., 1999）。より一般的な社会的有能性（コンピテンス）において，安定型愛着の歴史を有する者が優れているということに関してはそれを支持するものとそうでないもの両方の知見が混在している。ミネアポリス・プロジェクトや二つのドイツ人サンプルを扱ったプロジェクトのようないくつかの研究では，安定型の愛着の歴史は，青年期においてでさえ，より優れた仲間関係における有能性（コンピテンス）を予測していた。一方，他の研究は，就学前，児童期中期，そしてそれ以降に対する長期的追跡調査を行っているが，そこでは微弱な効果あるいは有意でない効果しか見出されていないのである（Berlin et al., 1995；Howes et al., 1994；Lewis & Feiring, 1989；Youngblade & Belsky, 1992）。最近のビーレフェルト縦断研究の若年成人についての追跡調査では（Grossman et al., 2002），38名という比較的小さい若年成人サンプルにおいて，パートナーシップの表象について，十分な連続性が実証されている。自身のパートナーシップについての若年成人の会話の質は，母親の感受性と愛着を重視する傾向からの合成変数によって，強く予測されたのである。子どもが言葉を話すようになってからだけでなく言葉を話す以前においても感受性豊かであると評定された母親との関係を享受してきた22歳の被調査者は，自己内省とパートナーの自律性に対する尊重を明確に示しつつ，パートナーシップについて整合一貫した会話を行っていた。特に，それらの結果のなかで印象深いものは，人生のはじめの1年目における子どもに対する母親の感受性が，それのみで，子どもが22歳になった時点におけるパートナーシップについての会話の質を有意に予測するということであった。このように，乳児の愛着の安定性について，数少ないが信頼性のある長期的な結果が得ら

れている。しかしそれらは，母子の愛着関係が後のすべての関係性の原型であるという古典的な理論的描写を正当化するものなのだろうか。

　乳児の愛着とパーソナリティの特徴との関連性についての証左もまた，ある研究では他の研究に比べてより強くなっている。ミネソタの研究では，安定型愛着の歴史を有していた就学前児は，教師によって一貫して，自尊感情，情緒的健康，主体性，従順さ，そしてポジティヴ感情がより高いと評定され，そしてそうした傾向は子どもが10歳になった時点での査定でも同じであった（Elicker et al., 1992；Weinfield et al., 1999）。このコホート〔同時代出生集団〕を扱った最新の知見は，潜在的に多くの統制されるべき要因の混入が想定されるものの，依然として乳児期から成人期における精神医学的病的状態（psychiatric morbidity）が予測されることを示している（Carlson, 1998；Weinfield et al., 1999）。しかし，すべての研究においてそれらの知見が追試されているわけではない（例えば，Feiring & Lewis, 1996）。ボウルビィの予測とは対照的に，安定型，回避型，抵抗型の分類は，後の不適応の測度とそれほど強い関連性があるわけではないようである。むしろ後の心理的障害を有意に最も強く予測し得るのは，乳児の無秩序型のカテゴリーなのである（Carlson, 1998；Lyons-Ruth, 1996 a；Lyons-Ruth et al., 1993；Ogawa et al., 1997）。この関連性については後のセクションにおいて詳細に探索する。より一般的には，乳児の安定型愛着と自我弾力性（ego-resilience）のようなパーソナリティ特徴との間の関連性は，あるサンプルにおいては見られるが，他のサンプルにおいては見られないという性質のものである。不安定型愛着から問題行動が予測されるような場合，それは，性差，環境的ストレス，あるいは子どもの知的能力といった介在変数による影響を受けているようである（Erickson et al., 1985；Fagot & Kavanagh, 1990；Lyons-Ruth et al., 1993）。数多くの研究にわたって顕著なのは，安定型愛着の帰結として，どのような一貫したパーソナリティの特徴があるのかを同定することが難しいということである。検討されているそれぞれの要因は，さまざまな規定因によって複雑に影響を受けている可能性があるが，こうした縦断的調査においては，それらのいずれについても統制し明確な結果を得るということが不可能なのである。愛着が後の適応の基盤となるということを提示している証左は，さほど信頼にたるわけでも，また一貫してい

るわけでもない。われわれの観点からすれば，まさしく理論と証左との間にギャップがあるということこそが，愛着理論家に他の理論的アプローチ（多数の精神分析的考えを含む）との対話をオープンにする必要性を悟らせることになるのである。

　もっと精細に見るならば，初期の愛着の影響が後の表立った諸機能のなかに見られるということは必ずしも明らかになっていないものの，それが，パーソナリティと精神病理の基盤をなす心的プロセスに対して明白な効果を及ぼすという証左については徐々に蓄積されつつあると言える。こうした証左は，愛着の歴史と自己，他者，そして自己-他者の関係に関する表象能力との関連性を同定しようと試みている研究から得られている。例えば，安定型愛着の子どもは自分自身を総じてよりポジティヴな言葉で描写するが，それと同時に自分自身が完全ではないことをも認容することができる。一方，不安定型の子どもは，自己描出に関してよりネガティヴであるが，自分の欠点をあまり進んで認めようとはしない（Cassidy, 1988）。安定型愛着の歴史を有していた子どもは，ネガティヴな出来事に比べて，ポジティヴな出来事をより正確に思い出す傾向がある（Belsky et al., 1996）。他の研究では，安定型愛着を有していると見なされる子どもは，二つの情動理解の査定においてより高得点を得ており，そのことは彼らがネガティヴ情動の理解において，より優れた有能性(コンピテンス)を持っていることを示している（Laible & Thompson, 1998）。1年生の時点における愛着分類が，物語の登場人物に親切な動機を帰属する程度を予測するという知見も得られている（Cassidy et al., 1996）。また，乳児期の愛着が，その後の心の理論課題のパフォーマンスを予測するということも実証されている（Fonagy, 1997）。われわれの最終的主張を多少とも予示しておくとすれば，初期の関係に絡む環境が極めて重要なのは，それが，後の関係の質を形成するからではなく（今まで見てきたように，そのような証左は不足している），後に関係の表象を含む心的表象を生成する心理過程システムを個人に提供し得るからである。この表象システムの生成こそが，おそらく，養育者に対する愛着の最も重要な進化論的機能である。現在，家族を社会化における原動力の中心に据えて考えることに対して異を唱えるような向きが広まりつつあるが，こうした立場をとることによって，その傾向を正す助けになるだろう。その一方で，こうした立場は経

験の内容から心理構造あるいは心的メカニズムへと強調点を移行させることになり，さらには，愛着の進化論的機能についての現在の考えを敷衍することにもつながるのである。

愛着と精神病理

児童期における精神病理

　数多くのローリスク・サンプルの研究では，人生初期の2年間における不安定型愛着と児童期中期における情緒的あるいは行動的な問題との間に単純な関連性があることは同定されていない（例えば，Feiring & Lewis, 1996）。一方，社会的リスクの高い母集団から得られたサンプルでは，初期に不安定型の関係を示した子どもが，前青年期に至っても気分にむらがあり，また仲間関係が乏しく，そして抑うつと攻撃性の徴候をより多く示すということが一貫して認められている（Weinfield et al., 1999）。このサンプルに対する最近の二つの追跡調査では，青年期における精神病理に対する強い予測力が実証された。青年期における不安障害は，乳児期におけるアンビヴァレント型愛着と最も結びつく傾向があった（Warren et al., 1997）。全体として見ると，回避型の乳児は，心理的障害の割合が最も高く（70％），アンビヴァレント／抵抗型の乳児は，安定型の乳児とほぼ同じ割合くらいしか，診断のつくような精神病理を呈していなかった。同じサンプルにおいて，17歳と19歳時点における解離症状は，乳児期の回避型の分類と無秩序性の行動得点によって予測可能であった（Ogawa et al., 1997）。

　リオンズ=ラスと彼女の同僚たちは，64名のハイリスクの乳児を追跡調査している（Lyons-Ruth, 1995 ; Lyons-Ruth et al., 1989）。それによれば，敵対性の強い就学前児の71％は，18か月時点では無秩序型と分類されていた。それに対して，18か月時点で安定型と分類されていた子どもは同じく敵対性の強い就学前児の12％を占めるだけであった。乳児期に無秩序型と分類され，かつ心理社会的問題を抱えた母親を持っていた子どもの半数以上は，幼稚園では敵対性が強かった。これに対し，それら二つの危険因子を両方とも持っていない子どもが敵対的な特徴を有するようになる割合は，5％を下回っていた。同様のリスクは，IQが低く，かつ乳児期に無秩序型で

あった下位集団において，教師評定による7歳時点での外在的問題行動との関連においても見られた。それとは対照的に，内在的徴候は，乳児期の分類における無秩序型ではなく，回避型によって予測された。ピッツバーグにおけるハイリスク・サンプルを研究しているショーとその同僚（Shaw et al., 1997；Shaw & Vondra, 1995）は，愛着の不安定さが，3歳時点での行動上の問題を中程度に予測し，そしてまた5歳時点での問題を強固かつ特異的に予測し得ることを見出した。また，無秩序型の子どもの60％は，病的に高い攻撃性を示していた。それに比べて，同様の徴候を示した子どもの割合は，他の二つの不安定型の分類では約30％，安定型に分類された子どもでは17％であった。無秩序型愛着を有し，かつ気質的に扱いにくいと親によって評定された子どものほとんどすべてが，そうした病的な攻撃性を示した。それら二つの危険因子のうち，いずれか一方のみを有していた子どもは，健常範囲内にあった。これら二つの研究により，無秩序型愛着は，他の危険因子と組み合わさるとき，後の心理的障害を引き起こす脆弱性因子となる可能性があることが示唆されたと言える。加えて，グリーンバーグ（Greenberg, 1999）によってレビューされたかなりの数の研究において，同時期に測定された愛着と精神病理との間に強い関連性があることが示されている。しかし，横断的調査においては，不安定な愛着が，子どもの心理的障害〔を生じさせているというよりも，むしろ，その結果として生じたものであり，それ自体〕の付随的な指標になっているにすぎないという可能性が常に残されている。

愛着と成人の精神病理

　愛着の安定性が，精神病理に対する保護因子として働き得るということについては総じて意見が一致している。愛着の安定性は，不安の低さ（Collins & Read, 1990），敵意の低さ，自我弾力性の高さ（Kobak & Sceery, 1988），そして対人的関係を通しての感情制御能力の高さ（Simpson et al., 1992；Vaillant, 1992）といった広範囲にわたるより健康的なパーソナリティ変数と関連しているのである。一方，不安定型愛着は，危険因子であり，抑うつの程度の高さ（Armsden & Greenberg, 1987a），不安，敵意，心身症（Hazan & Shaver, 1990），そして自我弾力性の低さ（Kobak &

Sceery, 1988)といった特徴と関連しているようである。

　愛着パターンと成人の精神病理との間の関連性を示唆する研究は極めて少ない。それらはドジャーによって詳細な吟味が行われている（Dozier et al., 1999）。五つの研究の知見を総括したところ，精神医学的障害は，ほぼ常に非自律的で不安定な心的状態と関連しており，また障害を有する群においては特に未解決の心的状態を示す者の割合が高いようであった。ある縦断的研究（Allen et al., 1996）では，ハイリスク・サンプルにおいて，愛着に対する侮蔑的姿勢が強く，また虐待の問題が未解決であることが，後の犯罪行動や厄介な薬物乱用を予測していた。これまでに，拒絶型の心的状態は，反社会的パーソナリティ障害，摂食障害，物質乱用，そして依存性と関連があり，一方，とらわれ型の心的状態は抑うつ，不安，そして境界性パーソナリティ障害といった自分自身の感情に没頭することに関わる障害と関連性を有するという可能性が示唆されてきている。しかしながら，今のところ入手可能な研究からはこの種の単純化されたモデルは支持されていない（例えば，Fonagy et al., 1996）。ちなみにイーグル（Eagle, 1999）は，とらわれ型の個人は心的苦痛をより多く経験するが，それに対して回避型愛着の特徴を有する個人は身体症状や病気の発生率がより高いという証左をあげている。

　この種の研究にはいくつかの問題がある。まず第一に，（DSMにおける）I軸障害の同時罹患があると，特に同時罹患の率が非常に高い相対的に重篤な臨床群においては，愛着分類と特定形態の精神病理的罹患との間に〔たとえ指標上の関連が見られたとしても，その精神病理が同時罹患している他の精神病理と密接な関係を有しているがゆえに，そこに真に〕単純な関連性が成り立つのかどうかについては，いかなる場合であれ，安易に結論はできないことになる。第二に，愛着分類を確定するためのコーディング・システムは，臨床的病態と真の意味で独立ではない。つまり，愛着と精神病理の間に，ある一貫した関連性が認められたとしても，それは単純に項目がオーバーラップしているからかもしれないのである。[2]第三に，成人愛着のコーディング・シ

---

[2] 例えば，初期の（愛着）経験を想起する能力の不足が愛着軽視型（Ds）の基準であり，そしてまた記憶の問題が大うつ病（MD）の診断基準の一部であるならば，DsとMDのいかなる関連性も，ある意味，生じやすいのは当然ということになる。その意味からすれば，愛着と関連した記憶欠損がMDの患者によって報告される一般的な記憶の問題以上の特異的なものである場合にのみ，それを重大なものとして扱うことができるのだと言える。

ステムは臨床群を想定して開発されたわけではないため，精神病理的罹患それ自体が愛着分類への割り振りを歪めてしまうのかどうか，あるいはどの程度強く歪めるのかについては明確ではない。精神病理の分類に，現在，利用可能な愛着測度が有効であるということを確証するためにはその妥当性を吟味する研究が必要であるが，そうした研究は現段階では不足している。

つい最近になって，愛着分類と治療結果との関連性を問うという研究の流れが出現してきている。そこでは愛着分類が特定の診断群についての予測因子として用いられている。愛着軽視型の成人は，比較的，治療に対してあるいは心理療法の文脈において抵抗的なようである。議論の余地はあるにしても，彼らは，養育者が結局のところ利用できなくなるであろうという見込みから，自分自身を保護するために，援助に対する自らの欲求を否定する。彼らは治療を拒絶しがちであり，援助を求めることが稀である（Dozier, 1990）。とらわれ型の成人は，治療者の言葉やサポートに対して協同的にふるまったりそれらを受け入れたりするための，より一般的な能力が不足している。その一方で彼らは次第に依存的になり，治療者にあまり間を隔てずに何度も電話をかけてくるようなことがある（Dozier et al., 1991）。こうした一連の研究についての統合的見解が，シドニー・ブラット（Sidney Blatt）とその同僚により提示されている（Blatt & Blass, 1996；Blatt et al., 1995；Blatt et al., 1998）。ブラットと彼の共同研究者は，ボウルビィ-エインズワース-メインのカテゴリー化と非常に有益な形でオーバーラップする二分法を提案している。彼らは，自己-他者の関係に関して絶えず展開し続ける表象を規定する二つの発達的圧力，すなわち関係保持感覚への欲求と自律的同一性感覚への欲求の間に弁証法的過程を想定しているのである（Blatt & Blass, 1996）。それらの発達的欲求は，個体発生の全体にわたって相乗的相互作用を起こすと考えられており，そしてそれらのバランスの欠如は精神病理を意味する。**依託型病理**（anaclitic pathology）（関係保持欲求に対する肥大的欲求——とらわれ／もつれ）は，依存性，演技性あるいは境界性パーソナリティ障害のなかに存在する。**取り入れ型病理**（introjective pathology）（アイデンティティに対する肥大的欲求——拒絶的あるいは回避的病理）は，統合失調症，統合失調傾向，自己愛性，反社会性，あるいは回避性の個人を特徴づけると考えられている。例えば，ジョン・ガンダーソン

(John Gunderson) (Gunderson, 1996) は，愛着理論の観点から BPD (境界性パーソナリティ障害) について論じているが，彼がこうした患者には全般的に孤独に耐える能力が欠けていることを指摘するとき，それは明らかに依託性の病理を同定しているということになる。

このように愛着理論における個人志向的アプローチは，力動的な発達的観点を加えることにより，潜在的に DSM-IV によって分類される精神病理学的障害についてのわれわれの理解を極めて深め得る。例えば，ブラットとその同僚は，関係保持-自律の弁証法を用いて，依存型（依託的）と自己批判型（取り入れ的）という二つのタイプの抑うつを区別することをなし得た（Blatt & Bers, 1993）。これによれば，境界性パーソナリティ障害を有する個人における抑うつは，空虚感，孤独感，愛着対象に対する絶望，そして変動しやすく，拡散的な感情特性によって特徴づけられることになる。測定の信頼性に限界はあるものの，境界性パーソナリティ障害を有さない大うつ病の人においては，そうした側面が抑うつの重篤度と負の相関を有するのに対し，一方，境界性パーソナリティ障害の人においては，同じ症状がほぼ完全に重篤度と正の相関を示すのである（Rogers et al., 1995 ; Westen et al., 1992）。

治療に対する反応は，この区別によって強く予測される。例えば，NIMH（National Institute of Mental Health：アメリカ国立精神保健研究所）が行った抑うつについての心理療法の試み（Blatt et al., 1998 ; Elkin, 1994）では，完全主義の人（取り入れ型）は，はじめの数セッション以降，改善することはあまりないが，一方，承認欲求が高い患者（依託型）は治療の後半において有意にその症状を改善させたのである（Blatt et al., 1995）。総じて，愛着軽視型の患者は，短期型治療のほとんどにおいて，治癒の程度がおもわしくない可能性がある（Horowitz et al., 1996）。ブラットは，これはアイデンティティが明らかに心的組織化の中心問題である個人においては，分離が予期されてしまうためであろうと論じている。しかし，愛着軽視型の人は，これとは対照的に，彼らの自己吟味が十分にサポートされる長期間の精神分析的心理療法においてはより回復するだろう。なぜならばそこでは，彼らの罪悪感が，それにより自身を圧倒するほど強くはならず，そして（依託型，とらわれ型とは異なり）彼らは自身の心理療法的関係からもはや利益を得られなくなるくらいに，そうした関係に巻き込まれすぎてしまうと

いうことがないからである (Blatt & Ford, 1994 ; Fonagy et al., 1996)。この二つのグループでは心理的苦痛の経験が決定的に異なっているにもかかわらず，抑うつの研究の大半がそれらのグループをまだ探索もまた識別もしていないということを踏まえれば，精神分析的アプローチの価値がいかに大きいかがわかるだろう。表象世界に焦点を当てる個人志向的な愛着理論のアプローチは，われわれの心理的障害に関する予測を洗練するという点において，潜在的には非常に有用である可能性がある。

愛着の無秩序性

　精神分析的観点から見て，最も前途有望な愛着研究の領域は，疑いもなく無秩序／無方向型愛着行動の研究である。前述したとおり，無秩序／無方向型愛着は，ストレンジ・シチュエーション法において矛盾する行動パターンを続けざまにあるいは同時に示すことによって特徴づけられる。それらの行動とは，無目的で，不完全な，あるいは不自然に中断された動き，紋切り型の所作，変則的な姿勢，すくみ，親に対する危惧あるいは方向性の定まらないさまよいである (Main & Solomon, 1986, 1990)。メインとヘッセ (Main & Hesse, 1990) の今では古典的とも言える重要な貢献により，無秩序型愛着行動と〔自らは〕脅え／〔子どもを〕脅えさせる (frightened or frightening) 養育行動との間に関連があることが明らかにされている。すなわち，こうしたケースでは乳児が，苦痛時に慰めを求めて近接したいと望みながらも，その近接したい対象を恐れてしまうというパラドックスに直面し，それに対する解決策を見つけることができないのである (Main, 1995)。その後10年間のうちに，無秩序型愛着について多くのことが明らかとなった。無秩序型愛着の研究についてのメタ分析では (van IJzendoorn et al., 1999)，収入が中程度のサンプルで14％，収入が低いサンプルで24％，それが存在すると推定されている。無秩序型愛着分類の時間的安定性は，そこそこの程度のものであるが ($r = .36$) (van IJzendoorn et al., 1999)，その値があまり高くないということについては，無秩序型の乳児の数が12か月から18か月にかけて増加することによって説明されるのではないかという見方がある (Barnett et al., 1999 ; Lyons-Ruth, 1991 ; Vondra et al., 1999)。

気質的あるいは体質的変数が愛着の無秩序性を説明し得るということを示す証左はほとんどない（van IJzendoorn et al., 1999）。もっとも，ある一つの研究（Lyons-Ruth et al., 1991）において，ブラゼルトンの新生児行動評価尺度（Brazelton neonatal behavioral assessment scale）によって測定された新生児の行動の組織化〔の低さ〕が，1歳時点での無秩序性を予測することが見出されている。無秩序性は，軽度の精神的遅滞のパターンと結びついていることが示されており，そこでは，ベイリー乳幼児発達尺度における精神尺度の得点が運動尺度の得点に比して遅れていることが明らかになっている。

　無秩序型愛着行動を示す乳児は，ストレンジ・シチュエーションのなかにある間，唾液中のコルチゾール・レベルが有意に高いという証左がある（Hertsgaard et al., 1995；Spangler & Grossman, 1993）。コルチゾールは，その分泌量が過剰であれば有毒であり，視床下部にダメージを与える危険性のあるストレス・ホルモンである。東ヨーロッパの孤児院から遅い時期に養子に出された子どもでは（すなわち，孤児院に8か月あるいはそれ以上滞在していた乳児では），驚くべきことではないが，4歳時点における愛着の質が主に無秩序型であった（Chisolm, 1998；Marcovitch et al., 1997）。普段の日中におけるコルチゾール分泌の変動は，通常は時間が経つにつれて上昇し続けると予測されるのであるが，ルーマニアの孤児においてはそれが異なっており，ピークの値が昼前あるいは昼過ぎに起こるのであった（Carlson et al., 1995）。このグループにおけるコルチゾールの上昇は，ベイリー尺度における発達得点と関連していた（Carlson & Earls, 1997）。鈍いコルチゾール反応は，他の虐待を受けたサンプルにおいても見られるものである（例えば，Hart et al., 1995）。高レベルの，コルチゾールのような循環性のステロイドに繰り返しさらされると，実際に脳内組織が破壊されてしまい，有機体はそうした事態に，ストレスへの反応を鈍化させ，コルチゾールの放出を減少させることで順応しようとすることが動物モデルから明確に示唆されている（Sapolsky, 1996；Yehuda, 1998）。結果の一般的なパターンは，初期段階におけるANS（autonomic nervous system：自律神経系）の過活性化によって，有機体は後のストレッサーに対して不規則な方法，すなわち時に普通の，時に過小なあるいは過大な反応性を示すようになるというモデ

ルと一致しているようである (Figueroa & Silk, 1997)。

無秩序型愛着の原因とその発達経路

　無秩序型愛着と因果的に関連するものについて非常に多くのことが知られている。愛着の無秩序性の発生は，虐待，大うつ病あるいは双極性障害，そしてまたアルコールあるいは他の物質乱用のような家族における危険因子の存在と強く関連している。例えば，収入が低いサンプルにおいて，虐待された乳児の82%は，無秩序型に分類された（それに対してマッチングされた統制群における無秩序型の割合は18%であった）(Carlsson et al., 1989)。母親の抑うつの症状については，メタ分析において乳児の愛着の無秩序性との間にわずかに有意な関連性が示されているにすぎない (van IJzendoorn et al., 印刷中)。もっとも，こうした有意な結果が得られていないに等しいという知見は，個々の研究の特質を捨象してすべて一括りにしてしまうメタ分析という方法そのものの弱さを際立たせるものである。母親の抑うつの影響を探索している研究の大部分は，決定的に重要な変数，すなわち乳児が重い抑うつの養育者に実際にどの程度さらされているかを考慮に入れていない。重篤な抑うつに慢性的にさらされている程度を独立に測定している個々の研究では，それと愛着の無秩序性との関連性は強いようである (Lyons-Ruth et al., 1990; Teti et al., 1995)。

　総計母子548組からなる九つの研究では，乳児における愛着の無秩序性と親の成人愛着面接における喪失あるいは虐待のエピソードについての未解決な態度との間に関連性があることが見出されている (van IJzendoorn, 1995)。その内の三つの研究は，母親の語りにおける見かけ上，簡単に片づけられてしまいそうなほんのちょっとのおかしなところと，乳児のストレンジ・シチュエーション法における奇異な行動との間の，表面的に見ればただ不可解でしかない関連性を明確化する手助けとなるものである。また，ジャコボヴィッツとその同僚は，子どもが産まれる前に実施された AAI における未解決型の状態と，生後8か月になった際に長子に向かってなされる〔自らは〕脅え／〔子どもを〕脅えさせる行動との間に強い関連性があることを報告している (Jacobovitz et al., 1997)。そうした親の行動には，押しつけがましい侵害的な行動，歯をむき出しにする所作，明らかにトランスに似た状

態に入ることなどが含まれていた。未解決の喪失が，母親が17歳になる以前に起こっている場合にはいっそう，母親の脅え／脅えさせる行動は明確であった。興味深いことに，それらの未解決型の母親は，感受性あるいは温かさといった他の養育測度の点においては，残りのサンプルと異なってはいなかった。

　類似した研究において，シュエンゲルとその同僚は，未解決・不安定型（unresolved and insecure）として分類された母親が，未解決・安定型（unresolved secure）と分類された母親に比べて，脅え／脅えさせる行動を有意により多く示すという知見を得ている（Schuengel et al., 1999 a）。しかし驚くべきことに，未解決型と分類されていない安定型の母親のなかにも，さらにいっそう脅え／脅えさせる行動を示す者がいるようである。[3] 母親の脅え／脅えさせる行動は，乳児の愛着の無秩序性を予測してはいたが，しかし，最も強い予測因は，子どもとの相互作用における母親の解離的行動であった。別の調査において，リオンズ=ラスとその同僚もまた，脅え／脅えさせる行動に加えて，特に，乳児の愛着に関連したコミュニケーション上の特定の内容に対する母親の過度に誤った解釈と，乳児の愛着を引き出す一方で拒絶するという競合する養育方略が認められるときに，乳児の無秩序性が予測されるという知見を得ている（Lyons-Ruth et al., 1999）。脅え／脅えさせる，そして混乱した情緒的コミュニケーション行動は，無秩序・不安定型の乳児を有する母親のみの特徴であった。この研究における無秩序・安定型の乳児の母親は，行動において自ら恐れを感じているような抑制的行動パターンを示していた。コミュニケーションが混乱したときでさえ，相互作用において敵意をあまり示すということはなかった。要するに，母親の脅え／

---

[3] 愛着の無秩序性は，第四の愛着カテゴリーとして単純に取り扱うことはできない。ストレンジ・シチュエーション法における無秩序型コードは，それを除いては安定型の赤ちゃんのようにふるまうような乳児や，より回避型あるいは抵抗型のようにふるまう乳児に対しても適用され得るものである。研究者は，こうした事情について，観察に基づいて，最も合致する一つのカテゴリーを「強制的に選択する」ことの問題として論じている。同様に，成人愛着面接のコーディングにおいても，未解決型のカテゴリーは，安定型あるいは不安定型（愛着軽視型あるいはとらわれ型）の面接内容に対しても適用され得る。一旦適用されると，無秩序型コードは，不安定性の指標として大抵は取り扱われ，安定型と不安定型愛着を対比させる大部分の研究において，それらの人は，不安定型の集団に割り振られることになる。後にも言及するが，Dコードが，安定型愛着あるいは不安定型愛着のいずれかに分類されるような赤ちゃんに対して付加されるかどうかということは非常に重要なことのようである。

脅えさせる行動は，親の未解決の心の状態を介して，乳児の無秩序型愛着に関連しているようであった。無秩序型の乳児の母親は，他の母親に比べて，感受性が低いということはないようであるが（van IJzendoorn et al, 1999），彼女たちは，より具体的な相互作用の査定において，たびたび逸脱していると同定された。例えば，無秩序・不安定型の 20 か月児は，母親が社会的にイニシアチブをとることを拒絶して，自分の方から攻撃的衝突をしかける傾向があった（Hann et al., 1991）。

　無秩序型の乳児の愛着は児童期中期においては統制的な愛着行動（controlling attachment behavior）〔親子の役割が逆転したような，親に対する懲罰的な，あるいは過度に世話を焼くような行動〕へと移行するということについては，横断的研究と縦断的研究の両方に基づき，総じて同意が得られている。たった二つの縦断的研究という数少ない研究に基づいたものではあるが，それらに対するメタ分析によると，両者の関連は .55 であった（van IJzendoorn et al, 1999）。ジョージ（George）とソロモン（Solomon）は，子どもが示すそのような統制的な行動に関連した養育行動が，無力感によって，そして場合によっては子どもへの恐れとも言うべきものによって特徴づけられると描出している（George & Solomon, 1996）。対照的に，ドールプレイから引き出されるところの子どもの関係についての表象モデルは，破滅に絡むさまざまなテーマ，暴力的ファンタジー，無力感，あるいは全体的な抑制によって特徴づけられるようであった（Solomon et al., 1995）。いくつかの研究において，それらの子どもが具体的操作スキルや形式的操作スキルをあまり有していないということが明らかになっていることは興味深い（Jacobsen et al., 1994；Jacobsen et al., 1997；Moss et al., 1998；Moss & St. Laurent, 1999）。仲間関係に関しては，観察研究により無秩序型の子どもは，遊びの質と葛藤の解決という点であまり有能性（コンピテンス）が高くないということが提示されている（Wartner et al., 1994）。ジャコボヴィッツとヘイゼン（Jacobovitz & Hazen, 1999）は，仲間との相互作用を観察することにより，無秩序型の 4〜5 歳児は 2 人の仲間に対してまったく異なった相互作用のモデルを示すという知見を得ている。そして彼らによれば，これはそのような子どもたちが関係について統合されていない内的作業モデルを用いるということによって説明され得るという。

無秩序型愛着と児童期の攻撃性

　ここまでは，無秩序型愛着の成育史と臨床的問題の一般的な関係について述べてきた。ここからはレビューを，実証的に無秩序型愛着と関連することが明らかになっている児童期の攻撃性，解離，親密な関係のなかにおける暴力という三つの具体的な臨床的問題に絞ることにする。縦断的研究（Goldberg et al., 1995; Hubbs-Tait et al., 1994; Lyons-Ruth et al., 1993; Lyons-Ruth et al., 1997; Shaw et al., 1996）と横断的研究（Greenberg et al., 1991; Moss et al., 1996; Moss et al., 1998; Solomon et al., 1995; Speltz et al., 1990）の両方において，無秩序型統制的愛着（disorganized controlling attachment）と攻撃性との間に関連性が同定されている。攻撃行動は，無秩序型愛着，特に不安定・無秩序型愛着に一般的によく認められる帰結のようであるが，無秩序型愛着の歴史を有する者すべてが攻撃性の問題を示すわけではない。無秩序型愛着は，不適応行動にとって一般的な危険因子のようである（Jacobovitz & Hazen, 1999; Lyons-Ruth et al., 1997）。

　人生初期の無秩序型愛着の帰結は，極めて捉え難く複雑な形態の関係性障害となる可能性があり，それはときどき予測不可能な，そして正当な理由の見当たらない攻撃性を含むが，おそらく子どもの側から見れば，自分には対人的有能性(コンピテンス)がないという一般的な感覚というものによって，より的確に理解され得るようである。ボウルビィによる青少年非行者についてのオリジナルの研究（Bowlby, 1944）以来，行為上のさまざまな障害に対する愛着の役割に関してかなり多くの考察がなされてきている（Atkinson & Zucker, 1997; Fonagy et al., 1997c; Greenberg, 1999; Shaw et al., 1996）。現在一般的な四つあるいは五つの愛着パターンの分類は，あまりに概括的であるため，特定の治療アプローチを生み出すようなモデルを発展させるには至っていない（Rutter & O'Connor, 1999）。不安定型愛着は，このグループにおいてしばしば認められる養育の不適切さを単に示すものでしかないかもしれない。あるいは，それは直接的に行為上の問題を生み出す相互作用的経験を子どもにもたらしている可能性もある（Shaw et al., 1996）。おそらく最も可能性として高いのは，愛着のプロセスが，適切な行動の組織化において鍵となる特定の心理機能あるいはメカニズムと密接に関連しているということで

あろう。したがって，愛着の困難さは，特に感情制御と社会的認知スキルにおける問題を生じさせる可能性があり，そしてそれらの問題は，行為上の問題を有するグループにおける機能不全として知られているのである。

重要なことに，それらの心的処理の欠陥や偏倚は，人生初期から一貫して存在し，そしてそれらは就学前の行為上の障害の経過と結果を予測するということが示されている（例えば，Weiss et al., 1992）。驚くべきことではないが，そうした子どもは遊び場においてかなりの困難さを呈しており，そして仲間から，その必然的な結果として拒絶される可能性が高いということになる（Kupersmidt et al., 1990）。そして，拒絶された子どもは，自分たちと同様で，かつ逸脱した活動に対する興味を同じく持つような子どもと群れる傾向がある（Dishion et al., 1995）。仲間からの拒絶の可能性を増大させる行動（例えば，反発的・衝動的行動）は，攻撃行動ただ一つに基づく予測よりも，後の非行の予測力を有意に増加させる（Loeber, 1990）。社会的認知は，言語や年齢による影響とは無関係に，家族背景と強く関連しているようである（Cutting & Dunn, 1999）。これらすべての事実は，少なくとも，無秩序型愛着が行為障害へと至る一本の道筋の起点であるという見方と整合するものである。

すべての攻撃的な子どもが，歪んだ仲間関係や社会的不適応に向かって同じ道筋を辿るわけではない。小学校において身体的に攻撃的な子どもの半数のみが，彼らの仲間によって拒絶されるということが知られている（Bierman et al., 1993 ; Coie et al., 1996）。攻撃的でなおかつ仲間から拒絶される子どもは，幾分より大きなリスクを背負うことになるようである（Bierman & Wargo, 1995 ; Coie et al., 1996）。受容される攻撃的な子どもは，自分たちの攻撃性を社会的ゴールを達成するために戦略的に用いる（Coie & Lenox, 1994）。拒絶される攻撃的な子どもと受容される攻撃的な子どもの両方ともが，自分から先制的に攻撃行動をしかけていく傾向があるが，しかしその内の拒絶される少年は，なおかつ，相手の行動に対する反応のうえでもより攻撃的で，また調節の度合いの低い攻撃行動（例えば，かんしゃく，感情的爆発，執拗な愚痴）をより多く示す確率が高い（Bierman et al., 1993）。ポープとビアーマン（Pope & Bierman, 1999）は，拒絶されるタイプの攻撃が，その後，長期にわたって社会的適応のプロセスに影響を与える

社会-情緒的欠陥の一指標となり得ることを示している。攻撃的でかつ拒絶される子どもが示す行動（未熟，怒りに満ちた反応性，ネガティヴな情動性，低い欲求不満耐性，いらだちやすさ，社会的有能性(コンピテンス)のなさ，個人的な苦痛の頻繁な表出，そして注意散漫）は，対人関係の文脈において，ネガティヴな感情を制御する能力に問題があることを示している可能性がある。これは，制御能力が初期の愛着の無秩序性によって蝕まれた結果であると言えよう（Hofer, 1995 ; Sroufe, 1996）。

そうした子どもの攻撃性は，情動が喚起されている状況において，柔軟かつ方略的に反応することができないということを示唆するものであろう（Fox, 1994 ; Thompson, 1994）。情動の機能不全によって，子どもは狭く限られ柔軟性のない反応を用いざるを得ないことになり（Cole et al., 1994），そしてそのことは対人関係における障害を導くことになる。ネガティヴな情動を制御し得ないことから直接生じる社会的な困難さには，不快な刺激からの注意の転換，衝動的反応の抑制，プランニングや問題焦点型コーピングへの取り組み，社会的情報に対する包括的かつ偏りのない解釈と評価，環境の探索，そして自身の行動を統御したり方向づけたりするといった，さまざまな制御における遂行上の問題が含まれる（Eisenberg & Fabes, 1992 ; Martin et al., 1994）。攻撃的で多動的で衝動的で注意散漫なパターンのレベルが高い子どものなかには，相当に適応能力が欠如していることをはっきりと示す子どもがいる。そして，これらの子どもこそ，ODD（Oppositional Defiant Disorder：反抗挑戦性障害）やCD（Conduct Disorder：行為障害）の診断基準に最も適う確率の高い子どもなのである（Shelton et al., 1998）。対人関係における困難さは，ネガティヴな情動の制御に問題があることを反映しており，そしてそのことは愛着の無秩序性と関連している可能性がある（Sroufe, 1996）。社会的認知におけるいかなる欠損も，無秩序型愛着が関係性のIWMに影響を与える際の重要な媒介変数であると見なし得るだろう。

高レベルのネガティヴな情動性，情動的暴発，注意散漫，そして低い欲求不満耐性は，長期にわたる仲間関係の問題とネガティヴな社会的帰結を予測する。情動制御は内的経験の理解に左右されるが，こうした理解は発達早期の二者（養育）関係の文脈において最も生み出されやすいものである（Gergely & Watson, 1996）。ネガティヴな情動性は，対人関係においてネガティ

ヴな情動を適切に制御するための核となるべき能力が欠如していることを示しているようである。このことは，発達早期における脅え／脅えさせる愛着経験がもたらす結果であろう。こうした子どもは，ネガティヴな覚醒を制止したりネガティヴな反応性を抑制したりすることができないために，効果的なコーピング反応を計画したり，不快な刺激にさらされることを減少させるべく自身の注意をコントロールしたりするということができない。彼らは，社会的関係において相当の困難を必然的に経験することになり，さらに，効果的な愛着関係を確立する能力や，好ましくない初期の経験の影響を後のより適切な経験をもって和らげ得るような能力をも損なってしまうことになるだろう。例えば，行為上の問題（親の報告による査定）を示した40人の就学前児とそれにマッチングさせた統制群との比較を行ったある一つの研究は，前者の子どもが心の理論課題，情動理解課題，そしてまた単純な実行機能（executive function）課題において劣ることを報告している（Hughes et al., 1998）。すなわち，こうした子どもは，自身の攻撃性を戦略的な方法や目標志向的な方法として用いることができないのであり，そしてこのことからすると，彼らの問題を純粋にただ行動上の困難さであると理解することは不適切なことになる（Pope & Bierman, 1999）。効果的な攻撃者と非効果的な攻撃者を区別することは（Perry et al., 1992），こうした子どもがサポーティヴな関係と対人的学習経験が与えられることを必要としているということに，注意を喚起するという意味において有効であろう。なぜならば，こうした関係および経験は，彼らが情動プロセスを制御する能力を発達させることを助け，そして引いてはより有能な社会的行動を獲得することを導き得るからである。

無秩序型愛着と解離

　AAIにおいて未解決のトラウマあるいは喪失を持つと測定された人は，明らかに解離経験を持つ傾向がより大きい（Hesse & Main, 2000）。カールソン（Carlson, 1998）の研究は，17歳時点での解離症状と12か月や18か月時点での無秩序型愛着との間に直接的関連があることを同定している。リオッティの洞察に富んだ提案によれば，解離症状と親が経験した喪失との間には関連性があるという。喪失に対する悲哀の解決の欠如と無秩序型愛着と

の間に連関があるという自身の予測に基づいて,彼は,解離症状のある人の親が,子どもの誕生の直前あるいは生まれて最初の1年の間に重大な喪失をより多く経験しているという知見を得ている (Liotti, 1995)。こうした関連性は,解離傾向を測定する自己報告式尺度を用いたヘッセとファン・アイゼンドーン (van IJzendoorn) により,標準的なサンプルにおいても確認されている (Hesse & Main, 2000)。もっとも,無秩序型愛着の歴史を有する人すべてが,解離症状を呈しやすいというわけではない。ミネソタのサンプルにおける最も広範囲にわたる追跡調査が示したところによれば,解離経験尺度の得点は,愛着対象の死あるいは生後54か月以前の母親からの長期にわたる分離といった重大なトラウマを経験した無秩序型愛着の歴史を有する人においてのみ高かったという (Ogawa et al., 1997)。

無秩序型愛着と親密な関係のなかにおける暴力

　成人期における無秩序型愛着は,総じて,AAIにおける心の未解決状態 (U),トラウマに圧倒されたとらわれ型 (E3: preoccupied/overwhelmed by trauma),あるいは分類不能型 (CC: cannot classify) と関連している。これらのカテゴリーは,深刻なトラウマに関連した精神病理を有するグループ (Allen et al., 1996 ; Fonagy et al., 1996 ; Patrick et al., 1994 ; Stalker & Davies, 1995),犯罪を犯し有罪判決を受けたグループ (Levinson & Fonagy, 2004 ; van IJzendoorn et al., 印刷中) において,より一般的に見出される。それらはまた,現在,親密な他者に暴力をふるう人においても,より一般的に認められる (Owen & Cox, 1997 ; West & George, 1999)。さらに,パートナーから高レベルの暴力を受けたことを報告した母親は,無秩序型愛着の乳児を持つ傾向があるという (Holtzworth-Munroe et al., 1997 ; Lyons-Ruth & Block, 1996)。総じて,証左は,愛着関係の無秩序性が,通常,精神分析の著述においては「境界性パーソナリティ構造」として描出される深刻な関係性病理と強く関連することを示している (例えば,Kernberg, 1987)。

乳児の精神病理から成人の精神病理への道筋

　主として，愛着理論は発達早期の経験と後の発達，特に精神病理の発現を統合するようなモデルを提供しているため，精神分析家によって興味を持たれている。この簡潔なレビューが示したように，乳児期から後の発達にかけての対人経験の連続性についての証左が，圧倒的大多数というわけではなくとも，かなり得られているのである。また観測された連続性を説明するために，調査結果に基づいたモデルが数多く存在している。そして，それらを精神分析的モデルと並べて考えることは興味深いことである（下記参照）。最初，ラムにより仮定され（Lamb, 1987 ; Lamb et al., 1985），そしてベルスキィ（Belsky, 1999 a）とトンプソン（Thompson, 1999）によって本格的に検討された最も単純なモデルは，心的構造の連続性の観点ではなく，単に社会的環境の連続性，より具体的には養育の質の連続性の観点から説明を試みるモデルであった。早期経験の影響に関する，この最も倹約的な説明は，時にネグレクト的であったり，時に顕著に敵対的であったりする養育行動パターンの早期経験と後の発達との相関が，こうした養育パターンがもたらした特定の強い影響の帰結であることを示しているというよりは，むしろこうした養育パターンそのものが時間的に連続しやすいことを表しているというものである。

　このような過度に単純化された説明への反証を目的とする研究の試みが数多くなされている（例えば，Chisolm, 1998 ; Fisher et al., 1997 ; Hodges & Tizard, 1989 ; Marcovitch et al., 1997）。オコナーとクレップナー（Kreppner）（O'Connor et al., 2000）は，四つの状況文脈（愛着，仲間関係，注意の制御，そして認知）における早期剥奪の長期的影響について特定の質問を行った養子研究を報告している。早期剥奪の長さには 6 か月，24 か月，42 か月と幅があり，それとその後にその養子となった子どもが受けた社会的経験との間には関係がなかった。しかし，剥奪の期間は，愛着の障害，仲間関係の障害，注意散漫と多動，そして認知能力と強く関連していたのである。6 歳時には 4 歳時に比して，仲間関係の問題は幾分か減少したが，愛着の障害には改善の兆しが見られなかったという。

ロイら（Roy et al., 2000）は，グループ・ホーム〔集団生活施設〕の19人の子どもと里親のもとで育った同数の子ども（統制群）を比較した。2群は，非常によくマッチングされていた。特別なケアを受けているグループ・ホームの子どもと統制群の子どもとの間には，観察された注意散漫あるいは多動の点において，著しい差異があった。教師による多動の評定もまた，里親の家で育てられた子どもに比べてグループ・ホームで育てられた子どもの方が著しく高かった。総じて結果は，施設と里親の家庭における養育の異なったパターンが，子どもの生物学的背景よりも，高いレベルの注意散漫と多動の主要な原因であるということを示していた。

　マーヴィンとブリットナー（Marvin & Britner, 1999）は，UK〔英国〕に引き取られ育ったルーマニア人の養子の愛着分類を4歳と6歳時点において調査している。全般的に，安定型の子どもの数は，チャンスレベル〔偶然に生じる確率〕で期待される数よりも少なかった。愛着の安定性は，孤児院で過ごした期間が最も短いグループにおいて最も高かったが，全体として無秩序型の割合が特に顕著に高かった。その割合は，それらの子どもと同等のIQを有し，同じような社会階級にあるUKの子どもたちから予測される割合に比べて，はるかに高かった。もう一度述べるが，発達上の回復を示す証左はほとんど得られなかったということである。こうした研究および他の類似した研究は，少なくとも比較的極端なレベルの剥奪に関しては，早期経験がそのまま連続するということがなくとも，大きな影響力を持ち得るということを裏づけている。

　連続性を説明する第二のメカニズムは，関係性の表象を含めたものである。この枠組みにおいては，乳児期における敏感で応答的な養育が，親密さと世話に関するポジティヴな期待が消しがたく強く符号化された，関係性に関する作業モデルを生み出し，そしてこの認知的・情動的構造が知覚や認知，そして動機づけに選択的に影響を与え続けるということが想定されている（Bretherton & Munholland, 1999）。愛着対象についての作業モデルと自己についての作業モデルとの間には相補的な関連性があるため（上記参照），安定型愛着は有能性や自尊感情に関する一般化された感覚を導くものと通常は考えられている。理解や世話を得られないということについての子どもの予期は，子どもが挑発的な行動をとったり，他の手段を用いたりすることを

通して，親の側に相補的に，より敵対的で否定的な性質を帯びた養育行動を引き起こすことになるのだろう（Richters & Walters, 1991；Shaw et al., 1997）。このように，不安定型愛着は，不信，怒り，不安，恐れによって特徴づけられる作業モデルを基礎とする相互規定的な親子の相互作用が徐々に結晶化していくことを通して，後の不適応が生じるのに因果的役割を果たすようになるのかもしれない（Main, 1995）。ドッジとその同僚（Coie & Dodge, 1998；Crick & Dodge, 1994；Matthys et al., 1999）が臨床群において繰り返し示した広汎な帰属バイアスに関する研究はさらに増大しつつあるが，それらの知見は，当然のことながら，こうした視点と整合するものであり，そしてその整合性についてはある程度直接的な裏づけも得られているのである（Cassidy et al., 1996）。

　愛着は，後の心理的障害に関係する神経上の組織化における変化をも特徴づけるかもしれない。例えば，発達早期に確立される情動制御は，扁桃体（LeDoux, 1995），あるいは前頭前野と大脳辺縁系との連絡（Schore, 1997）における恐れの条件づけプロセスを実質的に変化させる可能性がある。不安定・無秩序型愛着を有する人においては，コルチゾールの分泌が多く，そしてそれがベースラインに戻ることが遅いという証左もある（Spangler & Schieche, 1998）。愛着を支えている可能性のある生物学的リンクを体系的に同定することは，ここ10年くらいの課題となるであろう。

　早期経験と後の発達的帰結を媒介するさらなる潜在的道筋は，行動上の障害と病理的な愛着行動との同型性のなかに深く位置しているのかもしれない。グリーンバーグ（Greenberg, 1999）は，崩壊しているとラベルづけされる行動が，同時に，養育者との関係を制御すべくとられた愛着方略の現れと見なし得るのではないかと提案している。例えば，反抗的行動は，養育者の子どもに対する近接やモニタリングを調整する機能を果たしている可能性がある。行動障害と愛着行動との同様の結びつきは，無秩序型愛着パターンにおける統制的行動（Main & Hesse, 1990）や不安に満ちた抵抗的行動のアンビヴァレントなパターン（Cassidy, 1995）においても存在している可能性がある。

　不安定型あるいは無秩序型愛着と後の不適応的帰結あるいは病理的帰結との間の最も確からしい媒介は，複数の危険因子の組み合わせを通してのもの

であろう。つまり，それらは個々単独で臨床的な影響を及ぼすことはないが，それらが合わさることで後のリスクの実質的な高まりが生じるだろうということである。不安定型愛着は，家族の社会的に不幸な出来事，効果的でない養育スキル，そしてまた非定型的な子どもの特徴と組み合わさって，行動上の障害に通じる重大なリスクを生み出すことになるだろう。これが，現代の発達精神病理学において優勢化してきているリスク・モデルなのである (例えば，Garbarino, 1995 ; Garmezy & Masten, 1994 ; Rutter, 1999)。

第3章
フロイトの諸モデルと愛着理論

　フロイトの考えと現代の愛着理論の間にいかなる重なりとずれがあるかを見出そうとする試みは混乱を招きやすい。なぜならば，フロイトの理論は，全体として見ると決して整合一貫したものではないからである（Sandler et al., 1997）。彼の理論的貢献は，伝統的に四つの段階に分けて捉えられてきた。第一段階は前精神分析段階であり，ここは主に，神経学的なトピックについて書かれた一連の論文に関わるものである。第二段階は感情−外傷モデルの段階であり，そこでフロイトは神経症の病因が幼少期の発達における現実的な出来事に由来するという見解を推し進めた（Freud & Breuer, 1895）。第三段階は局所論モデルの段階であり，ファンタジーが生物学的欲動によって駆動されることを強調した（Freud, 1900, 1905）。第四段階は二元本能論（Freud, 1920）と心的構造論モデル（Freud, 1923）を含む段階である。これらの段階はそれぞれ，愛着理論と一致したあるいは相違した明瞭な特徴を有しており，巧妙なフロイト学の専門家ならば，この精神分析の創始者が，愛着理論の友としても敵としても見え得るよう容易に描出することができるだろう。

愛着理論との接点

　ボウルビィと同じように，フロイトにおける一連の理論的発見は，重要な早期の剝奪がいかなる心理学的帰結をもたらすかということについての関心

から出発している（Bowlby, 1944 ; A. Freud, 1954）。しかし，ボウルビィが，こうした剝奪と心理学的帰結との関連性に，どのような心理学的，社会学的，生物学的基礎があるかということについての精緻化に向かったのに対し，フロイトは「誘惑仮説」（seduction theory）から遠ざかり，むしろ，発達の精神・性的理論を強調する彼の二番目のモデルを好む方向へと向かっていったのである。マッソン（Masson, 1984）は，フロイトのこうした「真実への強襲」（assault on truth），すなわちフロイトが神経症の誘惑仮説を支持する根拠を防衛的に排除したり，慎重に留保したりする態度に出たことについて手厳しく非難している。しかし，事の真相は，マッソン，あるいはその反対陣営であるクルーズ（Crews, 1995）が認識しているよりもはるかに複雑である。フロイトは決して誘惑仮説を押し留めたわけではなかった。『性欲論三篇』発表の1年後，彼は『ヒステリーの病因論』に登場する18人の患者が，幼少期に誘惑された経験を正確に報告したと主張している（Freud, 1906）。また，10年後，彼は，現実の誘惑経験の病因論的重要性について彼の見解をさらに強化していった（Freud, 1917）。彼は，より主要な著作である『女性の性愛について』（Freud, 1931）と『人間モーゼと一神教』（Freud, 1939）の2篇においても，同様の主張を行っている。こうした事情を知らないボウルビィのレビュアーは，外傷体験についてのカタルシス的回想を，再び，最も重要な位置に据えるかに見える彼のアプローチの治療的リアリズム（Bowlby, 1977）に対して異議申し立てをするかもしれない。フロイトの初期の理論である素朴実在論とボウルビィの認識論の間の決定的な違いは，ボウルビィが体験の表象に注目しているところにある（Bowlby, 1980a）。そして，このことによって，ボウルビィの理論は，それがフロイトの感情−外傷モデルにおける素朴実在論的還元主義への回帰を示しているにすぎないのだ，といういかなる見解に対しても抗し得ることになる。フロイトの感情−外傷モデルから局所論モデルへの展開は，素朴実在論的還元主義と極端な環境説から観念主義への移行を意味し，そこでは，描かれる現象が本質的に，現実との実際的な関係を何ら持たない心の産物と捉えられることになる。ボウルビィにとって，この移行は受け入れがたいものであり（Bowlby, 1981），フロイトの局所論モデルとボウルビィの愛着理論との間の相違は，フロイトの初期と後期の考えの相違よりもはるかに大きいものと

なっているのである。

　社会的環境は，フロイトの理論的展開における四番目の段階で再び特別の地位を得ることになる（Freud, 1920, 1923, 1926 b）。この段階でフロイトは，不安が，外的および内的危険の知覚とつながった生物学的に規定された随伴現象的体験であることを認めた（Freud, 1926 b）。典型的な危険状況の一つは喪失であった。対象（母親）の喪失はフロイトによって，身体部位あるいは自愛を喪失する恐れと同様の脅威と見なされた。この理論的改訂は，より認知的な術語で理論を書き換えるのみならず，外界への適応という問題を，精神分析的記述の本質的な構成要素として復権させたのである（Schafer, 1983）。1930年代初頭にすでに，フロイトのお気に入りの門弟であったフェレンツィ（Ferenczi, 1933）は，大人が子どもの底意を読み誤ることによって子どもがトラウマを受けるという現実的な側面について焦点を当て，養育者側の著しい鈍感さに結びついてリスクが生じるということを予見していた。しかし，フェレンツィが，精神内的要因ではなく対人的要因を強調したことによって，結局のところ，フロイトとの重大な亀裂が生じることになるのである。

　フロイトの構造論モデルは他の形で愛着理論に有益な背景を提供した。フロイト（Freud, 1923, 1933, 1938）は人間の心のなかの葛藤は三つの心的審級（psychic agency）（イド，自我，超自我）に対応した三つのテーマをめぐって組織されていると仮定した。愛着理論は，願望と道徳的命令の間におこる個人の葛藤について，フロイトよりも複雑な見解をとっている。フロイトにとって，道徳性とはあくまでも，両親の価値システムについての子どもの知覚を内在化したものに等しかった。しかしながら，フロイトにおける願望と現実，または内的現実と外的現実に関連した葛藤のテーマは，ボウルビィや他の愛着理論家にとって依然として本質的な要素のままであり続けたのである。とりわけ，発達過程の一部として性格や症候の構成を組織化するような防衛を生み出す自我の能力は，ボウルビィの三部作，特に最終巻（Bowlby, 1980 a）の要となった。彼はそのなかで，内的作業モデルが機能するうえで必要となる知覚的および認知的歪曲のメカニズムについて詳細に検討したのである。

　さらに重要な接点が存在する。感情−外傷モデルに関する著作のなかでフ

ロイトは，エネルギーの身体的転換を超えるような心的装置をほとんど，あるいはまったく仮定していないのだが（A. Freud, 1954），後の著作においては，彼の理論全体に通底することになる発達的決定論を確立するために，心的過程という内的世界を注意深く精緻化した。精神・性的発達論（Freud, 1905）のなかで例解されている彼の発生的発達に関する諸提案は，あらゆる行動を，早期あるいは最早期の乳児期の出来事から発展してきた行為の連鎖として理解し得るというものである。フロイト（Freud, 1917）は，彼が「リビドーが特定の傾向や対象に固着する執拗さ」（p. 348）と言うところのリビドーの固着性という概念によって，メインとヘッセ（Main & Hasse, 1990）における，虐待的な養育者への依存（「解決のない怖れ」）と関連した，無秩序型愛着という概念をすでに予見していたと言えるのかもしれない。

　ボウルビィ自身も，子どもの母親への愛着に関するフロイトの著述をレビューし（例えば，Bowlby, 1958），彼の考えがフロイトのそれとあるところでは合致するが，あるところでは異なるということを記している。ボウルビィの指摘を簡潔に要約すると，以下のようになる。a) フロイトが母親への愛着の重要性に気づくようになったのは後期においてであり，それは1931年の『女性の性愛について』（Freud, 1931）のなかでしか報告されていない。フロイトは，b) 遺棄と隔離が18か月の乳児を苦しめ（Freud, 1920），また c) 不安が母親を喪失することに対する恐れから発することを観察していた（もっとも，フロイトはそれを本能が満足されないことに対する恐れと見なしていたようである：Freud, 1926 b を見よ）。d) フロイト（Freud, 1938）は，子どもと母親との関係が，他にはない独特のものであり，早期の段階で変じがたいものとして築かれ，後のすべての愛情関係のプロトタイプになるということを認めていた。そして，そこで，彼はこの愛情関係が，子どもの栄養摂取欲求を満たす以上のものであり，世話をされるという体験が直接的に自尊心（自己愛的備給）に関係するということも認めていた。e) しかしながら，ボウルビィは，フロイトが乳児が受けとる養育の質よりも，こうした関係の系統発生的な基礎を強調していたと指摘している。このことからすると，フロイトの理論には，根本からして，人には，他の人物と愛着関係を結ぼうとする一次的欲求が存在するという発想が存在し

ていないように見える。

愛着理論との相違点

　フロイトの著作全体を考慮すれば，相違点は一致点よりもかなり多いことを認めなければならない。以下には，愛着理論がフロイト派の考えと異なっているところの概略を示す。

- フロイトが発達に関連するものとして思い描いていた文化的社会的文脈はかなり限定されていた。彼が初期の著作を著したころの科学的な社会学や人類学がいまだ極めて未発達の状態にあったことを踏まえれば，特に驚くことではないのだが，彼の関心は疑いなく文化の絶対的普遍性に注がれており，それ故に，フロイトは，彼自身が住まう社会に関してでさえ，そこに文化的な多様性があるということを覚知することができなかった。
- フロイトの興味の中心はあくまでも，子どもが3～4歳のころのエディプス期にあったため，それよりも前の発達早期についての関心は相対的に希薄であった。彼の発達早期に関する見解（Freud, 1900, 1905, 1920；A. Freud, 1926 a）は抽象的かつ虚構的であり，直接的な観察に基づいたものではなかった。彼はおそらく乳児と養育者の相互作用について，極めて漠然とした印象しか持っていなかったものと考えられる。
- フロイト（Freud, 1900）は，乳児が，「乳房の幻覚」という一次過程が実際の充足体験を与えることに失敗した後に，対象〔母親〕に向かうよう「強いられる」と主張しているが，それとは裏腹に，愛着理論は，乳児が端から生身の対象〔母親〕に現実的な関心を抱いていることを仮定し，乳児は対象が有するある特定の視覚的形態や聴覚的パターンを好み，また，現実の世界において実際に何か物事が起きるようにすることを喜ぶのだと捉えている。これに関係することとして，フロイトは，極端に劣悪な環境が甚大な影響を及ぼすということには気づいていたものの，実際の親との現実的な行動上の関わりがいかに

発達的に重要であるかということについては比較的わずかしか述べていない。そして，このことと符合するように，フロイトにおいては，本能的欲動の役割が，関係や現象の経験，環境的規定因といった他の要因よりも優位に置かれているのである。
- フロイトは自己（self）の統合的な役割については不明確であった。より明細に言うならば，彼の理論において自我（ego）は，組織化する審級としての機能と現象の統合的表象としての機能の両方を果たしており，その整合一貫性は保持されなくてはならないものとしてあった。フロイト（Freud, 1920）は，幼少期の関係のパターンが成人において再現されることを，反復強迫，そして究極的には死の本能という観点から説明している。これは，関係にまつわる種々の経験が蓄積されることの意味を強調する愛着理論の認知的定式化とは相容れないものである。
- 最後に，発達についてのフロイトの見解は，システム的というよりは，幾分，機械論的であり，また直線的である。感情−外傷モデルから局所論モデルへの移行によって，子どもは，自分の運命の形成に，いくらか補助的な役割を担い得る存在になったのだが，それはあくまでもファンタジーに限局されるものであり，もっぱら現実の歪曲という観点から把捉されるものであった。

総じて見ると，愛着理論がフロイト派の理論と密接に関連していると見なすのは間違いであろう。それらにはいくつかの接点があり，ボウルビィは決して彼がフロイトから知的に継承したものを否定はしなかったものの，彼における，フロイト派の精神分析からの理論的展開は，さらにそれを推し進めるというよりも，その多くを後方に置き去りにするというものであった。しかし，フロイトは精神分析理論をはっきりと一つには定義しなかった。精神分析理論と愛着理論の間における接点と相違点を探るためには，われわれは過去１世紀に及ぶフロイト理論の主要な発展を考慮しなければならない。

第4章
構造論的アプローチ：
特に北米におけるアプローチに焦点を当てて

　フロイト（Freud, 1923）による三層構造モデル（あるいは構造論モデル）の導入は，局所論的な視座における本能の役割がもはや強調されなくなったということを意味するものではない。フロイトが仮定した一連のリビドー発達段階は，ウィーンから，後にニューヨークに移ったハインツ・ハルトマン(Heinz Hartmann)（Hartmann et al., 1946）が自我心理学を導入するまで，彼の理論の要であり続けた。ハルトマンによってなされた重要な進展は**二次的自律性**に関するものだった（Hartmann, 1950）。彼が描き出したのは，成人に観察される行動を幼少期まで遡及して考えるということが，その機能という点から見て，いかなる意味で不可能なのかということである。近接性の希求は母親と乳児の関係に端を発するにしても，成人期においては，それがもともと確立されたときとはまったく異なる目的のもとにあるかもしれない。〔乳児期と成人期との間に〕そのような等価性を仮定することは，かつては広く見うけられたが，ハルトマンは，それを**発生論的な誤謬**であると示唆している（Hartmann, 1955）。つまり，自律的自我は，現在の適応状態を最適化するために行動を調節している可能性が高いというのである。

　ハルトマンの考えは，戦後の北米の精神医学界に急速に広まっていった。自我心理学は，徐々に認知されるようになるとともに，この構造体（自我）が，内的・外的適応に向けて整合的に機能する組織を形成するようになる道筋を詳らかにするに至った。この組織は，各部分の単なる寄せ集めよりも複

雑なものである (Hartmann, 1952)。こうした枠組みのなかで，自我は，ある発達ラインを持つと見なされるようになり，そのライン上には，圧力を受けることで，時に人が立ち帰ってしまう固着点が存在すると想定された (Arlow & Brenner, 1964)。自我の退行は，一般的には病理的と考えられるが，クリス (Kris, 1952) は，芸術的もしくは創造的感受性などにおいて，この退行が適応的な機能を果たし得ることを強調した。現代の構造論者（例えば，Boesky, 1989 を見よ）は，心的エネルギーのような疑わしい概念についてはすでに放棄しているものの，三層構造モデルという発想については，それをそのまま有している。すなわち，精神内界の葛藤が遍在するという性質を，中核的前提として保持しているのである (Brenner, 1982 を見よ)。

現代の自我心理学は葛藤の理論であり，そこではあらゆる心的内容，思考，行為，プラン，空想や症状が妥協形成の産物とみなされ，葛藤の諸要素によって複合的に規定されると考えられている。この妥協は，以下のような葛藤の 4 要素によって生じる。1) 満足を得ようとする個人特有の幼少期の強い願望（欲動の派生物）。2) 不安や抑うつ感情，およびそれらの観念内容としての対象喪失，愛情の喪失や去勢（不快）。3) 不快が最小限になるように複合 (complexity) をさまざまに変えて配置する心的操作（防衛）。4) 罪悪感，自己懲罰，後悔，贖罪とその他の超自我機能の現れ。自己と他者の表象は，これら要素間の葛藤の産物であり，また，妥協形成とみなされる。しかし，このような妥協形成の性質が，翻って要素間のさらなる妥協に影響し，そしてこうした葛藤の産物が一次的規定因であるかのように見えてしまうということも認められている。現代の自我心理学における発達研究の焦点は，歴年齢やリビドー発達段階よりも，むしろ，上記 4 要素間の相互関連性に当てられているのである。

愛着理論が発展してくる間，北米の精神分析を支配していたのは，この構造論であった。構造論と愛着理論とが統合に至らず，愛着理論が自我心理学者から少なからず敵意を向けられたという事実は，元来，これら二つの理論間には，ほとんど重なるところがないということを示すものだとも考え得る。しかしながら，実際のところ，そのようなことはありそうにない。本来，両者は非常に近しい関係にあると言える。本章では，まず，自我心理学

者と愛着理論家とが，それらをめぐって緊密なコラボレーションをなし得たかもしれないいくつかの論点に目を向け，それでも，結果的にそうした両者の統合がなぜ不可能だったのか，そのいくつかの理由を探ることにする。

愛着理論との接点

自我心理学派のなかには，その愛着の領域に対する貢献（明示的，暗示的な貢献を含め）において考究されるべき論者が幾人か存在している。

ルネ・スピッツ

ルネ・スピッツ（Rene Spitz）（Spitz, 1959）は，精神分析の歴史上，初めて現れた「実証主義者」の一人である。彼は，1936年という早い段階においてすでにウィーン精神分析学会で発表した未公刊の論文のなかで，構造論の術語に則って，発達過程についての一般的理解を系統立てて述べている。彼は，ボウルビィ同様，精神分析を，それに適合する自然科学的領域に引き込んだ。すなわち，クルト・レビン（Kurt Lewin）（Lewin, 1952）の場理論と，当時興りつつあった発生学の領域に依拠したのである（Spemann, 1938）（ボウルビィは，対照的に一般システム論と比較行動学を援用していた）。スピッツは，乳児期の心的組織化の主要な移行が，新たな行動や情動表出様式，例えば社会的微笑の発現によって同定できると考えた。こうした新たな発現は，さまざまな機能が，たがいに新しい関係を持つようになり，一貫したユニットのなかに結び付けられるときに起こる。例えば，2～3か月時の微笑反応は，自己と対象との原初的分化を示し，8か月時の不安は，乳児のなかに特に固有のリビドー対象（母親）に代表される対象間の新たな分化が生まれつつあることを示している。また，10～18か月時に発現する「いや」（No）の身振りは，スピッツに言わせれば，自己主張として現れる自己発達の進展を示している。

スピッツは，微笑のような「心的オーガナイザー」が，心的構造の形成を基礎づける進展とどのように結びついているのかを明らかにすることに極めて先鋭的な見識を持っていた。しかし，こうしたオーガナイザーが，いかにして乳児の対人的相互作用における劇的な移行を導くかを示すことについて

は，後進に託された (Emde, 1980 a, b, c)。

スピッツ (Spitz, 1945, 1965) は，発達段階の理論化にあたり，母親および母親-乳児間の相互作用が果たす役割を第一に重視した。彼の考えは，子どものパートナーを，子どもに内在する能力の発達を「勢いづけ」，あらゆる知覚，行動，知識を媒介する存在として捉えたという点において，愛着理論家の考えと似通っている。数多くの観察研究が，生来的な体質的要因や早期の環境的要因および相互作用的要因が，適応あるいは不適応を生み出す自己制御プロセスの構造化に影響する道筋を示した (Greenacre, 1952 ; Spitz, 1959 ; Weil, 1978)。こうした研究者は皆，自己制御の発達における感情の役割を強調した。すなわち，母親の情動表出は，当初は，子どもをなだめ，包み込む機能を果たし，そしてまた，こうした機能が，子どものホメオスタシスや情動の安定状態の回復を促進すると考えられたのである。その後，乳児は，母親の情動的応答を，安全を指し示す信号装置として用いるようになる。さらに後になると，この情動的応答が内在化され，子ども自身の情動反応の一部として用いられ，安全や危険を知らせるようになるのである (Call, 1984 ; Emde, 1980 a)。

このように，スピッツの見解は，現代の愛着理論家が，愛着システムの主要な発達的機能として，情動制御を強調しているという点において，非常に関わりが深いことになる（例えば，Sroufe, 1990)。しかしながら，このように，またこの他にも，共通の基盤を有しているにもかかわらず，スピッツ (Spitz, 1960) は，ボウルビィ (Bowlby, 1960) が 1960 年に『児童精神分析研究』(*Psychoanalytic Study of the Child*) 誌に発表した論文「乳児期における悲嘆と悲哀」を酷評している。スピッツは，その理論が，「過度に単純化され」，「観察可能な現象をよりよく理解するのに何ら貢献するものではない」(p. 93) と主張したのである。

エディス・ジェイコブソン

愛着理論に密接に関わる構成概念をさらに理解するうえで，自我心理学派における第二の主要人物として挙げられるのは，エディス・ジェイコブソン (Edith Jacobson) (Jacobson, 1954 b, 1964) である。彼女の貢献は，あまり認められてはいないが，非常に重要である。その貢献は，「イメージ」あ

るいは自己と他者の表象を，心的機能の主要な規定因として概念化したところにある。乳児が，養育者との間で欲求充足や欲求不満を経験することによって，良い（情愛ある），もしくは悪い（攻撃的な）感情価を伴って，自己と他者の表象を獲得するという着想を彼女は推し進めた。彼女が表象という術語を導入したのは，この概念が，内的・外的世界が及ぼす主観的経験上のインパクトに関係し，また，表象が，物理的世界とは無関係に歪曲や変容を被るという点を強調するためであった。こうした着想は，ボウルビィの内的作業モデル概念と明らかに緊密な関係があり，ある意味で，より複雑で洗練されていると言える。

　自己表象は，「システム自我における身体的および心的な自己の無意識的，前意識的，意識的精神内的表象」（Jacobson, 1964, p. 19）を含んだ複雑な構造体であると考えられた。彼女が身体的自己に属すると見なした役割は，愛着理論の考えとは，うまく相容れない。さらに，彼女は，良いか悪いかに区分して考えることが，将来の自己および他者の表象の成長を形成すると考え，特にこの過程における子どもの攻撃性に決定的に重要な役割があると見なしていたが，こうした彼女の考えは，いまだ愛着理論家によって十分には考慮されていない。

　ジェイコブソンのさらに重要な貢献は，自己の境界が形成される前の段階においては，自己に与える他者の影響が，それ以後とは質的に異なることを想定した点にある。ジェイコブソン（Jacobson, 1954 a）は，自他の境界が形成されない段階では，心的表象のレベルにおいて，子どもの他者知覚が，直接的に自己というものの経験の構造を形成することを重視した。かくして，原初的な融合状態のなかで，対象は，内在化された自己イメージの一部となるのである。彼女の発想は特に抑うつの性質を詳らかにするには有用であり，抑うつが自己表象と自我理想との隔たりに関連していることを提起したのは彼女が初めてであった。

　つまりは，上述したことおよびそれ以外の貢献によって，ジェイコブソンは，精神分析の思潮を実質的に改変したのだといえる。彼女の業績は，数十年の時を要することにはなったが，結局のところ，愛着理論の視座へと通じたのである。愛着理論の主要な構成概念の多く，とりわけ表象世界に関するそれは，彼女が予見していたものであった。

エリック・エリクソン

　エリック・エリクソン（Eric Erikson）（Erikson, 1950, 1959）は，驚くほど精妙な器官様式（organic mode）という概念を提唱したことによって，物議の多いフロイトの性感帯モデルを初めて拡張した人物として，その功を認められる必要がある。エリクソン以前においては，一般に，それぞれの性感帯に固有の快感に結びついた活動が，依存や口唇的攻撃性といった心理学的モダリティに加え，呑み込み（incorporation）や投影といった特異的メカニズムの基盤をも提供すると考えられていた。エリクソンの器官様式概念は，身体的固着における心的機能の側面を拡張したのだといえる。1950 年に彼は次のように述べている。「食物への圧倒的な欲求に加えて，赤ん坊は，その他の多くの点でも，受容的（receptive）である。あるいは，すぐにもそうなる。赤ん坊は，適当な対象を吸い込み，対象が放つ適当な液体は何でも，喜んで呑み込むことができるようになるにしたがい，まもなく，視野に入るものは何でも，喜んで目で"取り入れる"ことができるようになる。赤ん坊の触覚もまた，良いと感じられるものを"取り入れる"ように見える」(Erikson, 1950, p. 57)。このようにして，エリクソンは，欲動の表出と，機能（functioning）のモードとをはっきり区別し，これにより，人間行動の精神分析的理解に新たな展望を開いたのである。

　欲動表出モデルでは，社会的相互作用を，生物学的欲求の充足に結びつけて考える。一方，「機能のモード」という概念は，ある発達段階で充足を得たり，対象と関係したりするための**特徴的様式**について考えることをわれわれに促す。エリクソンがわれわれに示したのは，人が，もともと特定の段階あるいは性感帯に結びついてあった欲求充足の手段をいかにして後の段階において願望や葛藤を表出する有効な方策として見出し直すかということであった。これにより，彼は，アイデンティティ，世代継承性（generativity），疑似種分化（pseudospeciation）〔文化的差異を生物の種分化に擬えて言う術語であり，一般的には国家や民族などの集団が実際以上に他集団と大きく異なると感じる傾向を指して言い，時に深刻な集団間の葛藤や紛争を招来し得るとされる〕など，一連のあらゆる構成概念を，精神分析学派に導入することができた。そして，それら概念のなかでも，とりわけ愛着理論に関わりが

深いのが，基本的信頼（basic trust）である。彼は，生物学的枠組みを保持しながら，欲動モデルを拡張した。エリクソンが描いてみせたリビドー論は，悲劇と喜劇が身体の開口部の周辺で生起するという理論ということになるが，それは人類学や発達研究によって肉づけされた彼の幅広い視野をうまくまとめ上げている。

エリクソンにとって，**基本的信頼**とは，口唇段階の機能モードであった。口は，人の生に対する一般的なアプローチ，すなわち**呑み込む**というアプローチの焦点と見なされた。エリクソンが強調したのは，こうしたプロセスを通じて，物理的にも心的にも，対象を**つかんで放さずにいる**という社会的モダリティを中核とする，対人関係のパターンが確立されるということであった。エリクソンは，基本的信頼を，「与えられたものを受け取り，受け入れる」（Erikson, 1950, p. 58）能力と定義している。

著作のなかでエリクソンは，発達における相互作用的な心理社会的側面を強調することによって，仰々しくなることも形式ばることもなしに，フロイトの精神・性的発達論において性的興奮（excitement）に付与されていた中心点をうまくずらしてみせた。すなわち，彼の定式化は，リビドー段階モデルやその段階移行のタイミングについてはそのまま受け入れてはいたものの，初めてその強調点を，早期発達についての機械論的欲動論の見方から，子どもと養育者という二者関係に元来備わっている対人関係的，相互規定的性質へと，移行させたのである。ちなみに，こうした二者関係の性質は，現在では，子どもの自己感の発達に関連すると理解されているものである。

エリクソンは，ボウルビィとほぼ時を同じくして，子どもと養育者とが，刺激を共有し，与え合う（dosing）際の双方のギヴ・アンド・テイクのやりとりに関心を寄せた（偶然にも，エリクソンとボウルビィが仕事を始めたのは，ともにアンナ・フロイトのもとにおいてであった。エリクソンはウィーンで，ボウルビィはロンドンの戦時下保育所でのことである）。ボウルビィと同様に，エリクソンは，早期の発達を連続的プロセスと見なしていた。このプロセスは，出生直後，最初の数分間の経験に始まって，生涯にわたって続き，さまざまな時期にさまざまな形を取る。さらに，エリクソンがボウルビィと考えをともにしていたのは，全生涯を視野に入れるという先駆的な観点であり，また，文化が子どもにとって利用可能になるにしたがい，どの

ように「文化が，さまざまな形で，子どもの広範な社会的潜在力を際立たせ，また相互に成り立たせるか」についての見解であった（Erikson, 1950, p. 86）。

エリクソン（Erikson, 1950）の卓越した洞察は，時代にはるかに先んじて，そうしたミクロな経験が集積し，やがて，「基本的信頼が基本的不信を上回るという永続的なバランスのパターンが，しっかりと確立されるに至るということ……そして，乳児期最早期の経験から得られる信頼の程度が，食物や提示される愛情の絶対量ではなく，むしろ，母親との関係の質に依存している可能性がある」（Erikson, 1959, p. 63）ということを同定したところにある。

現代の愛着理論とエリクソンの見解には，いくつかの類似点がある。まず，低次のエピソード経験が集積されて，より高次の神経系〔に基礎づけられた心的表象〕の構造になるという見解。主要な養育者に対する愛着の破綻は，いかなるものであれ，子どもの「健康なパーソナリティ」の発達を支える基盤の完全に対極に位置づけられるというものであるという見解。母親との関係の質が，母親が子どものなかに形成する信頼感を規定し，それが生涯を通じて持続するという見解。適応的および非適応的な特質が世代を超えて繰り返されるという見解（エリクソンは，愛着理論家の間でやがて世代間連鎖についての関心が高まることを予見していたと言える）。信頼の置ける，あるいは安定した関係のパターンがどのように世代を超えて伝達されるかには，心的表象の整合一貫性が鍵を握っているという見解。彼は，基本的信頼が，「養育者を**一貫**した存在として経験すること」によって，世代を超えて伝達されると考えていた。そして，彼によれば，その一貫した存在とは，「子どもの身体的，情緒的欲求に予測可能な形で報い，ゆえに，信頼を得るだけの十分な価値を持つ存在であり，また，自分が子どもの顔を認識するように子どもからその顔を認識される存在である」（Erikson, 1964, p. 117）。

したがって，その大局的思想においても，各論においても，エリクソンの理論は，乳児-親間の愛着，および，主要な養育者との相互作用における愛着の起源に関する現代の研究と，合致している。彼の着想は，現在の内的作業モデルについての見解（Bretherton, 1987, 1990, 1995）や，ダニエル・スターン（Stern, 1985, 1994）の RIGs〔一般化された相互作用に関する表象〕お

よび養育者と「ともに在るあり方」(ways of being with) といった見解をすでに見越していたと言える。さらに重要なことに，彼は，こうした相互作用における相互規定的な性質をすでに描出していたのである。例えば，1959年には，こう述べている。「赤ん坊が，自分の家族をコントロールし，育てていると言うことは，その逆を言うことと同じくらいにもっともらしい。家族というのは，赤ん坊によって育てられることでしか，赤ん坊を育てることはできないのである」(Erikson, 1959, p. 55)。

エリクソン (Erikson, 1959) の著作をよく読むと，そこに，安定した愛着の規定因（基本的信頼）についての重要な洞察を見出し得る。実際，愛着の安定性の分類は，エリクソン流の術語でうまく言い換えられるだろう。安定した乳児は，養育者が自分のもとに帰ってくることを信頼しており，また，養育者からの慰撫 (comfort) を「受け取り，受け入れる」。一方，不安定な愛着パターンは，不信感が生じている可能性のある関係の形態である。アンビヴァレント／抵抗型の乳児は，養育者からの慰めや元気づけを「受け入れる」ことができないということを示している。回避型の乳児は，養育者との「相互調節」の失敗に，引きこもることで対処する。極端な場合には，「閉じこもり，食べ物や慰撫を拒絶し，人との交わりにも上の空となり」(p. 56)，「自分の親指を見つめては，世界を呪う」(p. 50) ようになるのである。エリクソンは，臨床的に深刻な無秩序型の愛着パターンについては記述していない。しかし，その他の点では，ボウルビィとエリクソンの記述には近似するところがあり，彼らが，同一の行動現象を異なった理論的観点から描き出していたということがわかる。

乳児の〔愛着の〕安定性を予測することが示されてきている養育の特質については，『幼児期と社会』のなかで触れられている。エインズワースの鍵概念である母親の感受性という発想が，この著作のなかですでに言及されているのである。脚注で，エリクソンは，ほどよい刺激の重要性について述べている。彼の定義によれば，このほどよい刺激とは「ポジティヴなこととネガティヴなこととのある適当な割合のことであり，もしこのバランスが，ポジティヴな方にふれれば，後に危機に出会っても，発達が損なわれない可能性が高くなるようなものである」(Erikson, 1950, p. 61 n)。エリクソンは，親の非侵襲性 (Malatesta et al., 1986) について，それを，母親が過度に相

互作用をコントロールしようとはしないことと考えていた。また，相互同期性（interactional synchrony）(Isabella & Belsky, 1991)は，エリクソン流の言い方では「互恵的で相互的な調節」(Erikson, 1950, p. 58) ということになる。

　愛着の規定因に関する論文にははっきりと異なる二つの系統〔親子関係などの直接的要因を問題にする系統と親子を取り巻くストレスやサポートなどの間接的要因を問題にする系統〕があるのだが，そのいずれについてもエリクソンの著作に見出せるようである。これまで考察してきた通り，エリクソンは，一貫して個人的要因や相互作用的要因の重要性を強調してきた一方で，文化的要因（愛着理論の術語では，文脈的，生態学的要因）もまた不可欠であることをいち早く指摘していた。たしかに，愛着における文化間の差異（と同時に類似性）は，研究当初から明らかになっている（van IJzendoorn et al., 1992 を見よ）。エリクソンもまた，母親がまさに現在置かれている社会的文脈が決定的に重要である可能性を強調していた。実際，配偶者からのサポート（Goldberg & Easterbrooks, 1984）や，母親の社会的環境における他者からのサポート（Crnic et al., 1983）が，重要であることがわかってきている。また，ロンドン親子プロジェクト（London Parent-Child Project）は，サポートの絶対的レベルよりも，母親が父親に期待するサポートと，実際に父親から得られるサポートとの差異が，最も予測力が高いことを明らかにしている（Fonagy et al., 1994）。エリクソンは，文化的に規定される養育者の期待という文脈において，環境の影響力を研究することが重要であると指摘していたが，このプロジェクトがもたらした知見も，彼のこの指摘を裏づけている。

　エリクソンと愛着理論との間に他にも共通の基盤があることは，エリクソンが，信頼と不信の長期的影響を探求したところに現れている。彼が主張した最も重要な関連性は，信頼とアイデンティティとの連関であり，周知の通り，これは，メアリー・メインの成人愛着の枠組みにおいて中核的な意味を有する整合一貫性（coherence）という概念に近しい。アイデンティティ形成の漸成的進行を述べるなか（Erikson, 1956, 1968）で，彼は，アイデンティティ拡散の一連の徴候について記述している。こうした徴候に映し出されると彼が考えたのは，自己の同一性の持続的感覚や，自己の経験の時間的

連続性，準拠する社会集団とともにいる感覚といったものの欠落であった。エリクソン（Erikson, 1950）は，こうした特徴を有する人びとが，世界を，そして自分自身の心をも信頼できないがために，そうした不信によって，たとえ心理療法を受けてもそのプロセスの効果が生じない可能性があることを示唆している。彼は，この見解を拡張して，基本的信頼の達成には，相互性が不可欠であると述べている。エリクソンは，（それは愛着の安定性がずっと連続するという主張を彷彿とさせるような誤った理解なのだが）信頼の達成が一度なされるとそれがその後ずっと続くと誤って考えているような人びとを熱心に正そうとした。「いずれかの段階に，新たな内部の葛藤や外部の変化に，もはや影響されない**良好な状態が達成され**，その後，その状態が安定して続くという考えは，成功神話を子どもの発達に投影して考えるようなものである」(Erikson, 1950, p. 61 n) と彼は述べている。そして，この主張には，愛着分類の非連続性に関する知見と相通じるものがあると言える。

　以上をまとめると，エリクソンとボウルビィの思想には，実質的に重なり合うところがあるということは明らかである。両者はともに，一見，とても単純で，かつ常識に訴える力を持ち，それゆえにまた，当時は精神分析学界から賞賛よりも侮蔑を招いた。エリクソンと同様，ボウルビィの視野の広さは，つまらぬ人物から表層的な誤解を受けることが稀ではなかった。当初，両者はともにその真価を認められることがなかった。彼らの革新性や独創性は，その当時の精神分析の趨勢においては，到底理解の及ぶところではなかったのである。彼らが精神分析内部からどれほど過小評価されていたかについては，それとは対照的により広い学術コミュニティからは常に業績を高く評価されていたことからして，いっそう際立って明白なところである。2人とも，理論の体系化に熱心だったことに加え，精神分析の近接領域で得られている実証的知見を重視していたところも，共通している。

愛着理論との相違点

　スピッツ，ジェイコブソン，エリクソン，そして彼らの後継者たちの貢献にもかかわらず，愛着理論が構造論的視座からは実際に生まれず，また生まれ得なかったのは，いったいなぜなのだろうか。

第一に，自我心理学モデルが元来持ち合わせている疑似生物学的な性格は，愛着のモデルには根本的にそぐわないものと言える。愛着のモデルは，概念的な枠組みに対して具体的な評価基準を打ち立てるために，真に生物学的な現象の同定を追求するからである。そのため，愛着理論を，構造論を準拠枠として構築しようとすれば，ダブル・スタンダードが必要になる。つまり，そこでは，片方で生物学的プロセスへの比喩的なアプローチを取り，もう片方で生物学の実証的知見を理論化に対して絶対的な制約を課すものとして取り扱わざるを得ないことになってしまうのである。構造論モデルには，生物学的枠組みが不似合いであることは，1970 年代以降，幅広く認められてきている（例えば，Compton, 1981 a, b；Klein, 1976；Rosenblatt & Thickstun, 1977 を見よ）。

　精神病理を精神分析的に説明するに際して性欲（sexuality）を第一に考える点も，両理論を相容れないものとしている。例えばハンリー（Hanley, 1978）は，いかなる行動システムも，リビドー的本能の影響下に置かれないということなど，到底理解できないと主張している。したがって，自我心理学的観点においては，早期の愛着は，その定義からして，口唇期の精神・性的発達の一部として形成されなくてはならないことになる。古典的な構造論では，性欲は早期発達段階の帰結であるが，同時にまた，4 歳と 5 歳の間に，後年の発達と神経症的精神病理に根源的に関わるような質的な変化を被るとも考えられている。現在では，精神病理の説明における性欲の優位性は，多くの精神分析家によって，誤りと見なされている（例えば，Klein, 1980；Peterfreund, 1978）。自我心理学モデルには，愛着理論と相容れないということのみならず，そもそもそれ自体にいくつかの問題が疑いなく存在しているのである。シェイファー（Schafer, 1974）は，自我心理学に従うと，性器的性欲以外に，あらゆる形態の性的快感を，異常や逸脱の元凶として考慮しなくてはならなくなると指摘している。神経症的問題と，性的困難や混乱との間に観察される連関は，愛着理論の観点からは，次のように考えることで，説明がつく。すなわち，心理的障害の多くの形態において見られる身体機能に関連した葛藤の中核は，想像や願望の領域における心理的葛藤の解決に失敗した結果であり，そして，それゆえに身体上で経験されるに至るのだと考えればよいということである（Fonagy & Target, 1995 b）。身体

は，関係性の問題から生じる困難を解決するには適さない場であるため，葛藤は，代わって欲動や本能のレベルで増幅されてしまう可能性がある。

　もう一つの論点は，自我心理学が，対人関係よりも，相対的に個人の自我を強調するということに関わっている。エリクソンは，心理的発達の促進や自我の統合的組織化の進行にとって，社会的エージェントが重要であることを強調したが，そこで強調されているのは，社会的関係そのものというよりも，むしろ，自己アイデンティティの達成に関わる先行因や帰結であった。マーラー，スピッツ，アンナ・フロイトといった他の精神分析的発達論者と同じように，エリクソンは，社会的関わりの前に分離-個体化を位置づけている。例えば，彼が述べるには「他者と真に関わり得るようになることは，確固とした自己描出が可能になったということの結果であり，同時にまたそれが成り立っているか否かを示す試金石でもある」(Erikson, 1968, p. 167)。エリクソンのモデルでは，愛着の重要性は，前述した通り，無視されてはいないが，あまり重視されてもいない。これはおそらく，彼が，発達の進行を幾分，一次元的に図式化し，また，自己アイデンティティを分離・自律した自己の発現として強調したためであろう。それゆえに，彼の強調点は，依然として精神分析的なのであり，関係よりも個人に焦点を当てているのである。そこでは，アイデンティティの統合が中核的な目標であり，愛着は二次的役割に留まる。また，愛着はアイデンティティ発達を促進する存在であり，あるいはその副産物である。さらに，愛着は個体化に向かう発達プロセスにおける媒介的つなぎ手としての地位にあるにすぎず，むしろ個体化が前提となって初めて成熟した関係が生み出されると仮定されるのである。アイデンティティという概念は，まさに他者から分離し別個の存在としてあることを含意しているのである。フランツとホワイト (Franz & White, 1985) は，この点に関する包括的なレビューの結びで，エリクソン理論がまずもって関心を寄せるのは，いかにアイデンティティ発達が社会的制度に参加する生産的な市民を産出することになるかということであると示唆している。彼の理論は，安定して信頼できる依存から，親密さを許容する能力を伴った成熟した相互依存へと推移することには，あまり関心を払っていないように見えるという点において，ボウルビィの理論とは明らかに異なっているのである。

第5章
構造論モデルの修正

　構造論モデルに対しては主に3通りの修正がなされている。これらすべては，子どもの治療に関わった人物によってなされたものであり，愛着理論といくつかの点で重要な重なりを有している。その人物とは，a) フロイトの娘で児童分析の創始者であるアンナ・フロイト（Anna Freud），b) アメリカ人の分析家で乳幼児観察の先駆者であるマーガレット・マーラー（Margaret Mahler），c) 英国人でハムステッドにおいてアンナ・フロイトの同僚であり，精神分析において最もよく用いられる概念を洗練するという多大な貢献をなしたジョセフ・サンドラー（Joseph Sandler）である。
　アンナ・フロイトは，精神病理に対して，一貫性ある発達的視点を採った最初の分析家の一人であった。彼女のモデル（A. Freud, 1965）は累積的かつ漸成的なものであった。すなわち，各発達段階はその前段階のうえに構築されるとしたのである。彼女は，心理的障害を最も効果的に研究するには，それが発達のなかでどのように出現してくるかを理解しなくてはならない，と主張した。彼女の理論は発達ラインというメタファーに基づいていた（A. Freud, 1963）。その主張によると，複数の発達ラインのなかに見出されるプロフィールやパターンこそが，個々の子どもが直面するリスクの性質を最もよく表現するものなのである。発達ラインは，それぞれ独自の始点から終点への連なりとして描出されることになる。それは例えば，依存性から自己信頼を経て成人の対象関係へと至るライン，身体のマネジメントに対して責任を持てない段階から持てる段階へと至るライン，自己中心性から社会的

パートナーシップへと至るラインなどである。発達の不均衡はリスクファクターと考えられ，治療は，必要な発達的要素（発達的援助）を組み入れ，子どもを正常な発達の道筋へと戻すようなものであると見なされた（A. Freud, 1970; Kennedy & Moran, 1991）。

　しかしながら，アンナ・フロイトの基本的スタンスは，葛藤や防衛の研究（A. Freud, 1936）に根差したままであった。彼女に至って，葛藤は，精神内的性質のみならず，発達的性質をも有し，それゆえ一過性のものと見なされるようになった。発達的性質を帯びた葛藤はリビドー段階と関連はあるものの，固着と退行はあらゆる発達ラインに沿って起こり得るとされた。アンナ・フロイトにおける革新性は，自然な設定での子どもの観察を推奨し，そうして得られた，比較的系統的な観察結果を，治療室から得られた臨床的な観察結果と比較対照したところにあったと言える（A. Freud, 1941-1945）。

　マーラーの提案した発達モデルにおいては，対象関係と自己は，本能が推移する結果，自然と生起してくるものと見なされた。彼女の焦点は，私（I）と私でないもの（not-I）の渾然体から，いかにして分離した自己が成長してくるかの道筋を明らかにすることにあった。**分離**という術語が指し示しているのは，母親との共生的な融合状態から，子どもという独立した存在が生成してくることであり，他方，**個体化**とは，子どもが自らの個人的特質を身につけたことを特徴づける一連の達成からなるものである（Mahler et al., 1975）。マーラー（Mahler, 1968）のモデルにおける想定では，子どもは「正常な自閉期」から共生期を経て，順次展開する四つの下位段階から成る分離-個体化過程へと発達する。最初の2か月の間，乳児は「固体にも比すべき刺激の障壁」（quasi-solid stimulus barrier）に包まれているとされる（Mahler & Furer, 1968, p. 8）。2か月目から，共生期において乳児は対象をおぼろげながら意識していることを特徴とする状態，言わば「妄想的な心身の融合」状態にある（Mahler, 1975, p. 45）。分離-個体化期は生後4〜5か月時に始まると考えられている。第一の下位段階である**孵化期**〔分化期〕において，乳児は自分自身と母親とを識別し始める（Mahler et al., 1975）。生後9か月から15〜18か月の間に生じる第二の下位段階は**練習期**であり，そこで，子どもは身体移動の練習を行うと同時に，母親の魔術的力を共有しているという感覚に由来する「魔術的万能性」（magical omnipotence）の頂点

に達する。第三の下位段階である**再接近期**は 15〜18 か月から 24 か月の間とされ,そこでは,分離の覚知や分離不安が生じ,母親とともにありたいという欲求が増してくる (Mahler et al., 1975)。生後 3 年目に始まる第四の下位段階は個体性の**確立期**であり,情緒的対象恒常性が生じ始める時期である (Mahler et al., 1975)。

マーラーの貢献は重要なものであった。なぜならば,そのおかげで,成人を扱う治療者は,前言語的段階をより精密に再構成することができ,また,それによって精神分析的な治療介入は,患者にとってより利用しやすいものになったからである。マーラーの研究は,観察の手法に基づくものでもあった(もっとも,その観察は大部分あまり系統立ったものではなく,また,比較的健常な養育の恩恵に与っていた中産階級の子どもを対象としたものであった)。マーラーの考えは広くに適用されるに至り,とりわけ,重症のパーソナリティの病理(境界性障害)をいかに理解するかにおいて生産的な役割を果たしたと言える (Masterson, 1976 ; Rinsley, 1978)。

サンドラーの貢献は先に述べた 2 人の論者とは質を異にする。アンナ・フロイトやマーガレット・マーラーと違い,彼の貢献は内容志向的というよりは,むしろ,概念的でシステム論的なものであった (Fonagy & Cooper, 1999)。マーラーやアンナ・フロイトと同様,サンドラーも構造論モデルをもとに新たな理論を発展させたが,それは英国や現代北米の分析家らが有する関係論的枠組みをも包摂するものであった。彼の主要な貢献は,構造論を表象の術語によって,また,ハムステッド・クリニックにおける児童分析の観察結果に照らして,記述し直したことである (Sandler, 1960 c, 1962, 1990 ; Sandler & Sandler, 1978)。要点を言えば,サンドラーは本能に関わる構造論モデルを,役割関係の心的表象によって願望が表象され,また,翻って,その願望がその心的表象に作用を与えもするというモデルに再定式化したのである。サンドラーは,ここ 30 年の間に精神分析が経験した「静かな革命」のなかの鍵となる人物の一人だったと言える。

以下の 3 セクションでは,これら 3 人の論者の理論を詳細に探り,彼らの考えと愛着理論との接点および相違点について検証する。

アンナ・フロイトの理論と愛着理論との接点および相違点

　アンナ・フロイトは，愛着関係の重要性について，ハムステッド戦争孤児院での観察作業において，察知し，また報告している（A. Freud, 1941-45）。このとき，彼女は独自に，人生の最初 6 か月に愛着が発達すること，乳児は初期，社交的な存在であること，乳児のなかには 6～12 か月で養育者に対してアンビヴァレンスが高まる子どももいること，子どもを社会化するために親が愛情の撤収という方略を使うことなどについて，書き留めている。彼女とドロシー・バーリンガム（Dorothy Burlingham）（A. Freud & Burlingham, 1944）は，強制収容所を生き延びた児童たちについても見事な観察も行った。彼女たちが目に浮かぶくらいにありありと記述してみせたのは，ストレス時に子どもたちがいかに，安心と安全（safety and security）を，大人に対してよりも子ども同士の関係のなかに求めるか，また，お互いに近接を希求し続けるかであった。

　おそらく，アンナ・フロイト（A. Freud, 1965）は，子どもにとって，健常な発達に適うような内的均衡の状態をうまく確立することは難しい可能性があることを，精神分析家のなかで，真っ先に強調した人であった。その理由は，子どもの発達に影響を与える力は内的なものばかりでなく外的なものもあり，かなりのところ，子ども自身のコントロール下にないからである。子どもは，自分の体質から来る潜在的特性，養育環境からもたらされる影響，そしてパーソナリティの漸次的構造化に伴って生じるはずの一連の推移，を統合する必要がある。これら発達の諸側面のうち，いずれかが〔平均的に〕期待されるところからはずれると，均衡の乱れが生じる可能性が高くなる。アンナ・フロイト自身はそれを拒むだろうが，彼女が記した，こうした関係論のモデルにおいては，愛着を，パーソナリティの構造化における一つの本質的要素として，容易に組み込むことができるのである。

　アンナ・フロイト（A. Freud, 1963）の仮定によると，彼女の発達的・漸成的観点の基礎にあるのは連続性である。なぜなら，その観点においては，ある層における心理的達成が段階的に次なる層へと通じるからである。ある層に欠陥があると構造に弱さが残ってしまう。これはパーソナリティの成長

に関するボウルビィ（Bowlby, 1973）の概念化と本質的に同じである。実践的に見ても，アンナ・フロイトの発達的支援に関する考えは，強力な，関係志向的な治療に通じるものである（Kennedy & Yorke, 1980）。その支援は，感情を制御し得るようになること，他者との社会的近接状態を許容し得るようになること，他者と関係することの心理的側面を理解し得るようになること，に焦点を当てるものなのである（Bleiberg et al., 1997）。

混沌とした環境と初期における剥奪が，病理の発生におそらくは不可避的な影響を与えるだろうということについて，近年，再検討がなされているが，アンナ・フロイトの見解はこの動きを予見していたと言える（A. Freud, 1955）。彼女の見解では，子どもの発達のコースは，初期経験によって規定されると考えるべきものではないのである。そして，現代の愛着理論は，そうした見解を裏書する（Emde, 1981）。もっとも，愛着理論の強調点は発達における不連続性というよりも連続性にあるのであり，すなわちそこでは，子どもの発達の方向性が変わってしまうような挑戦的な事例よりも，過去が現在を予測するような事例に焦点が当てられてきている。

自我防衛に関するアンナ・フロイトの初期の著作（A. Freud, 1936）は，愛着パターンと成人期の発達的帰結との関連性について，愛着理論とは異種の準拠枠を提示し得るものと言える。それに依拠するならば，愛着パターンを，養育者の特有の相互作用スタイルに対処するために子どもが招集した防衛機制と見なすことが可能となる（Fonagy et al., 1992）。愛着パターンとは，習慣化した関係のとり方であり，自我によって不安を最小化し適応を最大化すべく発達させられたものなのである。例えば，回避型の愛着の根幹は，セルマ・フライバーグ（Selma Fraiberg）（Fraiberg, 1982）によって巧みに記述された乳児における回避的な行動方略にあるのかもしれない。また，不安-抵抗型の愛着パターンは，受動的方略の代わりに能動的方略を取ることで不安の低減を図ろうとする乳児の抵抗的で闘争的な反応に根ざしており，それは，養育者の注意を誘発する機会を最大化することによって適応を促進する可能性がある。無秩序型の愛着パターンは，自我が相対的に未熟であり，整合一貫した反応方略をとり得ないということを示しているものと再定式化できるかもしれない。

こうした定式化には，単なる語義上の重要性を超えるものがある。例え

ば，アンナ・フロイト派の枠組みのなかでは，愛着分類と精神障害との間に単純な対応関係はなく，精神障害が顕在的な問題になってくるのは，防衛機制が，子どもを不安から守るうえで不適切になったときだけである。病理は，愛着の諸方略の機能不全と考えることができ，相互に排他的な方略間における葛藤，そうした方略の非適応的な発達，それらの非一貫的な内的組織化に起因して生じるものと考えられる。それらは，原因ということでも帰結ということでもないのだが，発達初期の混乱した行動という複雑なパズルにおけるピースとして重要なのである。関係性の内的作業モデル（IWMs）のなかにコード化された愛着方略と，精神病理とのつながりは，複数の内的作業モデル間の相互関係のなかに見出されるのかもしれない。

例えば，父–母–子 100 組を対象とした縦断研究において，われわれは，父と母に対して別個の愛着パターンを示す 5 歳児に，心理的問題の初期徴候が多く認められるという知見を得ている。単に親あるいは子どもの愛着が安定しているか否かということよりも，子どもの父と母に対する愛着分類が一致せず，それぞれに対して異種の適応方略が必要になるという事実の方が重要だったのである（Fonagy et al., 1997 a）。精神病理は，子どもが常習的な防衛様式を用い，一貫して単一の内的作業モデルを適用し発達させることを困難にしてしまうような養育の結果，生じるのかもしれない。ちなみに，こうしたアプローチは近年の行動遺伝学的証左とより整合性があると言えるかもしれない。なぜならば，近年の行動遺伝学的知見は非共有環境（nonshared environment）の意義を強調するものだからである（Reiss et al., 1995）。

上述したような重要な接点があるにもかかわらず，アンナ・フロイトは愛着理論家の仕事に対して徹底的に非共感的であった。彼女自身の観察は正反対だったにもかかわらず，理論的著作において，彼女は，母親に対する子どもの早期関係の基礎にあるのは，性的な本能欲求であるとしていたのである。彼女は，自我の発達に不均衡が生じ得るということをよく自覚してはいたが，その原因を関係の障害であると見なすことはほとんどなかった。外的環境の影響は軽視されるのが常で，本能の運命〔自然な推移〕（vicissitudes of instincts）が着目された。愛着行動の観察について議論するときでさえ，彼女は，（観察による証左については何も語らずに）理論的な結語のみを付している。具体的には，「最初の身体的欲求が満たされる経験が絶えず繰り

返されることによって，子どものリビドー的関心は，自らの身体内部での出来事に対する専心的集中状態から逸らされ，おびき寄せられるように外的世界にいる，満足の提供に責任を負う人物（母親や母親代理の人物）へと向け変えられていく」(A. Freud & Burlingham, 1944, p. 291) と，記しているのである。

　アンナ・フロイトの仕事のなかには奇妙な不協和がある。その観察は鋭敏で的確であり，また革新性に富むものであった。ところが，その理論は，構造論モデルにおける欲動概念を保守的に用い続けることによって，大きな限界を背負い込むことになった。彼女は，父の貢献のなかで最も科学的であると思った側面を，捨て去りたくなかったか，捨て去ることができなかったのであろう。因果論的説明の一部に，彼女がメタファーを用いたことは，ハルトマンにおける自我心理学の文脈ですでに議論したのと同じく，具象化と擬人化という危険を冒すことになった。ハムステッド・クリニックに残っている噂では，当時，メアリー・エインズワースがストレンジ・シチュエーションに関する研究を発表したところ，アンナ・フロイトは，本能論が愛着という視点よりも優越しているのだということを重ねて主張したという。アンナ・フロイトはエインズワースに向かって，部屋にバケツ一杯分の石炭があったとしたら18か月の子どもは何をするかわかるかと尋ねたらしい。当然のことながら，エインズワースは，この質問に対して何ら答えるところがなかったわけであるが，アンナ・フロイトにしてみれば，エインズワースには，根元的な問題の理解が欠落していると映ったに違いなかろう。

マーガレット・マーラーの理論と愛着理論との接点および相違点

　マーラーの仕事は愛着研究者によく知られており，頻繁に引用されている。カールソンとスルーフ (Carlsson & Sroufe, 1995) は，マーラーの仕事に関する包括的なレビューのなかで，分離-個体化プロセスの練習期（9～17か月）と「情緒的燃料補給」を求めて母親のもとへ戻る乳児の傾向が，ボウルビィの「安全基地」現象と明らかに類似していることに言及している。同様に，マーラーは，養育者とのうまく調整された関係の歴史と，子どもが2歳までにより自律的なふるまいへと円滑に移行することとの間につながり

があることを示しているが，このこともまた，マーラーの考えと愛着理論に共通の基盤があることを意味している（Burland, 1986）。探索行動システムと愛着行動システムに相互的な連関があるということを，愛着理論と，マーラーの「情緒的燃料補給」(Mahler et al., 1975) という観察とが，独立に同定しているのである。リオンズ=ラス（Lyons-Ruth, 1991）もまた，マーラーの観察作業と愛着理論家のそれとの関連性を巧みにかつ明確に記している。

　マーラーのモデルには愛着理論にさらに関連する側面がある。マーラーとファーラー（Mahler & Furer, 1968）は「相互的な手がかり提示行動」(mutual cueing) について言及しているが，それは，共生期において，乳児の発した手がかりに母が反応し，さらに乳児がそれに呼応して，行動を適応的に変えるという循環的な相互作用のことである。彼女らは，このプロセスによって，子どもが母親について独特のイメージを形成するということを指摘している。別のところでマーラーが明らかにしているのは，母親によって選択的に喚起される属性をもってのみ，乳児が共生的な二者単一体を確立し得るということであり，そして，このときに，乳児は，自己と対象の分化および互恵的な対象関係へと向かう途上にあるのだということである（Mahler, 1967, 1975）。リヒテンシュタイン（Lichtenstein, 1961, 1963）のアイデンティティ・テーマという概念の精緻化やウェイル（Weil, 1970）の「基底核」(basic core) という概念の導入も，母親対象に対する乳児の適応が，いかにして萌芽的な自己表象を生み出し，そして母親がそれに特権的に応じるようになるのかについて，同様の洞察をもたらしてくれるものである。こうした発想は，母親のその子どもに関する個別の表象が，母親の愛着についての全般的な心的状態と子どもに対する具体的行動との間を媒介する役割を果たすという，近年，生じてきている研究知見にも関わるものである(Slade et al., 1999 a, b)。

　マーラーとボウルビィは，9か月から18か月にかけて子どもが母親とともに乗り越えるべき重要な問題について，かなり違った基本的前提を持っている（Lyons-Ruth, 1991）。マーラーは，早期（生後2～4か月）に発達し，自他境界のない精神内界の文脈において生じる，母子のつながりのポジティヴな状態，すなわち共生を想定している。生後4～10か月における発達上の

問題は，自己表象を他者表象から分化させることであり，一方，9～12か月における中心的な発達上の問題は，分化プロセスを継続すべく，母親からの身体的な分離の増大に対して練習をするということである。対照的に，愛着理論家や他の乳児観察者（例えば，Sander, 1962）における生後9～18か月は，母親に対する関心を焦点化させる時期であり，子どもは，この時期に，安全基地現象と社会的親和行動という両方の文脈において，萌芽し始めた身体運動能力を利して，母親への近接を確実にしようとするのだという。養育者に対する安定した信頼感の達成は，愛着理論家に言わせれば，マーラーの仮定する共生期ではなく，それをある程度越えたあたりでなされるものなのである。

　愛着理論家が観察した乳児の分離-再会における標準的なパターンとマーラーの記述との間には，相違点が数多くある。マーラーは，独立的な行動やアンビヴァレントな行動を標準的と見なしている。マーラーの見るところ，独立的な行動はポジティヴで標準的であるが，愛着理論家は，独立的な行動に駆り立てるのは分離に関連した不安（生理的レベルで測定可能，Sroufe & Waters, 1977 b）であると考えている。18か月時点で自律性を示さない子どもの方が後に優れた機能を示すこと，むしろ早くから独立的な子どものなかに発達上の問題を示すものがいること（Thompson, 1999）からすれば，愛着理論の仮定は支持されるものと言える。再会時のアンビヴァレントな行動は，エインズワース（Ainsworth et al., 1978）の目から見れば，不安定（抵抗）型の愛着の徴候であるのに対して，マーラーにとっては発達的にごく自然に期待されるものである。これは，たとえ不安定であっても組織化された愛着の形態であれば，病理的発達と混同すべきでない（例えば，Belsky, 1999 b）という，愛着理論家による，より近年の再認識に照らしてみると興味深い。そうした意味からすれば，結局のところ，マーラーの直観は正しかったとも言えるのかもしれない。

　アンビヴァレント型，あるいは抵抗型の愛着の性質について，マーラーはさらに興味深い視点を提示している。彼女が記述しているのは，生後2年目のある子どもたちの行動である。その子どもたちは母親の後追いをしつつ，同時に母親から素早く離れたり，母親にしがみつきつつも母親を向うへ押しやったりした。これに対して，彼女は，**両価的行動傾向**（ambitendency）

(Mahler et al., 1975) という術語を当てている。彼女の考えでは，こうした行動は愛する対象との再会願望であると同時に，それに飲み込まれることへの恐怖でもある。ストレンジ・シチュエーション法におけるそうしたアンビヴァレントな行動を予測する養育，例えば侵入的な養育に関する行動観察は，あるタイプの不安定型愛着が，脆弱で未成熟な自己表象を喪失するという恐れとつながりがあるかもしれないという仮説と合致するものである。

　しがみつきと分離に向けたもがきとの間の葛藤は，無秩序型の愛着パターンの乳児にもよく見られる（Lyons-Ruth, 1991）。ここから，障害を被り，また障害を与えもする相互作用パターンを，あからさまに，普通に生じる正常なものと見なしてしまうことの危険性がいっそう明らかとなる。愛着研究は，そうした極端なレベルのアンビヴァレンスがもたらす発達的なリスクについて，われわれに警鐘を鳴らしているのである。伝統的な精神分析の準拠枠においては（マーラーによって提供されたような観察データをもってしても），古典的な退行モデルのなかで，発達早期のパターンを，後年の病理に通じ得る「正常な源泉」と見なす傾向がある。マーラーの焦点は母親がどのようにしてアンビヴァレンスを取り扱うかにあり，他方，愛着理論は，どのような種類の経験がこうした反応を生み出す可能性があるかに関心を寄せている。これは，〔発達早期に正常に生じる精神病理的な状態が上手に取り扱われないと，そこに固着が生じ，それが後の精神病理を招来すると仮定する〕発達論的メタファーの過大拡張（Mayes & Spence, 1994）であり，愛着理論が追求する発達精神病理学的アプローチとは，著しく整合性を欠いている。このように，マーラーの焦点は健常な発達にあり，そして，そこから後年の病理の手がかりを探そうとするのに対して，愛着理論は同様の発達現象に注目しつつも，それを，後年の障害につながる見込みの高い真に臨床的なパターンを同定する目的で，扱おうとするのである。

　しかしながら，マーラーの後継者は，生後2年目の養育における特異的な諸課題を精緻化するうえで貢献をなしている。そして，そうした課題は，古典的な愛着研究の文献（Ainsworth et al., 1978）に見られるような，ただ感受性が高ければよしとする大づかみな見方を超えて，より精細なものとなっている。例えばセットレージ（Settlage, 1977）は，再接近期について以下八つの発達課題があるとしている。1) 強まった分離不安を統御すること。

2) 基本的信頼感を支持し強めること。3) 共生的な単一体における万能感を徐々に弱めること。4) 万能性の喪失を自律という感覚の高まりによって補償すること。5) 自己の中核的感覚を確かなものにすること。6) 感情と欲動の制御を確立すること。7) 対象をよい部分と悪い部分とに分ける正常な分裂（スプリッティング）によって愛する対象との関係を維持しようとする傾向を〔よい部分と悪い部分の亀裂を修復することで〕解消すること。8) 分裂（スプリッティング）という防衛を抑圧に置き換えること。このように，生後2年目の乳児の母親は，情緒的利用可能性を，独立へ向けて穏やかに押し出してあげること（gentle push）と組み合わせなくてはならない。独立への押し出しが行き過ぎても，その反対でも，環境に対して十分な関心を注ぎ込もうとする子どもの潜在的な力を害することになり，そして，自分自身の適応的な機能に対する子どもの喜びや自信が損なわれてしまう可能性がある。例えば，物理的な近接に対する欲求を削いでいくといった，愛着の絆のあからさまな現れを徐々に減らしていく養育者の役割などについては，愛着理論家において十分に考察されているとは言えないのである。

　マーラー学派の見るところ，再接近期はパーソナリティ形成における**最重要期**である。この時期に生じる極めて重要な，分離状態と親密状態，自律状態と依存状態の間の葛藤は，発達を通して，特に喪失を経験したときや病気になったとき，あるいは薬物使用時など（Kramer & Akhtar, 1988）に繰り返し生じる。愛着システムは，この時期，とりわけストレス下に置かれた際に活性化されるようであり，不安に満ちた愛着に関わる行動が大半の子どもにおいて頻繁に観察される。再接近期の間に，母親が子どもに対して共感的にサポートができないと，そこが子どもにとって自律と融合の間のアンビヴァレンスが頂点に達する時期であるだけに，子どもの万能性は崩壊することになるだろう。固着が起こり，万能性の放棄と内側からの（自律的な活動を通した）自己愛的な自己の増強は危うくなると言える。したがって，そうした個人は自己や対象について明確なイメージを持つことがなく，対象を避けたりコントロールしようとしたり，完全なる対象との共生状態を求めたりするかもしれず，自らの他者に対する見方を揺るがしてしまうような批判，挫折，アンビヴァレンスに耐えるのが難しくなるだろう。ボウルビィ（Bowlby, 1973）は，明白な形では，共生という概念に与していなかった

が，彼がマーラー学派の言う「悪しき共生」というものに言及しているかに思えるところがある。それは，幼少期の恐怖症に関連して，健常な親子関係が反転してしまう可能性について，論じているところである。

マーラー理論のうち，この再接近期に関わる部分こそが，境界性パーソナリティ障害者の治療に携わる者が大いに活用するところである。マーラーとその同僚（Mahler et al., 1975）は，再接近期において，自分のところへ戻ってきた乳児に対して攻撃や引きこもりによって反応する母親がいること，そしてそうした反応に遭った乳児の行動が境界性患者の行動に類似していることを観察している。再接近期における葛藤の残滓は，境界性パーソナリティ障害群においては，母親との融合を執拗に切望しつつ，その一方ではそれを死ぬほど恐れるという形で，また，自己表象と対象表象の分裂（スプリッティング）を呈するという形で認められる。そして，それらが累積的に，対象恒常性とアイデンティティの確立を阻害することになるのである（Kramer, 1979；Mahler, 1971, 1972 b；Mahler & Kaplan, 1977 も見よ）。「完全によい（オールグッド）」母親を探し求めることは生涯を通して持続し，高圧的なまとわりつきと反抗的な引きこもりとが「最適な距離」の確立を妨げることになるのである（Bouvet, 1958）。

マスターソン（Masterson, 1972, 1976）は境界性の病理に関するマーラーの見解を精緻化し，ボウルビィ（Bowlby, 1973）の視点に密接に関連する考えをもって，それをより豊かなものにした。彼が示唆したのは，境界性患者の母親が自らも境界性パーソナリティ障害である傾向があり，それゆえに，子どもに共生的なしがみつきを求め，子どもが独立へ向けて努力しようとすると自らの愛情を子どもから撤収しようとするということである。父親は，子どもの意識を現実に向かって焦点化させるという役割を果たさない，あるいは果たすことができない。マスターソンが考えるところでは，境界性患者は自立への願望と愛を失うことの脅威との間で根深い葛藤を経験しており，それゆえに，母親に代わるような対象に対して，まとわりつくような愛着の絆を求めるのである。そうした絆は一時的には安心感を生み出すかもしれないが，ひとたび自己主張したいという願望を持てば，それはいかなるものであれ，現に自らがそうすることで見捨てられてしまうのではないかという恐怖をもたらす可能性がある。そして，短い至福の結合状態とその破断，

そして空虚感と抑うつとが交互に繰り返されるような悪しきサイクルが生涯にわたって続くことになるのであろう。

　リンズレー（Rinsley, 1977, 1978, 1982）は，マスターソンのモデルをさらに精緻化し，その理論の基礎に，病理的な一次的対象から，境界性の対人関係パターン（内的作業モデル）が内在化されることになるという考えを据えた。マスターソンとリンズレー（Masterson & Rinsley, 1975）の示唆によると，境界性患者の心のなかには，そうした対象について二つの作業モデルが存在するのだという。一つは，怒りと欲求不満に染まり，無力で悪い自己表象を含んだ，批判的で愛情撤収的な関係単位であり，もう一つは，母親が賞賛的と見なされ，また，それに関連した良い感情と従順で受け身的な自己イメージとを伴った関係表象である。リンズレー（Rinsley, 1977）が示唆するところによれば，こうした構造が成人期まで持続すると考えると（こうした仮定は愛着の枠組みときわめて高い整合性を持つのだが），以下のようなことを含む境界性パーソナリティ障害の大半の特徴は説明がつく。すなわち，「良い」と「悪い」に分裂（スプリット）させること，全体対象関係よりも部分対象関係が優位なこと，悼み悲しむ能力がないこと，原初的な自我と超自我の両方を有すること，自我の成長が阻害されていること，見捨てられることに対して過敏であること，発達の諸段階に通常認められる特異的な特徴を欠いていること，などである。

　マーラーのアプローチと愛着理論との間には相違点がある。それは部分的には認識論的なものである。例えばマーラーは共生期を，ほとんど行動の記述なく定義し，それで事足れりとした。マーラーにとって共生期とは「観察可能な行動の状態というよりは，推測された精神内界の状態であり……，自他分化がほとんどまだ生じ始めてもいない時期の，乳児の原初的な認知・感情的生活の特質を指し示すものである」（Mahler & McDevitt, 1980, p. 397）。そのため，マーラーの考えるところでは，生後1年目の前半，乳児は「原初的な，幻覚に満ちた失見当状態（hallucinatory disorientation）のなか」（Mahler et al., 1975, p. 42）に住まうのである。大半の愛着理論家は，こうした考えに対していい思いは抱かないであろう。

　マーラーの理論が精神分析家にとって魅力的な点は，古典的なエディプス理論とかみ合うと同時に，前性器的な欲動理論とも整合するということであ

る（Parens, 1980 を見よ）。愛着理論家にとって，このことは，明らかに，ほとんど関心のないところであろう。愛着理論家は，最初の1年に関するマーラーの記述には明らかに実証的難点があるとして，それを真に受けないよう注意している。これまで見てきたように，マーラーによると，生後1年目の前半，乳児は一次的自己愛の状態にあるのだという。乳児の心的機能は快楽原則によって支配されており，心がイドと自我，自己と他者，内側と外側に構造化されることはまだ生じていない。乳児研究による証左は，この定式化に少なからず疑問を投げかけるものである。バーリックとワトソン（Bahrick & Watson, 1985）は，生後3か月児に，行為と事象の間に随伴的関係があるか否かを識別し，また，自らの内部感覚と視覚経験という異種様相間の対応関係を覚知し得る〔自ら動かした身体の動きを直接は見えなくしても，自己運動に伴う筋活動等の内部感覚と，ディスプレイ上に映し出された自身の動きの映像とを対応づけ得る〕能力がすでに備わっている可能性を示している〔実のところ，この研究において，こうした結果が明確に得られているのは5か月児に関してであって，3か月児については微弱ながらその可能性があるということが示唆されるに止まっている〕。また，出生時の短期記憶システムに基づいて，成人の顔つきを模倣できることから，知覚と行為の間に生得的な協応関係が成り立っていることも示されている（Meltzoff & Moore, 1977, 1983, 1989）。同様に，生後1年の間はまだ対象恒常性が成り立っていないという考えに対しても根本的な疑問が呈されてきている（Kellman & Spelke, 1983；Spelke, 1985, 1990）。近年の実証的な証拠が示唆するところによると，乳児は物理的対象が凝集性，境界，硬さを持つということを端から前提視しているのだという。

　ガージェリー（Gergely, 1991）とスターン（Stern, 1994）がともに主張しているのは，これらの初期の能力の鍵となる特徴は，抽象的属性に対する乳児の感受性だということである。これは特定の感覚様相に結びついているわけではない。乳児は様相特異的な物理的特徴よりもはるかに，種々の様相を超えた一貫的特質（超様相的不変性）を検知することができるという。このことからすると，乳児はマーラーや古典的精神分析理論（Klein, 1935 も見よ）が想定するように，物理的世界を具体的にそのままに経験しているわけではないようである。むしろ，乳児は，ジョン・ボウルビィが示唆してい

るように，初期の社会的関係性を確立し得るよう生物学的に準備されているのだと考えられよう。

これまで見てきたように，マーラーの強調点は，分離-個体化プロセス，すなわち子どもが母親から徐々に距離をとれるようになること，および依存状態から独立した機能性を有する状態へと移行することにある。実のところ，マーラーはこのことをライフサイクル全体に拡張して考えている。彼女はライフサイクル全体を「失われた共生期における母親の取り込みから」多かれ少なかれ，首尾良く距離をとるプロセスと見なしているのである (Mahler, 1972 a, p. 130)。マーラーの後継者 (Blos, 1979 ; Settlage, 1980) は，分離していることが，自己制御と対象関係を支えるのだという自らの立場を再確認している。関係の確立はそれ自体が発達の目標ではない。マーラーの枠組みのなかでは，愛着からの離脱こそが進歩の証であり，自己の豊饒化を意味するものと見なされる。したがって，マーラーが養育者の情緒的利用可能性を必要不可欠なものと考えてはいても，それはあくまでも，分離-個体化プロセスの先駆体であり，また前提条件であると見なされているのである。ブラットとブラス (Blatt & Blass, 1990) は分離に関わる理論と愛着に関わる理論とを比較対照し，心理的発達を十全に理解しようとするならば，それらの理論の統合が必要であると示唆している。結局のところ，実証的に問う必要があるのは，発達過程のなかで最も形成的に働くと見なすべきものが，関係を維持する能力なのか，あるいはそこから離脱する能力なのかということなのである。

さらなる相違点もあるが，そこでは精神分析的アプローチに対する愛着理論の優位性が幾分疑わしくなる。マーラーの古典的な精神分析に対する志向性を考慮に入れれば驚くべきことではないが，彼女は，乳児における身体境界の経験，身体部位についての覚知，および身体-自己の発達について，一貫した関心を示している (Mahler & McDevitt, 1980)。練習期における母子関係のきわめて重要な側面は，自己が始発した身体的行為に関連する随伴性の経験を確立することである。母親の支持によって，そうしたコントロール経験が生み出されることは，「私」（I）の身体的統合において，きわめて重要であろう。マーラーはこのように，身体表象の発達が，乳児と養育者との関係によって左右されるとも考えている。重篤なパーソナリティ障害を扱

う臨床経験は，例えば自傷行為や拒食行為のように，自分自身の身体に関連して，アンビヴァレントで混沌とした表象を顕在化させる人がいるということを，まざまざと例証する。行為障害を有する，または非行を起こす少年において，愛着の崩壊（Bowlby, 1944 ; Fonagy et al., 1997 c）に多く伴うのが，自分自身の身体的行為に対して所有感覚を経験する能力が極めて限定されており，そのために対人的暴力に走ってしまう（Bolton & Hill, 1996）という傾向である。総じて，攻撃性の性質に関して言えば，マーラーのモデルはボウルビィの枠組みよりもはるかに示唆に富むものである。パレンス（Parens, 1979）は，攻撃性が出現し始めるのは分離-個体化期の第2下位段階であり，それは分離と個体化の両方に寄与することになるということを指摘している。この立場は，フロイトにおける生得論的見解からの明確な離脱を示すものであると同時に，おそらくは，愛着理論が今後発展するのに有用な視座を提供するものでもある（Fonagy et al., 1997 c）。

ジョセフ・サンドラーの理論と愛着理論との接点および相違点

　サンドラーは，一人でいるときや他者と相互作用しているときの，感情を帯びた経験やファンタジー，記憶から，複雑に絡み合った自己表象や対象表象がどのようにして形成されるかを記述しようとしている。こうした点において，彼のアプローチ全般は，愛着理論における心理学的モデルと極めて整合性がある。彼は「形状」（shape）のメタファーを巧みに用いている。同一化とは自己表象を修正して対象表象の形状に似せることであり，投影とは自己表象の望まれざる部分を他者の表象に付加することである。彼は，こうした表象に，行動を引き起こす中心的な役割があると考えた（Sandler, 1960 b, 1974, 1981, 1987 b, 1993）。どちらかと言えばサンドラーの関心は，表象が外的な出来事によってどのように歪曲されるかというところよりも，内的状態によっていかに歪曲されるかというところにあったと言えるが，彼の定式化はどちらの経験も等しく巧みに扱い得るものである。

　例えばサンドラー（Sandler, 1976 a, b, 1987 c）が精緻化した二者相互作用モデルにおいては，一方から他方への直接的影響が，影響を受けつつある側の心のなかに特定の役割が喚起されることによって生じると説明される。

影響を与える人の行動や役割は，相手から相補的な反応を誘発するという点において決定的に重要である。サンドラーの示唆するところによると，こうした形で，乳幼児期や児童期の関係のパターンは，成人期の関係のなかで現実化されたり，実演されたりする可能性があるのだという。そして彼は，あらゆる関係性を導くのは，他者の「役割応答性」（role responsiveness）を探ろうとする個人の欲求であるとまでほのめかしている。こうしたことからして，サンドラーの定式化と内的作業モデルという概念との間には実質的な違いがほとんどないと言えよう。

　サンドラーとサンドラー（Sandler & Sandler, 1978）の見方では，母子相互作用は，最早期において，自己表象と対象表象を組織化するための文脈となるものであり，自己表象の基本的単位を与えるものである。エムデ（Emde, 1983, 1988 a, b）は，おそらく，心的表象という概念を発達の連続性に関わる論争の最も重要な位置に据えたということにおいて評価されるべきであるが，その彼もまた，自己や他者という感覚が母親との相互的なやりとりから生じるとしている。そして同時に，このやりとりは「われわれ」（we）という感覚の基礎をも形作るという（Winnicott, 1956, 1965 b も見よ）。極めて重要なことであるが，サンドラーの仕事以降，発達論的枠組みを採用してきた精神分析的論者たちは，今や，自己表象と対象表象という認知-感情的構造が子どもの養育者との行動を制御し，それから，以後のあらゆる重要な関係のなかにおける行動，ひいては自分自身の子どもとの関係における行動まで制御すると仮定するようになってきている。サンドラーが評価されるべきは，こうした新しい見地と古典的な概念化とをつなぐ精神分析理論の枠組みを提供し，結果的に，構造論と愛着理論との架橋をなしたということであろう。

　愛着理論家が精緻化した，相互作用する自己と他者という表象は，サンドラーが定式化した自己表象，対象表象，内的対象関係（Sandler, 1960 a, 1962, 1990；Sandler & Sandler, 1978）と密接に関わるものである。表象世界を扱うサンドラーの自我心理学モデルと，愛着関係の内的作業モデルに関する発達心理学者の示唆との相違点は，ファンタジーと欲動にそれぞれどのような役割を与えているかにある。しかし，この点においてさえ，両者は根本のところで一致するところが多い。サンドラー（Sandler, 1960 a, 1985）

が提案した枠組みでは，安全性（safety）を維持しようとする生得的願望が，乳児における動機づけの舞台の中心に置かれる。これはボウルビィ（Bowlby, 1958, 1969）の強調点である，愛着を求める生得的傾性と類似している。サンドラーの安全性という概念は，動機づけに関する精神分析理論に新たな方向づけを与えたと言える。精神分析理論では，基底をなす統合的なゴールとして，本能の満足というところに独自の強調点が置かれているのだが，それが，サンドラーでは，原型的な安全感の追求というものに置き換えられているのである。おそらくサンドラーとボウルビィは似たような考えを記述していたのだろう。サンドラーの言う「安全性の背景」は，現象としては，ボウルビィの安全基地概念に対応するのかもしれない。二つのアプローチの相違は両者の起点にあるのだろう。ボウルビィの関心が外的なものにあるのに対し，サンドラーの関心は主観的経験にあるのである。

　サンドラーの定式化の長所は，明確な枠組みを臨床家に提供することにある。ほとんどの精神分析的臨床家は，転移-逆転移関係を通して自らの臨床活動を進めるが，サンドラーの定式化は，この転移-逆転移関係に対して，一貫性のある示唆を与え得る。動機づけシステムという考えは，単純化されていると同時に，愛着理論や他の理論と結びつけられている。安全性とは，自我が，欲動状態，道徳的圧力，環境，自我自体の解体などによって脅威を受けていない経験のことである。安全性は，現象的な経験としては，母子の関係から生じてくるもの（乳児が保護され，胸に抱かれていると感じること）であるが，その後，自律性を獲得し，精神内的生活のみならず対人的生活をも組織化するようになる。虐待された子どもが虐待する養育者との接触を希求するのは，逆説的ではあるが，たとえ有害ではあっても，子どもの役割についての明確な表象を含む予測可能で既知性のある経験の方が，役割-関係表象を何も持たない既知性の低い非虐待的な経験よりも強い安全感を生じさせるからである。精神分析において過去を探索するのは，それが役割関係の表象の発達的起源に対して光を当てるからである。そこでは，古くさく非適応的になったスキーマがワークスルーされ，より新しく，より適応的な関係モデルの構築に向けて作業がなされる。このように，構造の変化を扱うサンドラーの理論モデルは愛着理論と矛盾なく合致するものである。変化するのは欲動と防衛の構造ではなく，感情的色合いを帯びた，自他の布置関係

なのである。サンドラーのモデルは，愛着理論を精神内的な視点から精緻化したものとみなし得るだろう。

第6章
クライン-ビオン・モデル

　精神分析のなかにおける対象関係論の台頭は，発達的な問題への関心の移行と連動したものであった。特定の理論モデルがということではなく，精神分析全体が，経験に基礎を置く視点へと動いてきている。こうしたアプローチは必然的に，例えば個々人のその人自身にとっての経験といった現象学的構成概念を強調するに至り，また，理論は次第に関係性に関心を持つようになっていった。そうして，愛着理論と精神分析学との隔たりはかなり狭まってきたのだと言える。

　しかしながら，対象関係論とは言ってもその内実は多種多様であり，そこには一般に合意を得た定義はない（Kramer & Akhtar, 1988）。見識に富む著書のなかで，アクター（Akhtar, 1992）は，数多くの対象関係論を，それぞれがどのような人間観を示すかに基づいて区別している。カント派哲学に基づく古典的観点は，理性による支配と自律へと向かう苦闘とが，人間であるということの本質をなすという考えを有している。これとは対照的に，ルソーとゲーテに見られるロマン主義の見解では，理性や論理よりも真実性と自発性を高く評価する。古典的人間観では人間を，本質的に限界はあるものの，悲惨な欠陥を幾分かは克服し「かなりまとも」（fairly decent）（p. 320）になることができる，と見なす。ロマン主義的人間観では，人間を，本源的に善良で有能ではあるが，状況から被る制限や損害に対しては脆弱である，としている。古典的見地は，主に葛藤という観点から精神病理にアプローチするが，これに対してロマン主義的見地は，しばしば欠損という観点から不

適応を理解する。非適応的で破壊的な行為は，古典的観点からは根深い病理の帰結と見られるが，ロマン派的観点からは希望の現れであると，すなわち，たとえダメージを受けてはいても環境次第でそれを克服し得る可能性があると理解される。ロマン主義的観点はより楽観的で，人間には潜在的可能性が満ちており，また，乳児には自らの運命の青写真を実現する用意ができていると見なしている。それに対して古典的観点はより悲観的である。葛藤は通常の発達にも埋め込まれていると見ている。人間の弱さ，攻撃性，破壊性から逃れる術はなく，人生とは，乳児期において不可避的に生じる一連の経験上の推移が，その後，再活性化されることに対する終わりなき苦闘なのである。ロマン主義的観点では，愛は人に元来備わって在る一次的なものであるが，古典的観点では，愛は発達による一つの達成であると見なされる。

　こうした基準で見ると，おそらく，ボウルビィの理論はロマン主義的見解の一つと考えられよう。なぜなら，人間の乳児は，関係を取り結ぶための生得的潜在能力を有するが，感受性が低く脅威を与える養育に対しては脆弱でもあると強調しているからである。もっとも，どれだけ遺伝的傾向に重きを置くかという点においては愛着理論家の間でも多少見解の相違があるようである。ロマン主義の系譜を引き継ぐ対象関係論としては，英国独立学派，米国のコフート（Kohut）とモデル（Modell）〔の理論〕が挙げられる。古典的見地を代表する最たるものはメラニー・クライン（Melanie Klein）とオットー・カーンバーグ（Otto Kernberg）の考えであろう。愛着理論と対象関係論の諸モデルとの間にあるいくつかの違いについては，明らかに単にこうした人間に関する見方の相違から発している可能性もある。しかしながら，ここで挙げたいくつかの例においてさえも，さまざまな接点があると言える。

　クライン派のモデルにはいくつかの鍵概念が存在する。クライン（Klein, 1932 b）は，心的構造がさまざまな内的対象（乳児の生活に現れる人びとについてのファンタジー）から生じ，そして，それらは，子どもが乳児期から発達するに伴い無意識的ファンタジーのなかで性質を変える，とした。乳児のファンタジーは環境との相互作用という現実的な体験によって変更を受け，個人は，関係に関する内的で，元来，防衛的なものとして在るシステムのもとで自らの対象世界を使い続けると見なされている（Klein, 1935）。

クラインは，死の本能をめぐるフロイトの哲学的思弁（Freud, 1920）を幾分，字義通りに受け止めている。フロイトによる**攻撃欲動**の仮定はクライン派の理論家たちにより幅広く用いられている。子どもの治療においてクライン（Klein, 1932a）の心に焼きついたのは，自分が分析している子どもたちに，極端に無慈悲で加虐的なファンタジーがあり，それに対して子どもたちが特徴的にも，極度の罪悪感と不安とを感じているということであった（Spillius, 1994）。クライン（Klein, 1930, 1935）は，乳児の自己は生まれたときから，攻撃欲動によって，内側からの破壊の脅威に絶えずさらされていると想定した。彼女は，フロイト（Freud, 1920）にならい，このことは，あらゆる興奮を処理し，涅槃という究極の状態，あるいは興奮がまったく存在しない状態へと至ろうとする有機体の願望の必然的な帰結であるとした。

クラインは，このことが，外的世界との関わりにおいて，乳児がどのような態度を取るかということを強力に決定すると想定した。クライン派のモデルでは，人間の精神には基本的なポジションが二つある。すなわち，妄想-分裂ポジションと抑うつポジションである（Klein, 1935）。妄想-分裂ポジションでは，対象（養育者）に対する関係は，部分対象に対するものとしてあり，迫害的な関係と理想化された関係とに分裂（スプリット）している。そして，同様に自我（自己）も分裂している。抑うつポジションでは，対象との関係は，愛されつつも憎まれもする，統合された一人の親イメージに対する関係となる。ここに至って，個人は，この対象に対する自らの破壊的願望を認識するようになる。このため，個人はある種の特徴的な悲しみを経験することになる（それゆえに**抑うつポジション**と呼ばれる）が，それに対応して自我は統合性を増すことになるのである。妄想-分裂的な超自我は，自己愛的な万能性の経験によって特徴づけられる過度に理想化された自我理想と，妄想状態による過度に迫害的な超自我とに分裂している。抑うつポジションでは，超自我は人間としての特徴を備えた，傷ついた愛の対象として在る。クライン（Klein, 1957）は，発達初期の原初的**羨望**は，生得的攻撃性の特に悪性の形であることを示唆している。なぜならば，他の形態の破壊性が，すでに迫害的であると見なされて在る**悪い対象**に対して向けられるのとは違い，羨望は，良い対象に向けられる憎悪であり，また，良い対象に与えてしまったダメージに対する抑うつ的不安の未成熟な表出を引き起こすものだからである。

投影性同一化という概念は，クライン派の発達モデルの中心である (Klein, 1946)。古典的理論における投影とは，衝動や願望が自己でなく対象の一部と見なされることであり，また同一化とは，対象に関して知覚された性質を，自分のものとして経験する傾向を指して言う。これに対して，投影性同一化とは，「自我の諸断片」を外在化し，多くは対象に対する極めて操作的な行動を通して，その外在化された望まざる所有物をコントロールしようとすることを伴うものである。そうした点からして，投影性同一化は投影や同一化よりも相互作用的な概念であると言える。そこには，対象とのはるかに緊密な関係があり，対象は今や投影された自己の諸側面を「表す」(stand for)(Greenberg & Mitchell, 1983, p. 128) ものとして在ることになる。個人は一部分，外在化され他者の表象のなかに置かれた，受け入れがたい衝動という側面に同一化していると考えられる。これは内的対象関係にも等しく当てはまる。したがって，そこでは，超自我が包容（コンテイン）するのは，投影されたイド衝動だけでなく，投影された自我それ自体の部分でもあるのである。ビオン (Bion, 1962 b, 1963) の仕事は，正常な投影性同一化と病理的な投影性同一化との違いを示唆するものである。それによれば，前者は，自己のより病理的でない側面が外在化され，正常な共感や理解の基礎となるものであるのに対して，後者は共感や理解の欠如と関連性を有するものであるという。

クライン派のモデルと愛着理論との接点

ボウルビィがクライン派の思考から深い影響を受けていたことはあまり広くは知られていない。英国精神分析協会においてボウルビィが受けたトレーニングと経験は専らクライン派のものだった。彼は生後1年目に焦点を当て，それが後年の発達的帰結にきわめて決定的な影響力を及ぼすと考えていたが，これは言うまでもなく，クライン派のアプローチと大いに整合するものである。しかしながら，彼の概念の多く，あるいは少なくともその表現の仕方は，当時支配的だったクライン派の影響に対する明らかな反発であったと言える。1981年にレイ・ホーランド (Ray Holland) から受けたインタビュー (Holland, 1990) のなかで，ボウルビィは，クラインについて「直

感的なインスピレーションに満ちているが，それは私が目指しているのとは正反対だ」と語っている。彼はメラニー・クラインを「科学的方法というものについてまったく無知である」と考えていた。もっとも，ボウルビィ自身が，自らがクライン派から受け継いだ遺産をあからさまに否定しているとはいえ，クライン派や新クライン派の概念を愛着理論との関連で再検証すれば，そこから何か得るものがあると考えられる。

第一に，妄想-分裂ポジションと抑うつポジションという二分法と，母子の愛着における安定型と不安定型という二分法との間には，意味ある重なりがあるのではないかと考えられよう。メラニー・クラインは，二つのポジションは交代するが，ある人たちの場合は一方が他方よりも優勢になり得る可能性を想定していた。

1）妄想-分裂ポジションの重要なマーカーは「分裂（スプリッティング）」，すなわち，あらゆる良い性質と愛とを理想化された対象に，すべての痛み，苦悩，悪い性質を迫害的な対象に帰属させてしまうことである（Klein, 1932 b）。意味記憶とエピソード記憶間の矛盾という形ではっきりと操作的に定義された分裂（スプリッティング）は，メインとゴールドウィン（Main & Goldwyn, 1995）の成人愛着面接（AAI）のコーディング・システムにおける不安定型，とりわけ Ds カテゴリー（愛着拒絶型）のマーカーとして見て取ることができる（Main & Goldwyn, 1995）。

2）妄想-分裂ポジションは，心的表象が極端に移ろいやすいということによって特徴づけられる。良いものは悪いものへと急速に変じてしまうように経験され，悪いものはますます悪くなり，良いものはさらに理想化される。こうした記述も，成人愛着のコーディング・システムと共鳴するところであり，まさにそうした矛盾や一貫性の欠如が不安定型の逐語録の特徴であると言える。

3）対照的に，抑うつポジションの特徴と考えられるのは，乳児が母親を全体対象，すなわち良い体験と悪い体験の両方を引き起こす人物であると理解する能力である（Klein, 1935）。愛着の歴史に関する語りにおける安定性は，愛と憎しみとのバランス，養育者の不完全さを認識し受け入れるところに現れると操作的に定義される。

4）クラインの見解では，抑うつポジションの開始とともに，乳児は親を愛しかつ憎む自分自身の能力に気づくようになる。子どもがこのアンビヴァレンスや，自分が攻撃してしまった対象を失うかもしれないという怖れを発見すると，こうした敵意に対して子どもが罪悪感を経験する可能性が開かれる（Klein, 1929）。AAIでは，対人的葛藤を引き起こす自分自身の役割を語り手が想起し認識することが，語りの整合一貫性を高める可能性がある（整合一貫性は安定・自律型の逐語録の特徴である）。さらに言えば，自分の思考や感情が語りのなかに現れるときに，それらをモニターし得る能力は，安定した心の状態のメタ認知的指標として得点化される。

5）クライン派の理論によれば，（良いと悪いに）分裂した部分対象の統合にまつわる心の痛みが非常に大きいため，乳児は大規模な（躁的）否認や強迫的償い，侮蔑などを使う可能性があるという。ここでもまた，AAIのコーディング・スキーマにおいては，〔愛着の〕価値の減損（侮蔑），想起困難（否認），理想化（躁的償い）といった特徴を備えた語りを不安定型と同定できるようになっている。

6）シーガル（Segal, 1957）は，象徴化と昇華の能力を抑うつ的償いと関連づけている。AAIにおける符号化は発話や言説の分析を強く志向しており，愛着に関連して安定した心の状態を示す人は，この領域においてかなり優れた有能性を示す。

7）スピリウス（Spillius, 1992）は，子どもが親に「意図的スタンス」（他者を思考し感じる主体として知覚すること）を帰属させることができるようになったときに，抑うつポジションが始まるだろう，と示唆している。別のところでわれわれが示唆したのは，心理化あるいは内省能力，すなわち自分の養育者と自分自身の行為を心的状態という観点から整合一貫的に語る能力が，AAIにおける愛着安定性の査定においてきわめて重要かもしれないということである（Fonagy et al., 1991 a）。

1　心理化（mentalizing）と密接に関連するのが，自分自身や他者を知るようになることとしてのビオンの"K"概念であり，そして，そうした過程を回避することがビオンが"-K"と呼ぶものである。

上に挙げたような部分的なリストからもわかるように，乳児の心的状態に関するクライン派の論説は，愛着に関する成人の語りの分類と重なりあう。これは驚くべきことではないのかもしれない。というのも，クライン派の記述の基礎にあるのは児童や成人との臨床的作業であって，乳児の観察ではなかったからである。クラインは，自分が診ている成人の患者の特徴的な語りをもとに，乳児における不安定型愛着の後発的特徴について記述していたと言えるのかもしれない。彼女の妄想-分裂ポジションに関する記述は，愛着理論家にとって，愛着に関する成人の不安定な心の状態を比較的適切に描写したものに思えるだろう。実際，ストレンジ・シチュエーションにおける不安定型の乳児の行動のなかに妄想-分裂的な特徴を見出すのは至難の業である。おそらく，クライン派の視点に対するボウルビィの不満の根幹は，ある部分，初期クライン派の理論が，フィクション的かつメタファー的に乳児を「大人扱い」（adultmorphization）しようとしたところにあったのだろう。

　現代クライン派の論者（例えば，Quinodiz, 1991 ; Steiner, 1992 を見よ）は，抑うつポジションの決定的な側面は，子どもが分離を達成することと，対象が独立した存在であることを知覚することであると考えている。このことは，クライン派における発達の定式化を，健康な分離に関する愛着のモデルに近づける。対象が分離していることの強調はまた，抑うつポジションの概念を，エディプス葛藤に関する古典的概念とも結びつける。ひとたび，対象が心的に独立した一個の存在であることが知覚されると，対象は，対象自身の欲求や願望や誠実さや愛着を持つものと見なされ，そして，そこに「第三者」の感情についての思いやりが生まれてくるのかもしれない（Britton, 1989, 1992 ; O'Sahughnessy, 1989）。このような考えは，エディプス・コンプレックスの健康な解消という古典的概念を愛着理論の領域へと持ち込むだろう。

　もしも妄想-分裂的思考のバランスと愛着に関連した不安定性との間に重なりがあるということを認めるとするならば，そこには，愛着分類カテゴリーの性質に関するさらなる示唆が生じる。AAIを，妄想-分裂的思考を測定するものと考えるならば，この傾向の程度は個人の不安定性の「深刻さ」と相関している可能性があるのである。愛着理論家は**プロトタイプ**という考えに基づいて研究することを好む傾向があり，愛着の安定性を連続的な尺度

をもって測定することは相対的にめずらしい。しかし，ここで愛着のカテゴリー的測定と連続尺度的測定のどちらが心理測定上，望ましいかについて論評することは，この章の範囲を超えている。それでも，クライン派の見解は，愛着の安定性というものに対して，それを安定と不安定の様式間を時に急速に循環する心的機能の様態であると見なしてアプローチすることの重要性を強調するものである。こうした循環の頻度は，それ自体が個人の安定した属性として在り，いかなる時点の個人にもよく適合するような分類やカテゴリーとして在るのではない。

　二つめの接点は投影性同一化という概念に関するものである。メラニー・クライン（Klein, 1957）は投影性同一化を，それによって乳児が自らの迫害的経験を自分自身の表象から切り離し（分　割し），特定の対象についてのイメージの一部として移動させ得る，無意識的な小児性のファンタジーであると考えた。すなわち，そこで関わりを断たれた無意識的な憤怒や恥の感情が母親のなかに存在すると乳児が固く信じるということを想定するのである。そして，乳児は，微妙ながら，しかし影響力のある方法でふるまうことによって，批判やまさに迫害といった確証的な反応を得ることになる。乳児の対象に対する魔術的な統制のファンタジーはこのようにして達成されるのである。このように，投影性同一化は，真に内的な過程として在るのではなく，それを操作や誘惑あるいは無数の他の形における心的影響として経験するかもしれない対象を，まさに現実的な意味において伴っているのである。スピリウス（Spillius, 1994）は，投影性同一化の受け手が投影者のファンタジーに沿った感情を抱くように圧力を被ってしまうような場合を想定し，それを明確に示すために，**誘発的な投影性同一化**という術語の使用を提案している。

　投影性同一化と愛着との関係は疑いようもなく複雑である。ここで私が注意を喚起したいのは，ある一つの興味深い特徴についてだけである。乳児期における無秩序型の愛着パターン（Main & Solomon, 1990）は，就学前期（Cassidy et al., 1989）や就学後の早い段階（Main & Cassidy, 1988）に至ると，統制的な行動（controlling behavior）として現れる。こうした子どもたちは関係を支配し，時に親を明らかに下に見て，屈辱的に扱うように見える。こうした行動的な不連続性そのものに関する説明は投影性同一化以外の

視点から提供され得るが，そうした子どもたちの背景については，病理的な投影性同一化という視点をとった方がより説明しやすいと言える。愛着の無秩序性は，親の未解決のトラウマ（Main & Hesse, 1990）や乳児の不適切な養育の歴史（Carlsson et al., 1989），親の抑うつ（Radke-Yarrow et al., 1985），また，親の妊娠前における薬物やアルコールの使用（O'Connor et al., 1987 ; Rodning et al., 1991）と関連することが示されてきている。そうした剥奪にさらされた子どもは，耐え難い水準の混乱し，また敵対的な養育に繰り返し直面し，自らでは統合し得ない養育者の諸側面を内在化せざるを得なくなる可能性がある。そうして，彼らの自己構造は，断片化し，欠損したイメージの周りに形成されることになるのだが，彼らは，いかなる形であれ何とか自己の一貫性を保持するために，そうしたイメージを外在化しなくてはならないことになる。投影性同一化の過程は，こうした子どもが，自らを一貫性のある自己として経験しようとし，そうした異質で同化できない自己の部分を他者のなかに押し付けようとする，という行動記述とよく合致するものと言える。元来，無秩序型としてあった彼らは，加齢に伴って今や，他者の行動に微妙な操作的統制をふるうことを通じて，そうした自己の部分が，自分の外側にあるという錯覚を維持しようとするのである（Fonagy & Target, 1997）。

　こうした理論的提示は，ビオンによる乳児期における投影性同一化概念の精緻化（Bion, 1959, 1962 a）を活用したものである。ビオンは，乳児が世界の印象に圧倒され，これらの経験を受け入れ，吸収し，意味へと変形することのできる他の人間の心（容　器）を求めるということを仮定している。強力な防衛的構造は，養育者が乳児の圧倒的な感情を，乳児の情緒的コミュニケーションを認識し内省することによって包容することができないときに，生じると考えられる。乳児のコミュニケーションは，乳児が取り除いてほしいと望む感情を母親のなかに引き起こすよう仕組まれているのである（Bion, 1962 a）。

　クライン派が想定する感受性豊かな養育とは，乳児の心理学的経験を吸収し「代謝された」（metabolized）形で転送し，乳児が統御できない感情をうまく調整してあげるようなやり方で，乳児に情緒的に，また身体的ケアを通じて応答し得る親の能力なのだろう。こうした能力のある（安定型の）養

育者は，このような子どもの感情を自ら経験し，乳児が耐え得る形に変形することができる。ここには，耐え難い感情の映し出し（mirroring）と，その感情がうまく「包容された（コンテイン）」，つまりは統制下にあるということを示す情緒的信号との組み合わせが伴っている（ビオンはこれを**アルファ機能**とよんだ）。乳児は投影されたものに対処し，それを受け入れ，再内在化でき，そうして，自ら耐え得るようになった養育者との相互作用の瞬間について表象を作り上げることができる。そして，乳児は変形の機能を内在化し，自らの否定的な感情状態を包容（コンテイン）し制御する能力を持つようになる，とビオンは示唆している。母親の「もの想い」（reverie）の能力は，アルファ機能を通じて包容（コンテインメント）の成功を確実にする（Bion, 1967）。この過程の非言語的性質は，養育者の物理的近接が必要不可欠であることを示唆している。これは心理学的な養育者，すなわち大人の心というものに対する近接性を乳児が必要とするということの社会生物学的基礎に関する別の見方とも言える。それはまた，経験を通じて理解することができず，無慈悲なケアしか提供できない大人に対して，乳児が脆弱であるということの基盤でもある。ビオンの定式化は，愛着関係を，情動制御能力獲得のための主要な手段として体系化したアラン・スルーフ（Sroufe, 1990, 1996）の考えと共通するところが多い。

　さらなる接点は，成人の愛着における愛着軽視型ととらわれ型のパターン間の相違とローゼンフェルドによるクライン派の自己愛に関する発達モデルに関連するものである。ローゼンフェルド（Rosenfeld, 1964, 1971 a, b）は自己愛的状態を，万能的な対象関係，および対象の同一性や分離性を否認する防衛によって特徴づけられるものとして記述している。彼は「薄皮」と「厚皮」の自己愛を区別したが，彼のそうした記述はとらわれ型と愛着軽視型の成人愛着カテゴリー（Main & Goldwyn, 1995）と密接に関連している。「厚皮」の自己愛の場合に関して，ローゼンフェルドは，投影性同一化の過程の助けを借りて個人が，自分自身の知覚された不適切さを，その人が軽視し，侮辱し，価値下げできる他者に対して付託するのだと想定した。この記述は，個人が養育者の価値やそれについての自らの欲求を否認してしまう愛着軽視型のパターンに対応するものと考えられる。一方，「薄皮」の自己愛の場合について，ローゼンフェルドは，患者の依存性が他者に対する耐え難い脆弱性の感覚を引き起こすことになるが，彼らはその脆弱性の感覚を，そ

の信頼できるような雰囲気が自分自身の無力感や不完全感をあざけるかのように感じられてしまう，まさにそうした他者に対して，いわれのない怒りの攻撃を続けることによって振り払おうとするのだと想定した。この記述はとらわれ型の分類のうち，特に怒り-憤慨型（angry-resentful）の下位カテゴリーに一致するものと言える。

こうしたアナロジーは，単に記述のレベルだけではなく，それを超えて実質的に適切なものとなっている。多くの臨床家が「薄皮」と「厚皮」のパターンが交互に入れ替わり得ることについて記している（例えば，Bateman, 1996）。このことは，極端なレベルのスコアを呈する場合でも，その特定の個人における分類が，時間的に連続しない可能性があるのだという警告を愛着理論家に向けて発することになろう。また，ローゼンフェルドの概念や他の同様の精神分析的概念は，成人愛着面接における「分類不能」カテゴリー，すなわち語りのスタイルが混合しており，明確に愛着軽視型かとらわれ型のいずれかに分類することのできないカテゴリーを，精緻化していくのに役立つかもしれない（Main & Goldwyn, 印刷中）。

愛着理論との相違点

クライン派の精神分析理論に対するボウルビィの中心的な異議申し立ての一つは，クライン理論が現実の経験を無視し，子どもの不安が，大部分，体質的な性向から生じると想定している（Klein, 1936, 1959）ということであった。イーグル（Eagle, 1997）も記しているように，ボウルビィ自身の分析家であったジョアン・リヴィエール（Joan Riviere）（Riviere, 1927）が以下のように書いていることには，単なる興味を超えるものがある。「精神分析の関心は……現実世界にも，子どもや大人の現実世界に対する適応にも，また病気とか健康にも，物事の善悪にもない。それはただひたすら，子どもじみた心が想像する事柄，つまり空想された快楽と恐怖に満ちた報復だけにあるのである」（pp. 376-377）。この分析家〔リヴィエール〕とこの患者〔ボウルビィ〕との間に，陰に陽に，葛藤があったことは想像に難くないだろう。そして，カレン（Karen, 1994）は，上述した一節の横の余白にボウルビィがこう書き込んでいることを指摘している。「環境の役割＝ゼロ」。

もっとも，ポスト・クライン派の精神分析家に対して，この批判を向けるのはあまり適切ではなく，彼らはかなりうまく，環境の観点から見た説明をクラインの概念と統合してきている（Meltzer, 1974 ; Rosenfeld, 1965）。そこでは，抑うつポジションの痛みと不安に対処し，自らを破壊的で羨望的であると見なすことのできる子どもの能力は，体質的な要因ばかりでなく外的な要因にも依存すると理解される。自我の強さは，内在化された良い対象の表象に子どもが同一化するのとともに，増大するのである。そうして強さを増した自我は，憎しみを投影する必要性を薄めながら，破壊的な考えを制御することができるようになる。一方，そうした機会に恵まれず弱いままの自我は，依然として妄想的な防衛に翻弄される存在として在り続ける。そこには真の罪悪感も償いのための能力もない。ここでもまた，クライン派の理論は，愛着と関連のある構成概念，すなわち，情動制御という考えと，感受性の低い養育の結果生じる断片的で一貫性のない自己の発達という考えに，きわめて高い近似性を示すことになる。しかしながら，両モデルには相違があり，クライン派の考えでは，乳児にすでに意図性（intentionality）があると見なすのに対し，愛着理論では，乳児をまだそこまでの力を持った人間として見立てる（anthropomorphizing）ことを避け，同等のプロセスを，いくらか倹約的に心理的メカニズムという観点から記述しているのである。

　〔クライン派の理論は〕徐々に外的環境を重んじるようにはなってきているものの，現時点において愛着理論に，死の本能のような概念を受け入れる余地はない。クライン派の諸概念の中軸には依然として，乳児には破壊性が生得的に備わっているという考え方がある。実のところ，こうした発想は，クライン派理論にとって，よく言われるほど決定的に重要なわけではないのかもしれない（Parens, 1979 を見よ）。羨望は，欲求不満や一貫性を欠いた育児，あるいは時間と空間を認識する子どもの能力の不十分さによって引き起こされる可能性がある。しかしながら，攻撃性が必然的に剥奪と結びついて生じるというわけでもないだろう。子どもが母親からの世話に不可避的に潜む限界に対して憤慨し，その世話のコントロールを母親がしていることに耐え難くなり，ただ欲求不満を経験するというのではなく，むしろそれを破壊してしまうことを選ぶこともあろう（羨望）。愛着理論は個々の乳児の間における体質的な多様性をさらに深く探究することができるだろう。乳児のな

かには，実際に遺伝的素因によって暴力的な反応をする子どももおり（例えば，Reiss et al., 1995），養育者がいかに感受性豊かであっても，安定した愛着の確立が阻害されてしまうような場合も存在し得るのである。

最後に，少なくとも安定-不安定と類似した次元を記述する「ポジション」という概念は，愛着の質の基底に横たわる発達過程の非決定論的な性質を強調し得る，ということに言及しておこう。愛着研究者たちは，乳児と養育者の関係における愛着分類によって予測される個人差が，時間的に連続するという印象的なデータを生み出してきた。このことは，そもそも情動制御のような基礎的なメカニズムに個人差があり，そうしたメカニズムが行動パターンの連続性をもたらしやすいのだと考えれば，容易に説明がつく。これとは別種の説明は，当然のことながら，環境側の特質に時間的連続性があるから行動もまた連続しやすくなるのだというものだろう（Lamb, 1987）。クライン派の理論はさらに別の可能性を強調し得る。クライン派の分析家は，ポジションという術語を，人生を通じて回帰しやすい，対象関係，ファンタジー，不安，防衛といったものの，特定の布置を示すものとして捉えている。特定の環境は，妄想-分裂的あるいは抑うつ的反応，そしてまた不安定型あるいは安定型の関係パターンを引き起こす引きがねとなるだろう。同じ乳児でも，異なる養育者に対してそれぞれ個別に安定型の愛着を発達させたり，不安定型の愛着を発達させたりするということが現に生じ得るのである（Steele et al., 1996 b）。こうしたことからして，われわれは，複数の，おそらくは安定型と不安定型両方の内的作業モデルが，子どもの心のなかに同時に存在するという可能性を想定しておかなくてはならない。大人になって，そのどれが支配的になるかは，子どもの頃の生活において，どの養育者がどれだけ重要であったか，ということによるのだろう。このように，複数の作業モデルが交代するという考え方は，クライン派が思い描いたポジション間の行き来とほとんど同様であり，少なくとも追究すべき理論的可能性の一つではある。

クライン派の概念には触発されるところもあるが，その記述に「ファジーさ」があることはいかなる意味でも否定し得ない。クライン派が精神構造の基礎単位としてファンタジーを強調すれば，それは，精神機能の経験的側面と非経験的側面との間の隔たりを超越し，精神の構造化を経験の領域の問題

へと移行させ得る可能性を持つ。そして，このことは経験に対する近さ（experience-nearness）を提供し，具象化されすぎた擬似-科学的術語を理論から払拭するうえで有利であろう。しかし，その一方で，このことは，クライン派と愛着理論のアプローチとの間に架橋不可能な大きな隔たりを生むことにも通じ得る。なぜなら，愛着理論のアプローチは，精神機能の基礎となるメカニズムがいかなる性質を有するかという問いの追究に専ら関心を寄せるものだからである。

第7章
英国独立学派における精神分析とその愛着理論との関連

　ここまで述べてきた精神分析の方向性とは違い，英国学派は統一されたアプローチと見なされるべきものではない。おそらくフェアベーン（Fairbairn, 1954, 1963）は，その鍵となる理論家であったと言える。加えて，ウィニコット（Winnicott, 1948, 1958 b, 1971 a），バリント（Balint, 1959, 1968），カーン（Kahn, 1974, 1978），ボラス（Bollas, 1987）らも重要な貢献者であったと考えていいかもしれない。こうした論者たちは，単一の一貫した枠組みに与したわけではなかった。そうした意味において，彼らが通常，集合的に「独立学派」（Independents）と記されることは，おそらく極めて正鵠を射たものと言える（Rayner, 1991 を見よ）。

　独立学派の論者は，リビドーによって駆動される構造論モデルを放棄し，「自己-対象」の理論を発展させた。それによると，自己の諸部分は，互いに，また相補的な内的対象および外的対象と，力動的な相互作用を有しているのだという。自己と感情は，動機づけにおいて不可欠の作用因であり，フェアベーン（Fairbairn, 1954）にとっては，自己なくして情動はなく，情動なくして自己はないのである。ウィニコット（Winnicott, 1958 b）は，時に隠蔽されたり偽造されたりする可能性もあるのだが，自己感を発達させようとする生得的な欲求があるということを仮定した。

　フェアベーン（Fairbairn, 1952 a）は，基本的な苦闘は快感を希求してのものではなく，関係を希求してのものであることを主張した。不安の低減と

快感は，自己と他者の望まれた関係が達成された後に初めて希求されるのだという。またフェアベーンには，無意識の内容と抑圧というものから，矛盾し相容れない諸観念という考え方への，さらに重要な強調点の移行がある。フェアベーンは，最適な親密さを喪失することは，自我のなかに「分裂」(スプリッティング) を生み出し，その結果として生じた，相互に葛藤しあう複数の自己-対象システムが，精神病理の発達的起源をなすということを示唆している。分離を強調するマーラー学派や，自我心理学に基づく他の理論に対し，英国対象関係論は愛着に主たる焦点を当て，個の発達を相互作用する自他のユニットという視点から理解しようとする。そこでは，自己を構成するのも，その統合性や連続性を維持するのも，過去および現在における対人関係のゲシュタルトであるとされる。ガントリップ（Guntrip, 1969）が強調したのは，関係性（relatedness）に関して研究すること，あるいは，彼の言に従えば「初めは母親と，次に家族と，そして最終的にはどこまでも広がりゆく外界との有意味な関係のなかで，自らが'一人の人間になっていく'ことを経験する，乳児の成長の情緒的力動性」(p. 243) について研究を行うということであった。ガントリップは，分離した存在としての一個人の発達をまったく無視したわけではないが，彼の焦点は愛着と関係性（relatedness）にあったのである。「有意味な関係性とは，乳児が，他者に対する自分の重要性と自分にとっての他者の重要性を経験し，そして，人生を目的あるものとし，また生きるに値するものとしてくれる人間関係の価値を，自分という存在にもたらすことを通して，自分を一人の人間として見出すことができるようになる，そうしたもののことである」(p. 243)。

　ウィニコット（Winnicott, 1965 b）は，自己の起源を乳児と養育者との関係のなかに見出し，それを発達的に記述することに最も建設的な貢献をなしたと言える。彼は，子どもが，母子という統一体のなかから発達していくと考えた。それによれば，この統一体の持つ以下三つの機能が健康な発達を促進するのだという。一つは抱えることであり，これは感覚運動的要素を統合へと導く。二つめはあやすことであり，これは人格化（自律性）を促進する。三つめは対象を差し出すことであり，その結果として，人間関係が確立されることになる（Winnicott, 1960 b, 1962 a, b）。母親の原初的没頭，すなわち母親の，自分自身や自分の身体および赤ん坊に対する感受性が極めて高

められた状態は，子どもに，母親は自分の創造物，つまりは自分の一部であるため，自分の身振りに正確に応答し得るのだという錯覚をもたらす。ウィニコット（Winnicott, 1971 a）の考えでは，対象関係は，こうした魔術的万能性の経験のなかから生起してくるのだという。乳児の母親への「攻撃」に母親が耐え生き延びることは自己の発達を促進することになる。そこで，母親は別個の存在であり，万能の関係ではなく真の関係のために利用可能な存在であると知覚されるに至るのである。

発達早期に牧歌的で穏やか段階を想定しなかったウィニコットとは対照的に，バリント（Balint, 1952, 1965）は，愛されたいという欲求が愛の一次的な形ではないか，と提案した。これは，乳児を欲求不満に陥らせることのない初期の対象に対して感じられる，分化性のなさとして理解されている。この状態が途絶した結果が基底欠損，すなわち個人が生涯を通じて意識することになる深刻な秩序の混乱なのである。

愛着理論との接点

愛着理論における精神分析的起源は，独立学派の英国人分析家たちの作業のなかにある。ボウルビィ（Bowlby, 1969）の術語で**愛着**と言われるものは，バリント（Balint, 1952）では**一次的愛**，フェアベーン（Fairbairn, 1952 a）では**対象希求性**，ウィニコット（Winnicott, 1965 b）では**自我関係性**，ガントリップ（Guntrip, 1961）では**パーソナルな関係**ということになる。このことは，ボウルビィが上記の分析家たちに謝辞を述べていることから明らかである。たとえ，彼が，対象関係論に対して，その強固な生物学的・進化論的基礎を確立することによって，これらの分析家を超えたと感じていたとしてもである。愛着理論とフェアベーンやウィニコットの対象関係論との接点については，とりわけスルーフ（Sroufe, 1986）やホームズ（Holmes, 1993 b）やイーグル（Eagle, 1995）によって，徹底的かつ想像性豊かに概観されているので，ここでは，それらにおいてあまり十分に扱われていない特定の論点だけに焦点を当てることとしよう。

ボウルビィは愛着という**概念**を，ハンガリー学派の仕事と関連づけた（Hermann, 1923）。彼は，バリントの一次的対象関係という概念（Balint,

1952)から影響を受けたが，それを主に，発達初期に現れる対象欲求における非口唇的要素を，殊更に強調するために用いた。バリント（Balint, 1959）は子どもの不安のマネジメントに二つの特徴的な防衛があることを明らかにした。一つは，新たに姿を現してきた対象を，場合によってはそれに強く依存しきってしまうまでに，愛すること（**オクノフィリックな態度**）である。もう一つは，他者に対する愛着を嫌うが，自他の間の空間を愛すること（**フィロバティックな態度**）である。フィロバティックな人は対象に投資する代わりに，自分自身の自我スキルに投資する。おそらくバリントの記述は，自己愛に関する精神分析的な説明と脱愛着した軽視型の愛着パターンとが合致することを最も明確に表している。フィロバティックな態度は，回避型-愛着軽視型パターンの暗喩的な記述であり，一方，オクノフィリックな態度に関する記述は抵抗型-とらわれ型とうまく一致するものと言える。

　接点の一つめは，感受性豊かな養育をめぐる愛着理論とウィニコット派の概念との間にある。ウィニコットの見解では，本当の自己（true self）とは，新生児の心的世界を特徴づけると想定される，ある種の生き生きとした感覚運動的体験の総和に根ざしている（Winnicott, 1965 a）。この段階ではまだ自己は存在していない。自己の発達は，自己覚知（self-awareness）あるいは自己意識（self-consciousness）の芽生え，私と私でないものとの分化，自分自身の感情や知覚が他者のものとは別であるという経験に基づくものとされる（Winnicott, 1962 a）。自我には，連続性の感覚を経験する潜在力が内在している。子どもに，存在することの基礎が与えられると，その後に自分という感覚の基礎が生じてくるのである（Winnicott, 1971 b）。ウィニコットは，それが赤ん坊と母性的養育者という二者のユニットのなかで発達すると考えた。愛着理論家は今や，それとは独立してはいるが，おそらくは同程度に重要な原初的二者関係のユニットが，父親との間にも存在し得ることを認識している（Steele et al., 1996 b）。このことが一定程度の重要性を有するのは，それが複数の内的作業モデルが存在し得る可能性を含意しているからである。

　ウィニコットのさまざまな概念の中心にあるのは，この，存在することの連続性を経験するための潜在力は干渉されてはならず，乳児に対して，彼が言うところの「創造的な身振り」や衝動（Winnicott, 1960 a, 1965 a, 1971 b）

を生み出す機会を提供しなくてはならないという主張である。また，彼の諸概念の中心には，子どもの自我の強弱が，人生の最早期段階における乳児の絶対的依存に対して適切に反応する養育者の能力(キャパシティー)によって大きく左右されることになるという急進的な主張（Winnicott, 1962 a）もある。彼によれば，この時期，まさに，赤ん坊の自我は，母親が子どもの萌芽的な欲求や意図を知覚し満たしてあげる限りにおいて，欲動を統御し統合することができるのである。この時期は，まだ母親が自己から分離する前の段階であるが，ここにおいて，乳児の自我の安定性と力は養育者の内省機能によって直接的に規定されると，ウィニコットは見なしているのである。そして，このことが，発達初期の何年間かにおいては，母親の感受性の重要度が相対的に高いということの，ウィニコットなりの論拠になっているのである。

　ウィニコットにとって，母親は「ほどよい」（good-enough）存在でなくてはならないが，母親が失敗するのは，ある意味，当然のことであり，それどころか，子どもが成長するための重要な原動力ともなるのである。これは中程度の母親の関与の方が，高度に随伴的な反応よりも望ましい（Malatesta et al., 1989）という愛着理論研究者の観察と一致する。ほどほどのレベルの受容（Murphy & Moriarty, 1976）や母性的関わり（Belsky et al., 1984）の方が，完璧な調和よりも子どもの成長に寄与するのである。しかしウィニコットは，赤ん坊はあまりに早期に，あるいはあまりに強く，母親の「現実性」（realness）（母親が一人の人間として独立していること）を知ってしまうようなことがあってはならないとも強調している。もしそうなれば，乳児は，自らが万能であることの経験をする前に，「私と私でないもの」の区別を何とかせざるを得ないことになってしまうだろう。本来，そうした経験が十分であってこそ，自我核（ego nuclei）がやがて「私」というもの（本当の自己）の現実的な経験のなかに統合されることになるはずなのにである。子どもの自我の欲求が満たされないところでは，感受性の低い養育が，より強力な影響力を持ってくるかもしれない。子どもの，そうしようと欲すること（willing）に比して，それを知ること（knowing）が侵害されたり混乱させられたりするところでは，この感受性の低さによって，解体（disintegration），失見当識（disorientation），引きこもり，破滅の感覚，つまりは，存在することの連続性という道筋の断片化が生じてしまうだろう。感受

性の測度は，ウィニコットの立てた，欲することと知ることとの区別を基に，それぞれを別々の測度に対応づけることができれば，より鋭敏なものとなる可能性があると言えよう。

　抱える環境は，攻撃性と愛とが融合するための設定をもたらし，この設定のおかげで，アンビヴァレンスに対する耐性と思いやりの萌芽へと至る道筋が準備され，そして，この二つがともに責任の受容に寄与することになるのである（Winnicott, 1963 a）。これが，メラニー・クラインの言う抑うつポジションのウィニコット版であり，安定型の愛着パターンの発達を別の観点から記述したものと解せる。ウィニコットは，その，しばしば誤解を招き，幾分逆説的でもある，関係性（relatedness）というものが他の誰かが現前するところで一人でいるという経験から生まれてくるという主張（Winnicott, 1958 a）において，感受性についてさらに重要なことを述べている。この主張は，抱える（感受性豊かな養育）環境が備える，以下三つのごく自然な性質に基づいている。

　　1）安全感は，内的世界を経験することに結びついていなくてはならない。この言明はウィニコットの言う照らし出し（mirroring）（Winnicott, 1956）やビオンの包容（コンテインメント）概念と関係するものである。苦痛は，その子が今何を感じているかを「説明する」外的フィードバック（例えば，母親の顔や声色）（Gergely & Watson, 1996）と，それと同時に伝えられる，その苦痛に対処してあげたというコミュニケーション（Fonagy et al., 1995 a）との組み合わせによって，応えてもらわなければならない。安定型の養育者であれば，子どもを慰撫するために，共鳴的な反応と，子どもの感情表出とは異種の感情の提示とをうまく組み合わせ得ると考えられる。母親が自分の子どもについて抱く表象の明晰性と一貫性が，その母親の AAI の結果と観察されたその子どもに対する行動とを媒介するという知見（Slade et al., 1999 b）は，このモデルと整合するものである。もし安定型の愛着が内的世界を経験することに結びついた安全感の結果であるなら，不安定型の愛着はこうした点についての養育者の明らかな防衛行動の帰結かもしれない。愛着軽視型（Ds）の養育者は，子どもの苦痛がその

養育者にとっても苦しい経験を喚起してしまうがゆえに，あるいは子どもの心的状態について一貫したイメージを作る能力を欠いているがゆえに，子どもの苦痛を照らし出してあげることができないのだろう。対照的に，とらわれ型（E）の養育者は，乳児の内的経験を，過剰なまでに明晰に表象するか，あるいは，自分自身の経験にアンビヴァレントにとらわれるあまり，きわめて混乱した形で表象してしまい，結果的に，乳児の苦痛に対処してあげることをおろそかにしてしまう可能性がある。どちらの場合においても，子どもが自分の「内的世界」を安全に経験する機会は失われることになる。

2）ウィニコットは抱える環境について，乳児は必ず段階的に外的出来事にさらされなければならないという第二の主張を行っている。最初のうち乳児は，ただ，自分の内的状態の映し返し（reflection）と，この内的状態に対して対処を試みる養育者の感情のみにさらされるべきである。乳児の中核自己の発達は，養育者によって調整された形で映し返された自分の感情を内在化することに基づいて進行する。そのため，もし，乳児がさらされるのが養育者の防衛的反応ならば，子どもの実際の経験に替わって，養育者の防衛が内在化されてしまうことになる。このリスクは愛着研究者によっても認識されている。「……この同調性の異常（dyssynchrony）が自己経験の内容になってしまう」（Crittenden, 1994, p. 89）。すなわち，回避型の乳児は，養育者の過剰に押し黙った反応を内在化していると言っていいだろう。これが回避型の乳児が分離に際して，かなりの生理的覚醒を経験しながらも最小限の苦痛しか表出しない（Spangler & Grossman, 1993）理由なのである。極端な場合，養育者の防衛を内在化することは，この偽りの内在化を中心として自己経験が構築されてしまうことにつながり得る（Winnicott, 1965 a）。

　ウィニコット（Winnicott, 1971 a）は，安定した本当の自己感が芽生えるためには，子どもが母親のいるところで一人で遊ぶことができる必要があるということを提唱した。母親は，子どもが母親の存在を忘れて自己-探索に集中できるように十分に控えめでなくてはならない。そして，一人遊びの根幹にあるのは本来，こうしたことなのであ

る。防衛的なあるいは利用可能性の低い養育者は，子どもに親のことを考えるのを余儀なくさせ，結果的に，子どもは，自分自身について思いをめぐらすことができなくなってしまう。ウィニコットが示唆したこうしたことにおけるバランスは，愛着パラダイムにおける探索と接触維持とのバランスに似ている。

3) ウィニコットの第三の主張は，乳児が創造的な自発的身振りを生み出す機会に関するものである。ウィニコットは，乳児が自分の親指を吸うことや，満足のいく授乳の後に微笑することが，創造的な身振りであると考えた。なぜならば，これらは乳児がコントロールできることのなかにあるからである。そうした意味からすれば，感受性豊かな養育は，乳児という物理的実体が目標志向的であることを認めることによって，乳児の物理的身体に積極的に一貫性を付与するようなものでなくてはならないだろう。ダニエル・スターン（Stern, 1985）は，4～6か月児における自己発動性（self-agency）の発達を精緻化する作業において，こうした考えを極めて十全な形で探索している。それによると，計画(プラン)を形成するという経験とともに，〔それに対応した〕自己受容感覚によるフィードバックを得るということが，自己感の連続性に寄与していると考えられるのだという。もし満足のいくようにあやしてもらえれば，乳児は母親の乳房でなく顔をじっと見る。心と意味に対する乳児の関心は，自分の身体的欲求に対するとらわれを超えていけるのである。

要約すると，ウィニコットが発見したことの核心は，本当の自己は，子どもが自らを経験することの連続性を干渉しないような，控えめな他者のいるところでしか発達しないということである（Winnicott, 1958a）。この点において，ウィニコットの見解は，「自己は他者を不可欠の存在と見るのではなく，他者のなかにそれ自体を見るがゆえに」，自己は他者のなかで自らを失いもするし，他者に「取って代わる」こともあるというヘーゲル（Hegel, 1807, p. 111）の主張と大いに通底するところがある。自己の自然な発達が生じるのは，子どもの世話をする人が，自分自身の衝動に従って乳児の創造的な身振りを抑えたり向きを変えたりして不必要に乳児に対して侵害してし

まうということがないようなときである。養育者は，乳児の緊張を制御する者としてふるまえるようになる前に，まずは自分自身の幸福感を維持し回復する必要がある。ほどよい養育が欠落すると，精神機能の歪曲や逸脱が起こり，自己の本質となり得る内的環境の確立が妨げられてしまうのである。

　愛着理論家は「母子関係における調和性は象徴的思考の出現に寄与する」(Bretherton et al., 1979, p. 224) ということに全般的に賛意を示す。ボウルビィ (Bowlby, 1969) は，「母親は自分とは別の，母親自身の目的や関心を持っているのだということを理解し，かつそうしたことを考慮に入れることができる子どもの能力」(p. 368) の出現に伴って生じる発達上の進展が極めて重要であることを認識していた。近年，実証的証左が蓄積され，母親に対する愛着の安定性が，それと同時期に測定した子どものメタ認知的能力をよく説明し得るということが示唆されている (Moss et al., 1995)。われわれは3歳半から6歳時点における子どもの〔実験で用いられた〕人形の情動状態に関する理解（誤信念課題）と同時期に測定した愛着の安定性 (Fonagy et al., 1997 a) とが，またそれよりも前の1歳時点で測定した愛着の安定性 (Fonagy et al., 投稿中) とが，ともに有意に関連することを立証した。発達心理学者が，子どもがこのころに「心の理論」(theory of mind) を獲得することを重要視していること (Baron-Cohen, 1995；Baron-Cohen et al., 1993) に照らしてみると，これと愛着の安定性との関連性を実証し得たことは非常に価値あるものと思われる。こうした〔「心の理論」と愛着との〕関係は，「心の理論」の先駆体となることが示されてきた，愛着の安定性に関わる数多くの既知の変数によって媒介されている可能性がある (Dunn, 1996)。

　ここで示唆されるのは，心理化の能力が，子どもが愛着関係のなかにあって，養育者の心的状態を探索することを通して，発達するということである。安定型の愛着は十全な探索を許容する。したがって安定型の子どもは，養育者の意図的なスタンスをより多く学び，また養育者の心の状態が自分自身の意図をしばしば映し返すものであるがゆえに，自分の思考や感情が自分自身の行動にいかに影響するかについてもより多く学ぶことになるのである (Fonagy et al., 1995 b)。逆に，深刻な剝奪は心理化の獲得を害する。

　ウィニコット理論で愛着理論と関係がある第二の側面は，環境の側の失敗

とそれに対する乳児の反応に関わるものである（Winnicott, 1963 b, c）。内的および外的な侵害と抱える環境の欠落は，攻撃性と反社会的行動を招来することがある。これは，身体的行為を自己表現として用いること，他者への思いやりに欠けること，自己を環境に反抗する者として規定すること，によって特徴づけられる。

その一方で，外的な侵害を受けることと，自己の身振りが他者の身振りによって置き換えられてしまうことは，偽りの自己構造を生み出すことにつながる（Winnicott, 1965 a）。そうした偽りの自己構造は，一見するところ，本物であるかのように見え，それなりに機能もすれば他者にも従順であるが，極めて限定された側面でしか本当のものではなく，あるいはまた，対象への全面的な同一化に基づいている可能性があるものである。いずれの場合であれ，そうした自己呈示は表面的にはもっともらしく見えるにもかかわらず，そのような個人が前面に出している自己は脆くて傷つきやすく，現象学的に言えば空虚なのである。

ここでウィニコットは，おそらく，極端な愛着軽視型およびとらわれ型の養育パターンの原型とも言い得るものが，いかなる影響を及ぼすかについて，彼なりの仮定を記している。前者は攻撃的行動や反社会的行動とつながりがある一方，後者は偽り（pretend）の関係を伴う「うわべだけ取り繕ったような」（pretend）パーソナリティの現れとつながっている。愛着軽視型の養育者は，乳児の本当の自己の表出を積極的に挫くことがないため，それを脅かすということはない。そこには，反社会的傾向が発達してくることになるが，それは，子どもが，自我支持の失敗や撤収に対処することができず，反社会的行動を利して自己という感覚を護ろうとするようになるからである。一方，とらわれ型の養育の場合には，乳児の創造的な身振りの無効化が見られるだろう。ウィニコットは，これに対する乳児の反応を，自分を押し殺し黙従すること，自分自身の身振りを隠すこと，自分自身の能力を台無しにすること，と概念化している。偽りの自己は，本当の自己を隠し，保護することに奉仕する。

愛着理論の観点から言えば，こうした環境側の失敗の二つのカテゴリーは，感受性の低い養育（侵害）を何とか切り抜けるために子どもが代替的に用いる対処方略であると考えられよう。いずれのタイプの環境側の失敗も，

子どもが，自己と他者のなかに心的状態を思い描く能力を発達させることに影響すると思われる。しかしながら，それぞれにおける発達上の失敗は異なってくる。攻撃的，反社会的パターンは極めて異常なパターンの社会的相互作用へと至る心理化能力の防衛的抑止とつながっている（Fonagy, 1991）。対照的に，偽りの自己構造については，心理化と必ずしも矛盾するものではないように思える。われわれは，この種の心理化は，ウィニコットが示唆するように，真正のものではないと主張する。こうした個人は，養育者のなかの意図性を理解するようになることはできるが，そのために自己理解を犠牲にしてしまうのである。彼らは防衛的に，心理化を自己の実際の状態から分離するのである。その結果，彼らの心理化は「過活性化」しているように見えるだろう。そこにあるのは，激しくはあるが，結局のところ実りのない，心理学的理解の追求である。そうした試みによって生み出されるものは，たとえ正確であったとしても，浅薄かつ空虚に感じられ，実際の行動に影響を及ぼすことはないのである。

愛着理論との相違点

発達早期の行動パターンが後の人生において反復されるということに関する愛着理論の説明は主に認知的なものである。内的作業モデルという観点からの説明には循環論に陥る危険性がある。われわれが説明しようとするものは何か。それは，〔成人期に至った〕個人が，乳児期に愛着対象について感じ考えたのと同じように，今現在の愛着対象についても感じ考えてしまう傾向を有するということである。こうしたプロセスを支えるメカニズムは何なのであろうか。それは，個人の内的作業モデルが不変のものとしてあるということである。われわれはいかにして，そうした内的作業モデルについて知ることになるのだろうか。われわれは思考や感情について尋ねるのである〔成人期においても乳児期と同様に考え感じる傾向があるのはなぜかを説明するために，内的作業モデルという概念を仮定するが，それを取り出すために結局のところ，どのように考え感じるかを問わなければならないというところに循環論的構造がある〕。少し逸れるが，これに関連する問題は，なぜ個人は，成人期現在の関係を組織化している明らかに非適応的なモデルを，放棄することがで

きないのかということに関わるものである。発達初期の構造がしつこく残り続けるということに関する対象関係論の説明は、より力動的である。フェアベーン（Fairbairn, 1952 a）は、発達初期の、対象についての特定の知覚に対する「傾倒」や「頑なな愛着」というものがあることを提示している（p. 117）。このように、フェアベーンは愛着という概念を拡張し、そこに内的な組織化原理や特定の内的作業モデルに対する愛着というものを含めて考えることによって、非適応的な特徴を有するにもかかわらず、ある対人関係のパターンがしつこく持続してしまう傾向について説明している。関係のとり方について新しいモードを採用することは、早期の関係に対する裏切りを伴うものである。そのため、そうした試みは、裏切りに付随する罪悪感（Eagle, 1997）や、もはやいかなる関係も利用できないような空虚で対象のない世界に対する恐怖によって、妨げられることになる。このように、フェアベーンの見解では、関係の反復は、罪悪感から逃れ、空虚さに対する恐怖を回避しようということによって動機づけられるものなのである。

　伝統的に、ウィニコット理論は愛着理論の定式化と高い整合性があると考えられてきた。両理論は、自己を精神の心理学的考察の中心に置くこと、自己表象と対象表象を相互に絡みあい影響し合う作用力と見なすこと、関係を自己構造を保護するために組織化されると解すること、において明らかに一致している。これに異論を挟みたくはないが、こうした見方が、幾分、選択的なウィニコットの読み方から来ていることを強調しておくのは重要かもしれない。例えば、抱える環境について言えば、ウィニコットは、感受性豊かな育児という概念を、抱える環境という形で解釈することによって、それが、未統合な状態から統合された状態へと移行する脆弱なプロセスのなかで、乳児を、耐え難い心的経験や想像を絶するような原初的あるいは蒼古的な不安から護り得るのだと仮定したのである（Winnicott, 1962 a）。ボウルビィが、認識論的な理由から、愛着理論を精神分析から切り離したのは、後者には、乳児の内的状態に関して、かくも法外な思弁性があったからである。

　クラインとビオンから強い影響を受けたウィニコットにとって、乳児の体質的素因が、母子の関係の質を決定するうえで、極めて重要な役割を果たし得るものであったことを指摘しておくのも重要であろう。そうした意味から

すれば，母性的な世話だけが，抱える環境の規定因になるというわけではない。赤ん坊自身のなかに潜在する〔体質上の〕安定性とバランス，すなわち人生を始める際に有している初期バランスは，母性的世話がうまく行きそうか否かということに，大きく関わるものである。ちなみに，これは，包容（コンテインメント）に対する乳児の羨望に満ちた攻撃というビオン派の概念と近似している。

　母親が子どものあらゆる潜在的な困難の根幹にあるという，ウィニコットの母親に焦点化した議論についても，重要な相違点がある。失敗した愛着関係に関するウィニコットの記述は愛着理論と整合するが，外的環境からの「侵害」の多くは，実際のところ，母性的養育者以外の源泉からもたらされるのである。英国独立学派の分析家による乳児期の記述はことごとく，ウィニコットと同様の「母親中心主義」を患っており，それは安易に母親非難を引き起こしてしまう可能性がある。

　ウィニコット（Winnicott, 1965 a）は，現在一般に理解されているよりもはるかに深く，本能論に根ざしていた。偽りの自己に関する彼の理論は，〔本能に由来した〕内的な興奮が，養育者がそれに関わる要求を包容（コンテイン）することができない場合には，子どもにとって外傷的なものとなり得るという仮説によっている。そうして，本能的緊張は自己の一部としては経験されず，分裂排除（スプリット・オフ）されたり，自分のものであることが否認されたりすることになる。ある意味，ウィニコットにとって，愛着理論は偽りの自己の発達の一例を扱っているように映っていたのかもしれない。それというのも，愛着理論は性的欲動，身体的快感，自らのパーソナリティにおける破壊的・攻撃的側面との苦闘といったことに，ほとんど重きを置かないからである。

　同様に，「ほどよい」母親は，単に行動に意味を付与するという点のみにおいてほどよいわけではなく，子どもが〔本能に絡む〕欲求や衝動を自発的に表出するのを許容するという点でもほどよいのである。ほどよくない母親は，そうした衝動が危険なものであるということを子どもに伝えてしまう。このようにウィニコットは，ボウルビィとは違い，関係性が本能と独立であるとは考えておらず，また，本能と対象関係とが複雑に織り込まれた統合的な考えを有しているのである。

第8章
北米対象関係論者と愛着理論

　英国対象関係論は過去30年にわたって北米の精神分析に影響を与えてきた。これについては，クライン派のカーンバーグへの影響のように，広く知られているものもあれば，ウィニコットのコフートへの影響のように，あまり知られていないものもある（このことは読者が発見すべきものとして残されている）。ここでは，3人の主要な北米対象関係論者，アーノルド・モデル（Arnold Modell），ハインツ・コフート（Heinz Kohut），オットー・カーンバーグ（Otto Kernberg）のみを取り上げ，愛着理論の観点から考察することにする。

アーノルド・モデル

　モデル（Modell, 1975）は二つの本能，つまりリビドー的で攻撃的なイド本能と新しく認識されるようになった対象関係を求める自我本能とを区別することによって，英国対象関係論を構造論と統合しようとした。対象関係本能は厳密にいえば，元来，生物学的なものではなく，放出（discharge）というよりもむしろ相互作用過程によって特徴づけられるものである。それらは，もし他者からの反応が特定の欲求と合致していると認められれば，環境からの刺激によって満足させられる。モデルは感情を対象希求的なものと考えているのである。この自我本能の主な目的はイドの支配である。それは良い対象との同一化を通して達成される。イドを飼いならすことの失敗は精神

病理への主要な経路となるのである。

愛着理論との接点

　モデルの対象関係論はボウルビィの初期の著作，例えば WHO に提出されたレポートをしのばせるものである。そこではボウルビィ自身が，古典的な精神分析の概念を母性的関わりに関する彼の観察と統合しようとしていた（Bowlby, 1951）。愛着理論を着実に精緻化していくなかで，ボウルビィは，英国精神分析協会に 1958 年，1959 年，1960 年に提出した論文において本能というメタファーから遠ざかっていった（Bowlby, 1958, 1959, 1960）。モデルの概念は古典的な精神分析と愛着理論との間に横たわる溝を橋渡しするうえで重要なものと言える。

　モデルの理論における重要な示唆は，セクシャリティや攻撃性の問題の増大が，患者の一貫性なき自己感覚の（原因ではなく）結果であるという点である。事実，非一貫的な自己感覚を前景に押し出すような不安喚起の経験はどれも，対象関係欲求の満たされていない患者においては，強烈な強さで経験される。愛着を他の生物学的欲求より優位に置くという点はボウルビィの考えと一致する（Bowlby, 1980 b）。この強調点の推移をよく示す例は，モデルによる分離の罪悪感（separation guilt）（Modell, 1984）の記述によって与えられている。

　モデル（Modell, 1975, 1984）の自己愛的な人物に関する記述は回避的な愛着パターンの記述を思わせる。彼らは，モデルが主張するように，不適切な養育者に頼らなければならないことを回避するために，それを補償するような自己構造に依存し始めるのである。養育者を彼らの発達を促進させられないものとして経験しているために，彼らは自らの依存欲求を否認する。モデルは，彼らの自足的なふるまいはあくまでも表面的にそう見えるだけで，防衛から来るものであり，彼らの自律性は偽りのものであると指摘している。

　愛着理論とのさらなる接点は，境界性患者についてのモデル（Modell, 1963）の考えに関わるものである。モデル（Modell, 1963, 1968）は，そうした患者の「移行関係性」（transitional relatedness）について記述した最初の人物である。これは本来，母親の不在において慰めを得るために乳児が

行う，無生物的対象の使用を指して言うものである。移行関係性は境界性パーソナリティ障害の患者における愛着の無秩序性を意味するものであるが，このテーマについてはまた後で触れることになろう。モデルは，その臨床報告のなかで，境界性パーソナリティ障害の患者が彼らの成人としての生活のなかで，いかに人間関係の代わりに無生物的対象を使用し，それと関わろうとするかを強調して描いている。それよりもさらに関心を引くのは，彼らが他者を，あたかもその人たちが無生物であるかのように，自己を制御し，慰めを与えてくれるものとして使用するということである。それは，小さな子どもが，テディベアを，幼稚に荒っぽく扱うのと同じようなものである。そしてそれは，まるで彼らがその愛着経験を通して，情動制御方略（Carlsson & Sroufe, 1995）をうまく内在化できなかったということを物語っているようである。サールズ（Searles, 1986）やギオバッチーニ（Giovacchini, 1987）はこれを，境界性パーソナリティ障害の患者が彼らの親によって親自身の移行対象として扱われてきたことを示すものだと考えている。

　この定式化を，メインとヘッセ（Main & Hesse, 1990）のトラウマを負った個人の〔自らは〕脅え・〔同時に子どもを〕脅えさせる子育てについての観察と合わせて考えることは興味深い。自らの情動制御の内在化が不十分であるために，養育者は，自らのトラウマや喪失にとらわれると，慰めの対象として子どもを用いるよう駆り立てられるということが考えられる。モデルは，境界性パーソナリティ障害の患者の自己イメージが，無力な乳児か，万能的に与え破壊し得る何者か，のいずれかに引き裂かれて在ると考えている。そして，自己表象や対象表象の安定性の欠如は，極度の依存と親密さへの恐れという，モデルが「悲惨なジレンマ」（harrowing dilemma）と呼ぶところのものを彼らにもたらすことになる。その行動パターンは，メアリー・メイン（Mary Main）による無秩序型の子どもに関する行動観察を彷彿とさせるものである（Main & Goldwyn, 1998）。

愛着理論との相違点

　英国対象関係論者と違い，モデル（Modell, 1985）は，対象関係論は限られたグループの患者に対してのみ適切なものであると考えている。彼はまた

対象関係（愛着）を独立した自我本能と定義している点でも，多くの英国の理論家とは異なっている。多くの理論家はこの定式化が自我心理学の構造論と矛盾していると感じている（Eagle, 1984；Greenberg & Mitchell, 1983）。明らかに構造論的観点からすると，対象関係を適応的欲求というよりは，むしろ情緒的欲求として捉える方が適切であり，またボウルビィの考えとも一致するものと思われる。

ハインツ・コフート

　コフートの理論の適切さをどのように考えるとしても，彼が北米の精神分析に革命を起こしたことは疑いようもないだろう。彼は，あまり機械論的ではない立場から，また心理学的機能よりは自己性（selfhood）という視点から，さらには対象によって満たされる欲動充足よりも自己対象（selfobjects）という側面から，考えることを精神分析家に強いることで，自我心理学の鉄のような支配力を打ち破ったのである。

　コフート（Kohut, 1971, 1977；Kohut & Wolf, 1978）は自己愛（narcissism）（もともとは自愛 self-love や自尊心 self-esteem）の発達は独自の発達経路を持ち，養育する個人（対象）は，この発達ラインに沿って，**自己対象**として特別な機能を果たすという革新的な考えを示した。自己対象は，自己性〔自らが他ならぬ自分であるということ〕の経験を呼び起こすべく機能する（Wolf, 1988）。自己対象からの共感的反応は，幼児的誇大感の拡張を促し，また子どもが融合することを望む理想化された親のイメージを築くことを可能にするような万能性を増大させる。後に自己対象は適度な欲求不満を作り出すが，それによって「映し出し機能（mirroring function）の変容性内在化」を通じた幼児的万能性の漸次的な調整が可能になる。映し出し機能の変容性内在化は中核自己の強化（consolidation）へと漸進的につながっていく（Kohut & Wolf, 1978）。また，自己対象の理想化は理想の発達へと通じる。この「双極自己」（bipolar self）の対極にあるのが，映し出し機能を通じて獲得される生来的な才能に関する表象である。自己対象は自己の凝集性の維持を助けるべく，生涯を通じてある程度，必要とされ続ける（Kohut, 1984）。自己対象は，自分自身の一部として経験され，その組織化

の維持に寄与する一方で，ひとたび自己概念が十分に明確になると，対象は願望の目標となり得る。

愛着理論との接点

　コフートの自己心理学は，愛着を，自己の凝集性の確立と維持のための，自己の中心的動機づけであると見なす考え方に依拠している（Shane et al., 1997）。ボウルビィの考えと同様に，コフートは，古典的精神分析の二元論を，関係論的な構成概念によって置き換えた。ポスト・コフート派の分析家（例えば，Lichtenberg, 1989）のなかには，愛着の構成概念を彼らの自己心理学の観点と完全に統合した者もあった。例えばリヒテンバーグは，愛着-親和（attachment-affiliation）を彼の五つの動機づけシステムの一つと見なしている。彼はそこに，より古典的なリビドーおよび攻撃性のシステムを含めているが，後者を愛着の動機づけと同等視しているという点において，際立った変更を見せているのである。ウィニコットと同様，コフートもまた，自己の発達を映し出しや母性的な感受性と結びつけて考えた。モデルや愛着理論家と同様に，彼は自己を上位のものと考え，欲動の葛藤を「弱体化された自己」（an enfeebled self）（Kohut, 1977）の現れと捉えることで，欲動と自己構造の関係を逆転させたのである。例えば，彼は，エディプス・コンプレックスを，子どもの成長を楽しみ，それに共感的に関わることのできない親に対する子どもの反応であると考えている。非共感的な親はエディプス期の子どもに対抗的な敵意や誘惑をもって反応しやすい。破壊的な攻撃性や隔離された性的固着を刺激するのはそうした反応なのである。コフートは去勢不安やペニス羨望を，おそらくボウルビィならばそうしたであろうように，エディプス経験に陥りやすい体質的傾向としてよりも，むしろ外部から押し付けられたものとして定義した。

　コフートは，感受性の乏しい養育に関連した内的作業モデルのいくつかの側面を特定していると言える。親が子どもの自己愛的欲求への供給に失敗すれば，万能的な自己表象や完全である養育者の表象は「硬直した」（hardened）ものとなり，後の構造に統合されないことになるだろう。それらは個人の表象世界に存在し続け，対人関係の問題と自己表象の機能不全とを引き起こすことになるのである。例えば，誇大自己は自己の組織化に脅威を与

える可能性がある。

　コフートの自己愛についての見解（Kohut & Wolf, 1978）は，彼の提示した考えのなかで最も影響力のあるものであるが，愛着の構成概念と密接に関連している。彼は，一次的な幼児的自己愛は養育者への幻滅によってくじかれ，その後「正常な」誇大自己によって取って代わられることになるという考えを示した。誇大自己は漸次的に養育者からの子どもの年齢に応じた映し出しの反応によって中性化される。もし，その親が非共感的で感受性に乏しければ，理想化されてはいるが誤った親のイメージが，子ども自身の能力の表象の代わりに内在化されることになるだろう。したがって，愛着理論の観点からすれば，その内的作業モデルは二重のモデルということになろう。一方は，幼児的万能性と合わさった親の能力に関する子どもの見方に基づいた一群の万能的期待を含むものであり，もう一方は，非共感的な養育者に直面した乳児が見通しとして抱く，全般的な無力感や弱体的感覚を含むものである。

　コフートは，誇大的なファンタジーが幼児的な脆弱性を隠すためにいかに働くかということとともに，傷つけられた自己愛が自己を護るためにどのように激しい怒りを引き起こすかを示す，特に価値のある記述を行っている（Kohut, 1972）。コフートはまた感受性の乏しい養育を理解するための二つの興味深い枠組みを提供している。第一のものは，愛着理論における親の感受性の操作的定義（operationalization）と密接に関連しており，映し出し機能という視点から枠づけされている。第二のものは，初期の2年間を超えた親子関係の展開に関連するものであるため，より興味深いものと言える。幼児的自己愛の漸進的な縮小を促すために，親は，子どもが自らの現実の限界を評価し得るよう，手助けすることができなくてはならない。例えば，子ども自身が達成感を経験している瞬間を見定められないにもかかわらず，無批判で過度の賞賛を示す親は，ちょうど子どもにほとんど注意を払わない親がするのと同じように，万能的な自己表象が現実的な自己感覚に置き換わることを妨げてしまう。そのどちらもが，子どもに，とても到達し得ない，非現実的あるいは部分的な価値や想念のシステムを持たせたままにしてしまうのである。

愛着理論との相違点

　モデルや愛着理論家とは異なり，コフートにとっては生物学的に規定された関係のパターンよりも自己の凝集性こそが人間の行動を導く一次的な動機づけである。コフートは，対象喪失に関する不安と自己の解体に関する不安とを区別した。コフートによれば不安の根底には欠損，つまり自己感覚の凝集性や連続性の欠如に関する，自己経験があるのである。この微妙な，しかし重要な強調点の移動は，愛着対象の重要性を二次的な地位に追いやることになる。

　これと関連して，コフートには，個人の自分自身の誇大性や顕示性との関わり以外における機能的な側面への関心が明らかに欠けていた。愛着理論との不一致を示すのは，対人関係における親密さ，相互性，互恵性についての能力に関する考察が欠けていることである。

　コフートによって用いられた自己という概念は実際，愛着理論のアプローチにとっては幾分，異質なものである。心的装置を伴った上位構造として，この概念を用いることは，すでに述べたように，自我心理学の妨げとなった機械論的思考や具象化という同様の問題にぶつかることになる（Stolorow et al., 1987）。理想化機能と映し出し機能との間の緊張弧（attention arc）というコフートの動機づけ上のメタファーは，構造モデルにおける審級間の葛藤という考えのように，実証的観察に基づく観点から見れば，抽象的で不適切に定義されているように思える。

　コフートのアプローチの問題は，彼が自己を表象的な観点から提示している一方で，それに目標や計画，自己評価の動機づけ（Kohut, 1971）といった動機づけ的な属性や傾向をも付与していることである。このように自己はパーソナリティのほとんどすべてを表すようになり，過剰なまでに多くの意味を負った術語となってしまっている。対照的に，サンドラー（Sandler, 1987b）のこの言葉の使用や愛着理論における使用は，論理的に一貫していると言える。それは，他者がある人について形成するであろう心的表象と同様に，その人が自分自身について形成する表象（あるいは心的モデル）という意味に限定されているのである。

　愛着理論のなかに，乳児の発達において自然に生じてくるものとして，誇

大性や万能性と類似した概念を見出すのは難しい。圧倒的に多くの場合において，乳児は母親から同調的な（映し出しの）行動を引き出すことができないということを示す知見（Gianino & Tronick, 1988）によって，幼児的万能性という発想は明らかにその正当性を疑われることになる。たとえ，子どもが疑いなく，何ものかを統御する経験を楽しんでいる（DeCasper & Carstens, 1981）としても，このことが万能的な感覚につながっているという証拠はない。それよりも，そこでわれわれは，ボウルビィのすべての理論的作業が〔批判的な〕狙いを定めたまさしくその問題，すなわち乳児の行動を，大人に似せた（adultmorphic）構成概念の観点から記述するという，精神分析的思考の中核的な制約に再び遭遇するように思えるのである。

オットー・カーンバーグ

カーンバーグは現在も存命するうちで，最も頻繁に引用される精神分析家である。彼が卓越した地位にあることは，彼が驚くべき一貫性をもって構造論的対象関係論（Kernberg, 1975, 1976a, 1980, 1984, 1987）を築き得たということの証である。カーンバーグの理論においては，感情が一次的な動機づけシステムとして作用している（Kernberg, 1982）。彼は，精神構造が，(a) 自己表象，(b) 対象表象，そして (c) それらと結びついた感情状態（それはまた関係を規定する）の組み合わせによって作り上げられるという考えを提示している。

彼は，成熟した子どもや大人にも欲動が存在することを認めているが，それらは発達の駆動因というよりもその生成物だと考えている。彼はそうした欲動を仮説的な構成概念として扱い，もし健常な発達の経路が辿られれば，それはセクシャリティと攻撃性のテーマをめぐる，調和の取れた感情状態から組織化されることになるだろうとしている。彼においては，欲動は情緒的経験として心的表象のなかに現れると理解される。表象は支配的な感情状態によって結び付けられた自己と対象についてのものである。主要な精神構造（イド，自我，超自我）もまた，特定の感情状態の影響下における複数の自己-対象関係のグルーピングを示す，仮説的な構成概念ということになる。自己-対象関係とは，支配的な感情状態によって彩られた，内的な関係の経

験である。例えば、超自我は、そのときに支配的になっていた感情状態が怒りや批判を帯びたものであったため、厳酷である可能性があるという。

カーンバーグのモデルによれば、自己は、関係の一部として発展する (Kernberg, 1976 a, b)、内在化による生成物である。カーンバーグにおいて、それは (a) 経験の大量の取り入れ、(b) 知覚された対象によって歪められた自己表象を通しての同一化、(c) (成熟し、統合的な影響下における取り入れと同一化の全体的な組織化として在る) 自我同一性、から作り上げられる複雑な過程であると見なされる。カーンバーグは、患者の思考過程 (ideation) の現在の状態を説明するのに、特定の発達的道筋を提示しなかったという点で、多くの精神分析家とは異なっている。ボウルビィは、精神分析的な病因論を単一の経路に沿って展開するとして、やや批判的に描いていたが、そうした単純な類推と比べると、カーンバーグは複雑な発達の過程は、現在の状態と過去の信じがたい経験事象との間に、どんな1対1の結びつきをも形成するということを認めている。

愛着理論との接点

カーンバーグとボウルビィや他の愛着理論家との間には、期待されるほどの重要な接点はない。カーンバーグとボウルビィが実証主義的伝統に対して共通の敬意を抱いていることからすると、これは、なおさら驚くべきことである。カーンバーグは自身の心理療法のマニュアル (Kernberg et al., 1989) を作成した唯一の精神分析家であり、セッションを録画し、効果研究に積極的に取り組み、精神分析の実証的研究に公的に関わっている (Kernberg, 1993)。

カーンバーグ (Kernberg, 1984) の神経症的病理のモデルは、愛着理論のアプローチとよく合致している。そこでは、高水準のパーソナリティ構造を有する個人は、自己と他者の肯定的、否定的表象を統合することができると考えられている。そうした人は、幼少期の諸段階を通じて漸進的に発達してきたのであり、その過程では、自己と他者の良い表象群と悪い表象群がさまざまな感情価を交えて結合され、愛情と敵意の両方の成分を含んだ表象群が形成されてきているのである。カーンバーグは、これらの表象群を将来の対象関係を統御するうえで影響力の大きいものであると考えている。また彼に

よれば，たとえ比較的よく統合された表象群であっても，葛藤の防衛的あるいは衝動的側面を反映した構成単位を含み持っているという。

　神経症的病理を特徴づける不安は，自己と他者の表象群が過度に感情注入を受けながら，ほとんど区別されないときに生じやすい。そこでは，例えば，自己は弱く傷つきやすいと，一方，他者は無慈悲で独裁的であると表象されるかもしれない。優勢な感情的トーンは暴力的でまた敵対的なものであろう。この配置が社会的状況のなかで活性化されれば，個人は非常に不安になるかもしれない。防衛的な側面が，初期のパターンの活性化によって誘発され，それとは独立に現出することになろう。マゾヒズム的なパーソナリティ構造においては，良い関係の経験は，子どもと親の間の性的な親密さに関する無意識的ファンタジーを誘発する。その一方で，非共感的で無理解な他者から非難されていると自己を経験するような場合には，批判的で口やかましく不快な関係を意識のなかに進入させてしまうことになるのである（Kernberg, 1988）。

　このようなモデルは，内的作業モデルの観点から容易に記述しなおすことができる（Bretherton, 1995）。主な違いは，カーンバーグが，顕在的な内的作業モデルを，そもそもの敵意の発生源が自己であったような，基底に位置し潜在的でありながら苦痛に満ちた関係の内的表象に対する一種の防衛であると捉えていた，ということである。

　カーンバーグの神経症的病理に関する見解を，ある不適応的な内的作業モデル群の存在という観点から眺めると，彼が考える重篤な精神病理（Kernberg, 1975, 1977）は，内的作業モデル群のシステム全体にわたる機能不全であると見なすことができる。そのような事例において，カーンバーグは，対象表象が外在化され患者の自己表象が活性化される瞬間と，自己表象が対象の上に外在化されながらその他者に同一化する瞬間との，素早い入れ替わりについて記述している。このように，そうした事例においては，非同情的な他者からの批判にさらされた主体として自己を経験する，そのような形での自己表象の活性化は，その批判者への同一化へと急激に移行し得るのである。そして，そうなると後者の場合においては，対象が，過酷な批判による無力な犠牲者の役割を受け入れざるを得ないことになる。今や批判者が自己として経験されることになり，その自己は，実際のところは傷を受け虐げら

れながらも，批判者の立場に同一化し，他者を無慈悲に責めたてるようになるのである。この揺れ動きは，ある衝動からその逆側（能動から受身，良いから悪い）への必然的な移行を伴った，作業モデル間の急激な移行の例の多くを説明する。AAIにおける「分類不能」のカテゴリーは，同様の機能不全の内的表象過程を表しているのかもしれない。

　境界性パーソナリティ構造においては，より重篤な内的作業モデル機能の障害も見出されるだろう（Kernberg, 1984, 1987）。そこでは，自己-対象-感情の三つ組は劇的なまでに統合性を欠いていると考えられる。その帰結は，激しい分裂（スプリッティング），衝動性，共感の欠如，セクシャリティと攻撃性の調整されないままの表出といったものである。その奥底にある原因は，クライン派の原始的な対象表象に関する定式化と密接に関連している。精神構造の単位は，自己-対象関係の純然たる内在化に基づいているのではなく，むしろ，人物全体の表象を形成することが個人の能力を超えているような心（妄想-分裂）の状態において生じる，いわゆる「部分対象」表象に基づいているのである。神経症的パーソナリティにおけるように，より容易に把握し得る，相対的に現実的な関係のパターンではなく，カーンバーグは，この境界性パーソナリティ構造に関して，きわめて非現実的で，激しく理想化された，あるいは迫害的な，自己と対象に関する表象を同定している。これらの部分表象は，それが実際にそのような形では決して存在していなかったため，過去に遡ってそれを辿ることは決してできない。それらは，圧倒的で拡散的な（部分対象表象の感情価に依存した良いあるいは悪い）感情によって特徴づけられたある瞬間において，その人が経験した，現実の人物のある特定の小断片を表象しているのである。もちろん，不適切な感情制御を伴う不安定な愛着は，そのような部分対象表象を形成する傾向を増大させるはずである。

　そこでは，対象関係がほとんど統合されていないため，自己-対象表象の逆転や再演が極端に頻繁に，また急激に起こりやすいことになる。したがって，そのような人びととの関係は，きわめて混乱し，時に混沌としたものにさえなるだろう。AAIを用いた境界性パーソナリティ障害の患者の研究から，まさしくそのような混乱した愛着の内的表象を示す証左が得られている（Fonagy et al., 1996 ; Patrick et al., 1994）。こうしたカーンバーグの境界性病理の定式化を，愛着理論の言葉に翻訳してみるならば，それは，対象と

主体の割り当てが定まらず，ほとんど構造化されていない，非常に歪曲した不安定な内的作業モデルの活性化ということになろう。境界性パーソナリティ障害に関するカーンバーグの基準には，アイデンティティの拡散した感覚が含まれているが，それは，関係の表象に関するモデル群の統合不全のシステムに起因するものと考えられる。カーンバーグが記しているように「……矛盾した自己概念間の極端で反復的な揺れ動き［によって］……患者は，安定した自己や他者の感覚を欠いたまま，犠牲者と迫害者，支配者と服従者などといった，潜在的に激しく不連続的なポジション間の絶え間ない移行という形で，おのれの自己を経験することになるのである」(Kernberg et al., 1989, p. 28)。

愛着理論との相違点

カーンバーグは（愛着理論家や他の対象関係論者とは異なり）初期の経験に特別な重要性を置いていない。実際のところ，愛着理論においても，乳児期よりも後の経験に同様の重みを与えることを妨げるものはほとんどないと言っていい。それでも，その何の疑いもなく乳児期に注目するという姿勢は，比較行動学における臨界期の概念から引き継がれたものであり，また，これまで，たまたま，就学前や児童期中期の愛着を測定する尺度の進展が比較的緩やかで，かつ，それらが多義的なものであったため，生じてきたとさえも言えるのである（Goldberg, 1995）。

カーンバーグは，北米の精神分析コミュニティとの対話を維持することを決め込んだことによって，欲動や心的審級という概念を保持せざるを得ないことになった。これらは，愛着理論の枠組みのなかでは，占めるべき位置がない。他の精神分析の論者と比較すると，カーンバーグにとって，これらは生物学的に所与のものではなく，あくまでも，仮説的な構成概念として在るということには触れておくべきだろう。それらは発達と統合による生成物なのである。カーンバーグの理論において，それらの概念が，精神分析コミュニティ全体とのコミュニケーションを保つこと以上の機能を果たしているのかどうかについては，ここでは答えを出さず，オープン・クエスチョンとしておこう。

カーンバーグ（Kernberg, 1976 a）は，ボウルビィを，「内的世界」を考

慮に入れておらず,「精神内的発達としての本能と,心的現実の主要な構造的オーガナイザーである内在化された対象関係」に関心を払っていないとして,直截に非難している (p.121)。これは,特にボウルビィが内的作業モデルのような構成概念を強調したという点からすると,明らかに不当な批判ということになる（例えば，Bowlby, 1969 の第 17 章を見よ）。ボウルビィの内的世界の概念化がカーンバーグのそれとは異なるという言い方がより的確であろう。カーンバーグがボウルビィの後の著作（Bowlby, 1973）には何の言及もしていないことは興味深い。ボウルビィが内的世界についての精神分析的な概念を,「環境・有機体モデル」（Bowlby, 1969, p. 82）の観点から再陳述していることについて，カーンバーグは沈黙を保っている。

　両者の間には,より本質的な相違が存在する。例えば,カーンバーグのモデル（Kernberg, 1967, 1977）では境界状態の根源的な原因は,破壊的,攻撃的な衝動の激しさであり,そしてまた,そうした衝動に対処するために利用し得る自我構造の相対的な弱さである。彼は,こうした衝動の激しさが,取り入れた良きものに対して恒常的な脅威を呈し,そのために,個人は矛盾した自己と他者のイメージを分離させようとして「原始的」防衛（分　裂［スプリッティング］）を用いざるを得なくなるのだと考えている。肯定的なイメージは,敵対的な否定的イメージによって圧倒されることから保護される必要があるのである。境界状態は未解決の葛藤状態の持続である。また,原始的理想化は,ファンタジーのなかで万能的な対象を創造することを通した,古き悪い対象からの防御なのである。

　われわれが見てきたように,乳児の攻撃的な性向という考えは,現今の愛着理論のなかにはない。それに関わるより標準的な定式化はショー（Shaw & Bell, 1993; Shaw et al., 1996）によって提出された〔親と子の間の相互規定的作用を仮定する〕ものだろう。そこでは,乳児の気質や否定的な親の反応が回避的な愛着を導き,そして,今度はそれが,母親の退避,より攻撃的な注意の希求,衝動的で非体系的なしつけの実践,妨害的な行動,そして究極的には攻撃性を招来するのだと考えられている。高レベルの生得的な攻撃性を仮定して考えるのは明らかに還元主義的であり,それは,より洗練されたこの相互規定的作用の発達モデルを,ただ単純に短絡化してしまいかねないものと言えよう。

精神分析における対人関係学派

　対人関係学派は愛着理論から距離をとる傾向にあった。ジョン・ボウルビィはグリーンバーグとミッチェル（Greenberg & Mitchell, 1983）の古典的な対象関係のテキストのなかで，わずかにページ半分しか割かれていない。より最近になって，ミッチェル（Mitchell, 1998）は，愛着理論の考えから彼が受けた恩恵を認めた。彼は，フロイトとボウルビィにおけるダーウィンからの影響を比較している。フロイトにとって，ダーウィニズムから受けた主要なメッセージは，人類の向上ということであり，また，ダーウィニズムが，われわれがやっとのことで手に入れた文明という表層の根底に横たわる，早期のより原始的な精神の諸側面における太古からの遺物を正当化してくれるということなのである。ボウルビィにとってのダーウィンは，それとは対照的に，適応と生存に関わるものであった。愛着の中心的な機能は捕食からの防御であり，進化論的な適応が絡む環境においては，愛着行動に対して強力な選択圧がかかったであろうことは想像に難くないのである。

第 9 章
現代の精神分析的な乳幼児精神医学：ダニエル・スターンの功績

　ダニエル・スターン（Daniel Stern）（Stern, 1985）は精神分析において特異な位置を占めている。彼は，非常に巧妙かつ生産的なやり方で，発達心理学者と精神分析学者との間に横たわっていた隔たりに橋を架けてきた。臨床的観察というよりは，むしろ実際の乳児観察からデータを蓄積してきたため，その貢献を厳密な意味で「精神分析的」とみなす者は，多くはないだろう。しかしながら，こうした点において，彼はルネ・スピッツやマーガレット・マーラーといった精神分析的な発達論者の系譜に位置づけられるものと言える。
　スターンの関心は，もともと自己構造の発達にある。彼は発達早期の自己の形成を以下のような四つの段階に分類した。1) 新生自己感（生後 0～2 か月）：自己が萌芽し，最初の（他者との）つながりを形成するようになる過程を意味する。2) 中核自己感と中核的関係性の領域（2～6 か月）：自己の諸経験を一つにまとめ組織化する主観的視点と，一貫した身体的自己に基礎づけられる。3) 主観的自己感と相互主観的関係性の領域（7～15 か月）：物理的な出来事を超え，主観的な心的状態の発見とともに現れる。4) 言語的自己感（15 か月以降）。

愛着理論との接点

　ダニエル・スターン（Stern, 1977, 1985, 1994；Stern et al., 1983）は，他者とともに在る自己（self-with-other）の関係性を3タイプに分けている。すなわち，自己と他者が相互に補完する関係性，状態を共有する関係性，状態を変成する関係性である。これらの関係性には，愛着と分離の概念が内包されており，3タイプをそれらの程度から特徴づけることもできるだろうが，スターンが関心を寄せたのは，乳児が経験をスキーマ化することを通じて自己を構造化する際に，これらの関係性がいかに寄与し得るかということである。彼が関係性という概念を採るのは，この概念に，自己-他者の関係性をただ分離した自己感が発達するための方途とみなす分離理論（separation theory）が仮定する意味以上のものが，同様にまた，関係性そのものを目標とみなす愛着理論が付与する意味以上のものが，含まれていると考えるためである。スターンは，こうした関係性を，発達とともに人が築くあらゆるつながりや親密性や信頼の源であるとし，それらの関係性に参加する能力を精神的健康にとって不可欠なものと見ている。

　愛着理論とスターンの最も重要な接点は，おそらく内的作業モデルの精緻化にあるだろう（Stern, 1994）。とりわけ，スターンは表象的な世界に関する概念を詳らかにしてきた。彼の議論の出発点は，「新生モーメント」（emergent moment）であり，これは，生きられた経験のあらゆる側面を主観的に統合することである。この「モーメント」は，情動や行動，感覚ほか，内的・外的世界の全側面から入力を受ける。新生モーメントは，さまざまなタイプのスキーマ的表象から引き出されると理解される。すなわち，出来事の表象あるいはスクリプト，意味表象あるいは概念的スキーマ，知覚的スキーマおよび感覚運動的表象である。さらに彼は，**感情の形状**（feeling shape）と**原物語封筒**（proto-narrative envelope）の二つを表象モードに加えている。これらのスキーマが形成するネットワークを，彼は他者と「ともに在るあり方のスキーマ」（schema of a-way-of-being-with）と呼んでいる。

　スターン（Stern, 1998）による，他者と「ともに在るあり方のスキーマ」

という発想は，養育者との相互作用において乳児が経験すると想定される主観的視点から概念化されている。乳児は，自らの経験を動機と目標に応じて組織化する。目標は，単に生物学的なものに留まらず，対象との関係性（Modell を参照），感情状態（Kernberg を参照），自尊心（Kohut を参照）や安全性（Sandler を参照）の状態をも含む。さらに，たとえば，空腹や喉の渇き，性的・攻撃的欲求といった身体的な欲求充足（フロイトの構造モデルを参照）も同様に含んでいる。表象は，主体と行為，手段，コンテクストといった，人間行動を理解するために欠かせないすべての要素からなる原プロット（proto-plot）を意味している（Bruner, 1990 を見よ）。スターン（Stern, 1985）やトレヴァーセン（Trevarthen, 1984）は，赤ん坊と親とをつなぐ相互主観的な絆を表すのに，ともに似通った概念を用いている。ホームズ（Holmes, 1997）と同様，彼らは相互作用パターンを音楽に喩えて表現し，そのトーンやピッチ，音色，リズムといった要素すべてが，親子関係の安定性および不安定性に影響し得ることを示唆している。スターン（Stern, 1985）は，共有された遊びのなかで，親の乳児との触覚的相互作用が，子どもの発声に応じたリズムを保つ働きをしていることを記述している。このようにして共有された意味が，親密さを生むための中核をなすのである。スターンの理論は，ウィニコット（Winnicott, 1971 a）の着想を精緻化したものと言える。すなわち，〔スターンの言う〕情動調律とは，〔ウィニコットの言う〕子どもの万能性に対する欲求を満たすものであるのに対し，〔スターンの言う〕子どもの自己主張に対して仕返しや不安を伴わせずに，それを受け止める親の能力（キャパシティ）は，〔ウィニコットの言う〕たとえ子どもの攻撃にあっても生き残り，そのままの状態を保ち得る存在として養育者を信頼しようとする子どもの欲求を充足するものなのである。

　スターン（Stern, 1994）は，子どもの抑うつ的な母親との「ともに在るあり方」について極めて印象的な例を挙げ，そこで，乳児が，非応答的な母親に対して，繰り返し，その関心を奮い起こし，元気づけようとする様を描き出している。彼はまた，抑うつ的な母親がわが子に刺激を付与し活気づけることのできない自らの様を自覚しつつ，いかにぎこちなく不自然なやり方で子どもを元気づけようと躍起になるかを描出し，また，こうした母親のやり方のもとで，乳児もまた同様に，その元気づけられた相互作用に対して，

おそらくは誤った反応をしてしまうという可能性を示している。スターンのこうしたモデルは，サンドラー（Sandler, 1987 a）の投影と投影性同一化のモデルと極めて近い位置関係にあり，より一貫した説明に達するためには，この二つのモデルが組み合わされる必要があろう。子どもは，母親が持つ，その子どもについての歪んだ表象に同一化することになる。つまり，そうした表象が，投影性同一化のプロセスを経て子どもに伝わり，遂には，他者と「ともに在る誤ったあり方」へと展開していくことになるのである。

　他者と「ともに在るあり方」のスキーマは，対人的な経験の表象についての神経心理学的に妥当なモデルを提供するのに最も近い位置にある。この点において，以下に示すいくつかの特徴が極めて重要である。第一に，このスキーマは，神経系においても心においても創発的（emergent）な性質を持つ。第二に，このスキーマは，生きられた経験に関する同時多重的表象を利用している。この点は，広範な脳損傷にもかかわらず，経験のある側面は保持され得るという臨床的観察とも合致している。第三に，このスキーマは，単一経験からはさして影響を受けず，むしろ生きられた一群の経験から，それらに通底する共通パターンとして自然に抽出され統合されたプロトタイプに基づいている。新生モーメントは，ネットワーク内の一連のノードが同時に活性化され，これらのノード間の結合が強化されるという形で表象される。そして，こうした活性化のそれぞれが，「学習プロセス」を自動的に構成するのである。他者と「ともに在るあり方」のスキーマをネットワークとして概念化することによって，スターンは自らのモデルを，認知科学において優勢な考え方である並列分散処理モデル（Rumelhart & McClelland, 1986 を見よ）と結びつけている。第四に，このモデルは，その外部からも，また，それ自体の内部からも修正を加えられる余地を残している。すなわち，スターンは，心的再描出（refiguration）を，それによって注意が表象を精細に走査し得るプロセスと仮定することで，内発的な活性化（ファンタジー）を通じても，客観的な経験が強化・修正され，時に歪曲を被る可能性を提示している。第五に，エデルマン（Edelman, 1987）の神経学的ダーウィニズムの概念を適用することで，スターンは神経系の自然選択プロセスにおいて消え去ることになる表象の行方についてさらに研究を展開するための重要な道を切り開いたのだと言える。

スターンのモデルが愛着理論にとって有用である理由は，内的作業モデルという概念に新たな光を当て，メンタルモデル理論（Johnson-Laird, 1983, 1990）との接点を緊密にしたところにある。メンタルモデル理論とは，理解するということが，知識や知覚的・言語的エビデンスからメンタルモデルを構築することにほかならないと仮定するものである。そして，その理論では，結論を導出するというのは，モデルにおいて何が表象されているのかを記述することであるとされる。また，推定されている結論に反駁を加え得る他のモデルを追い求めることが，妥当性の検証に通じることになるのだという。内的作業モデルは，スターンの他者とともに在るあり方のスキーマなどのあらゆるメンタルモデルと同様に，意識的にアクセスできるかもしれないし，できないかもしれない。ボウルビィ，スターン，ジョンソン゠レアードらが提示したメカニズムにおいて重要なのは，創り出される構造である。そうした構造は，知覚されたものであれ，想像されたものであれ，それの基となり，それゆえにこそ表象の対象となったさまざまな事象の状態構造と相同的性質を持つ。

　ジョンソン゠レアードとバーン（Johnson-Laird & Byrne, 1991, 1993）は，演繹的推論に関する名高い著作のなかで，日常生活上の推論の多くが，演繹的に妥当な形式的規則からは説明され得ないことを示している。そうしたプロセスは，ケネス・クレイク（Kenneth Craik）（Craik, 1943）が早くも 1943 年に考えていたように，あらゆる思考をモデルの操作と見なし得るようなものである可能性が高い。愛着と精神分析双方の観点から見て，ジョンソン゠レアードの定式化の非常に魅力的な側面は，不当な演繹という意味での非合理性がモデルの創発的性質をなしているということである。人は，利用可能な意味論的情報を超えた解釈をなすものであり，そして，こうした解釈が，時に不正確な推論を導くことは避けられない。このような見解は，フロイト（Freud, 1990）やその他の古典的な定式化とは対照的である。フロイトらの定式化では，矛盾をはらむ統語論的プロセスや，推論の形式的規則が表象操作に使われる程度に基づいて，合理的思考と非合理的思考とを明別していたのである。

　スターンの理論では，心的操作は不変（invariant）であると想定されている。つまり，思考の成熟において，発達とは，たとえばピアジェ

(Piaget) が考えたように，新たな心的操作が発生することではなしに，〔心的操作自体は変わらずに〕世界についての新たな概念やモデルが導出されることであると考えられているのである（Johnson-Laird, 1990 を見よ）。スターンや，さらに潜在的にはボウルビィが描いてみせた種類のメンタルモデルは，心の計算論的仕組みにおいて中心的役割を果たす，データ構造の形式を提供している。このような構造が関与しているのは，思考（演繹）に留まらず，知覚（Marr, 1982 を見よ）や談話理解（Garnham, 1987；Johnson-Laird, 1983 を見よ），さらには信念やその他の意図内容（McGinn, 1989 を見よ）の表象にまで及ぶのである。

愛着理論との相違点

　スターンの枠組みが，とりわけ乳児観察研究と，対人関係的発達に関する諸概念とを入念に統合したという点において，愛着研究に寄与するところは大きい。しかしながら，彼の枠組みには，愛着理論には欠かせない中核的な二つの次元が欠けている。一つめの欠落は，真に縦断的な観察という観点である。愛着理論の大きな強みは，それがほとんど唯一，縦断的かつ複数世代にわたる予測を実証的に扱っているという点にある。一方，スターンの観察は，母子相互作用と乳児発達に関しては，非常によく操作的に扱われているが，成人の行動のコンテクストにおいては，それが欠けている。そのため，スターンの枠組みに則った縦断的研究は，ほとんど試みられていない。

　二つめの欠落は，他者と「ともに在るあり方のスキーマ」が，内的作業モデルの基本構成単位である（Stern, 1998）という主張は，おそらく的確なのであろうが，両者の密接な関連性についてはいまだ実証的には示されていないということである。確かに，ビートリス・ビービー（Beatrice Beebe）らのグループ（Beebe et al., 1997）による先駆的な研究成果は注目に値するが，まだまだ実証研究の余地が多分に残されていると言えるのである。

第10章
対人関係的-関係論的アプローチ：
サリヴァンからミッチェルへ

　20世紀最後の10年間において（そしておそらくは21世紀の最初の10年間においても），もっとも急速に発展している精神分析の理論的方向性は，いわゆる関係論的（relational），もしくは相互主観的（intersubjective）アプローチである。数多くの著名な論者がこうした方向づけに貢献している。このアプローチの中心的な主張は，精神分析における出会い（encounter）が，2人のアクティヴな参加者の間で協同構築されるという仮定にある。ここでいう2人の参加者とは患者と分析家を指すが，両者の主観性が，分析場面に立ち現れる対話の外形（shape）と内実（substance）を生成するのに寄与すると考えられている。関係論的・相互主観的観点に多かれ少なかれ関わる卓越した主要な功労者は，数多い。この最も生産的な領域では，ちょっと数え上げても，オグデン（Ogden, 1994），マクローリン（McLaughlin, 1991），ホフマン（Hoffman, 1994），レニック（Renik, 1993），ブロンバーグ（Bromberg, 1998）などがいる（他にも，この枠組みに含まれる主立った功労者として，ダニエル・スターン Daniel Stern，ジェイ・グリーンバーグ Jay Greenberg，ルイス・アーロン Lewis Aron，スチュアート・パイザー Stuart Pizer，スティーヴン・ミッチェル Stephen Mitchell がいる）。しかし，彼らの見解は，それぞれ微妙に異なり，相互主観的・関係論的観点における決定的なものは，いまだ現れていない。マートン・ギル（Merton Gill）は，1980年代初頭の対人関係的（interpersonal）アプロー

チを概観し，かつてゲント (Ghent) が精神分析の政治的グルーピングについて述べた巧みな説明と似通った結論に至ったと言われている (Gill, 1982)。その政治的グルーピングというのは，一つの共通の名称の下に参集することに合意し，ある一つの術語を用いる際に，成員一人ひとりがしばしばまったく異なる概念を想定していても，その明確な定義づけをあえて避けようとするといった集団化のことである (Mitchell, 1996)。本書では，スティーヴン・ミッチェルを議論の対象に選んだ。なぜなら，彼の見解と愛着理論とは，重なり合うところが大きく，両者を束ねることが最も実り多いと考えられるからである。

関係論的・相互主観的アプローチの基礎をなしているのは，対人関係学派において鍵となっていた見解である。その創成期に貢献した主な人物には，ハリー・スタック・サリヴァン (Harry Stack Sullivan)，エーリッヒ・フロム (Erich Fromm)，フリーダ・フロム＝ライヒマン (Frieda Fromm-Reichmann)，クララ・トンプソン (Clara Thompson) が挙げられる。サリヴァンもトンプソンも，すでに1930年代に，対人関係の視点から，統合失調症の若い男性患者と，シゾイドの〔他者から距離をとり，冷たく非共感的で，自己愛的な内的世界に引きこもった状態を呈する〕若い女性患者に対する治療を報告していた。その視点は，操作主義者的 (operationist) であると同時に人間主義者的 (humanist) でもあり，リビドーのメタファーを用いてはいなかった。サリヴァンは，フロイトの考えに多くを負うことを自認しつつも，決して自ら精神分析家になろうとはしなかった。サリヴァンの対人関係論的精神医学と，エーリッヒ・フロムの人間主義的精神分析，さらには，フェレンツィ (Ferenczi) の臨床的・技術的発見を組み合わせ，精神分析に対する対人関係的アプローチを生み出したのは，おそらく，もともとニューヨーク精神分析協会 (the New York Psychoanalytic) の訓練分析家として在ったクララ・トンプソンであった (Thomson, 1964)。また，現代の対人関係論の論者としては，おそらくベンジャミン・ウォルシュテイン (Benjamin Wolstein) (Wolstein, 1977, 1994) とエドガー・レヴェンソン (Edgar Levenson) (Levenson, 1983, 1990) にも注目すべきだろう。

対人関係的アプローチの主な目新しさは，記憶も欲望もない観察者としての古典的な精神分析家（外側に位置する分析家）というモデルを，活動を共

有する参加者としての精神分析家（内側に位置する分析家）というモデルに置き換えたところにある。すなわち，このアプローチは，客観的真実という見解に主観性という見解を補ったと，もしくは前者を後者に置き換えたと言える。その他にも，それは，精神内界を相互主観性に，ファンタジー（詩学）をプラグマティズム（経験や出来事の言述）に，内容の解釈をプロセスの観察に，真実や歪曲という概念を遠近法主義（perspectivism）〔物事の見方はとる視点によって大きく左右されるという相対主義的認識〕に，人びとに内在する同一性（sameness）という概念を外在する（それゆえにこそ暗に内在するとも言える）唯一性（uniqueness）に，強力な理論の広範なる適用を理論バイアスの排除の試みに，感情としての逆転移を再演（enactment）としての逆転移に，それぞれ補い置き換えていった。こうして，アメリカにおける精神分析学界における影響力の強い一つの潮流が，完全なる二者（two-person）が相互参画するという対人関係論的心理学を受け入れ，「今ここで」の転移の主観性を極めて声高に強調していった。そこでは，今ここにおける出会いに常に焦点を当てるレヴェンソンのような対人関係論者以上に，もっぱら「活動の舞台」（playground）に焦点を当てることが多いが，その一方で，転移外（extra-transference）のパターンにも注意を向ける。長年にわたり，対人関係論的精神分析家は，精神分析家とはまったく見なされてこなかった。ここ15年，米国では精神分析の主流派が失速したため，対人関係論の伝統が果たした貢献がようやく認められてきている。今や，転移における相互参画という考え方は，精神分析全体のエートスとなった。理想的な精神分析家は，中立的な観察者であることをやめ，患者とともに，真実と現実についての絶え間ないネゴシエーションに従事する協力者となった。そして，このネゴシエーションでは，他者との対話のみが，先入見から脱け出す唯一の方法となるのである。

　数多くの意義ある著書や論文を通じて，ミッチェルは，今日の米国で活動する最も重要な精神分析家の一人に数えられるようになっている（Greenberg & Mitchell, 1983 ; Mitchell, 1988, 1993 b ; Mitchell & Black, 1995）。この分野における他の多くの功労者とは異なり，ミッチェルは，他の理論について詳細な記述をするときに，自らの関係論的貢献については，常に慎重にそれを提示しようとする。例えば，彼は，セクシャリティ（Mitchell,

1988）や攻撃性（Mitchell, 1993 a）を関係論のコンテクストに位置づけるに際して，その二つともがいずれも人間の経験に中心的な地位を占めることを認めている。なぜなら，彼の考えによれば，両者は，関係論的なダイナミクスを確立，維持するための強力な媒介になるからである。同様に，彼は，対人関係論者とクライン派のアプローチとの学術的比較をするなかで，治療的相互作用に対して関係論的観点を提示している（Mitchell, 1995）。さらにまた，ナルシシズムに関する彼の論文は，その当時に優勢だった視座に依拠している（Mitchell, 1986）。ミッチェルが示そうとしたのは，諸理論の間の関連性であり，利用可能な知識を，独創的かつ強力にその相互連関を図りながら，体系化する方法であった。そうした点において，彼の貢献は本質的に統合的なものであったと言える。

　ミッチェルの果たした貢献は，その主たる焦点が，個人の主観性が対人関係的な性質を有するところに置かれているという意味において，関係論的である。そうした見方は，ストロローとアトウッド（Stolorow & Atwood, 1991）によって，明快に述べられている。「孤立した個人の心という概念は，個人が自らの個別性（distinctness）を感じる主観的な経験を具象化した，理論的なフィクションか，神話である……。個別性が経験されるためには，ライフサイクルを通じて，自己描出のプロセスを促進したり支持したりする相互主観的な関係性（relatedness）の結びつきが必要なのである」（p. 193）。こうした見方は，伝統的なフロイト派の見解と際立って異なるものと言える。フロイト派の見解においては，本質的に，個体性（individuality）とは，内的で生物学的かつ原初的なものと，社会が体現するような協調的で組織的かつ成熟したものとの妥協の産物なのである。ミッチェルにとっては，関係論的であることは精神分析の中核であり，そしてその彼の言う中核は，精神分析のまさに始まりからすでに存在していたのである。関係論は，個体性，主観性，相互主観性のすべてを包含するものである。個体性をもたらし，経験を個人的でユニークで，意味あるものたらしめるのは，人とのつながりなのである。このアプローチの哲学的基礎は，多くの精神分析的伝統と，共有されている。マーシャ・キャヴェル（Marsha Cavell）（Cavell, 1994）は，ヴィトゲンシュタイン（Wittgenstein）やダヴィッドソン（Davidson）らを引用し，「主観性は，相互主観性とともに立ち現れ，決し

てそれに先行する状態ではない」（p. 40）と述べている。さらに，唯一確かなものは内省的思惟であり，それ以外の何ものをも疑い得るとするデカルト（Descartes）の急進的な懐疑主義に触れつつ，「世界や他者の心を疑うには，そうした疑いを振り払うのに必要となるあらゆるものを持っていなくてはならない」（p. 40）と付け加える。つまり，人が，「我思うゆえに我あり」といった問いを立て得る心を持つという事実は，他者の心の存在や，そうした心が共有する外界の存在を前提にしているということなのである。

愛着理論との接点

「すべての有機体は，自ら必要とする環境とともに，連続的かつ共同体的な存在として在る」（Sullivan, 1953, p. 31）。サリヴァンが強調するところによると，人間の環境は，他者，およびより広いレベルでは，他者が共同して成し遂げた諸産物（文化）との絶え間ない相互作用を含んでいる。どのような有機体の構造を把握しようとするにせよ，有機体が十分に適応してきた生態学的な適所(ニッチ)を考慮しないのは，愚かしい。サリヴァンに続いた後年の愛着理論家と同様，彼は，乳児とその人間環境との間の早期の相互作用が，対人的適所(ニッチ)に適応するためのほぼ限りなく柔軟性に富む一群の潜在能力を形成し，そしてまたそうした能力がさらにその適所(ニッチ)に合致するよう精妙に調節されていくということを描き出している。また，愛着理論と共通してサリヴァンが強調していたのは，個人に葛藤が存在する場合，その葛藤をもたらしているのは，矛盾し相反する環境の側のシグナルや価値であるという点であった。こうした考えに完全に一致するという意味で，ボウルビィが関係論的な理論家の典型だったことには，一抹の疑いも抱き得ない。関係がいかに力を有するかについてのボウルビィの信念は，最初期における施設収容の影響についての仕事から，三部作の最終巻まで，生涯を通じた著作に一貫するテーマとなっている。「他の人間への親密な愛着は，流転する人生の中核として在る。乳児期や幼児期や学童期は言うに及ばず，青年期，壮年期，さらには老年期にあっても，それは当てはまる」（Bowlby, 1980 a, p. 422）。

さらにまた，ボウルビィに比べれば微妙な言いまわしだが，サリヴァン（Sullivan, 1964）による対人関係的状況の定義は，二者関係を特別視するも

のとなっている。その定義とは「2人，またはそれ以上の人びとからなる形態（configuration），ただし，そのうちの1人が，多かれ少なかれ，完全に幻影としての他者である場合を除く」（p. 33）というものである。一般的に，（例えば，「精神内的」（intrapsychic）と比較して）「対人的」（interpersonal）という術語は，1人よりも多い状況を指すのに用いられるため，この記述は，やや混乱を招きかねない。サリヴァンが主張するように，人が絶え間なく相互的にやりとりをする人間環境とは，当該の人物に加えて，最低限1人の他者を含まなくてはならない。それゆえ，まさに愛着理論においてそうであるように，愛着対象と子どもとの**現実の相互作用**によって形成される表象システムは，後の対人的な出会いを歪めるよう利用される可能性を潜在的に秘めている。サリヴァン（Sullivan, 1964）の示すところによれば，「パーソナリティに関する正確な見方とは，それを，人びとの行為，すなわち他者との行為や，多かれ少なかれ人格化（personified）された他者との行為に関わると見なすというものである」（p. 33）。幻影としての他者とは，その定義からして，現行の相互作用から引き出され，生み出されるものではない。患者は，現行の相互作用に，過去の相互作用における現実の他者を，混ぜ合わせ，あるいは変形させて持ちこむ。そして，過去の相互作用は，現行の相互作用における現実の他者との複雑な関係において，再録され，結合され，再組織化され，再経験される。幻影的な人格化とは，発達早期の経験を通じて，形成されるものなのである。分析が洞察を与えるのは，過去の他者とのこうした関係のモデルが，現在の経験をフィルターする組織的な網目として機能している，その仕方についてである。この種の洞察は，患者に，今まさに潜在している新たな経験を見出させることを可能にする（Sullivan, 1964）。このように，サリヴァンのパラタクシック的歪曲（parataxic distortion）のモデルは，ボウルビィのIWM〔内的作業モデル〕の描写と重なり合い，実はそれよりも先んじている（もっとも，両者とも，おそらくはピアジェや他の構造主義的見解を持つ社会科学者に影響を受けているのではあるが）。トンプソン（Thomson, 1964）は，サリヴァンのパラタクシック的歪曲という概念が，フロイトによる臨床理論の二つの異なる次元，つまりは転移とパーソナリティ構造を包含していると述べている。同様の主張は，IWMについても可能である。IWMは，パラタクシック的歪曲と同じく，

過去の残滓が，現在の状況に置き換わる手段である（このことはフロイトの言う「転移」に相当する）。そしてまた，その置き換えが，現在の経験と他者との相互作用を組織化するのに用いられる（このことはフロイト派自我心理学で言う「性格 character」に関わる）。

　トンプソンがサリヴァンの見解を再定式化したことによって，対人関係論的な精神分析家は，古典的な分析家とは対照的に，現在により焦点を当てる分析家としての自らの立場を明確にするようになった。対人関係論に立つ論者は，患者が現在に埋め込まれている点をますます強調するようになった（例えば，Levenson, 1983）。この点に関して，彼らは愛着理論家と同様のスタンスを採っているのである。愛着理論家は，過去の残滓を，エピソード記憶的というよりは，手続き記憶的なものと考えるに至っている（例えば，Crittenden, 1994）。愛着理論家の主張によれば，転移関係というのは，その基となったはずの過去の経験から，力動的障壁のみならず，神経心理学的障壁によっても，切り離された手続き記憶の影響下にあるという（手続き記憶と過去の経験内容は，別々の記憶システムによって表象されている）(Amini et al., 1996; Fonagy, 1999 b; Migone & Liotti, 1998)。そうしたことからして，理論的レベルの基底において，関係論と愛着理論の理論家の間では，過去やメモリーワーク，再構成といったことは，臨床実践上，重要ではないという合意をみている。決定的に重要なことは，患者が現在の不安や現在の経験を取り扱う，その仕方を解明することなのである。問われるべきは，現在を混乱させ，歪める過去の残滓などではなく，サリヴァンが考えるところによれば，合理的で健康な統合を害する，現在の非合理的態度である。

　これら二つの理論の間にある最も強い結びつきは，生物学的な欲動と関係との関連性についての，暗黙の，おそらくどちらかと言えば方向を逆にする考えのなかにある。ミッチェル（Mitchell, 1988）の業績は，この点に関してとりわけ有用である。そこでは，セクシャリティは，関係のコンテクストにおいて不可避的に立ち現れ，対象世界によって条件づけられる，生物学的で生理学的な強い力と把捉される。一方，愛着理論のセクシャリティに対する見解は，同様に，身体的ではあるが，そこではセクシャリティが，愛着という特異な関係のコンテクストによって条件づけられると考えられている

(例えば，Orbach, 1978, 1986)。性的反応の誘因や経験，記憶は，どれも，性的反応が生じ心理的な意味を帯びる対人関係のコンテクストによって形成されるのである。愛着と関係，そのどちらのコンテクストにあっても，セクシャリティは，たとえそのように経験されたとしても，元来，内側から強く突き上げてくるような力であるとは考えられていない。むしろ，現に関係の文脈にあって生じてくる外的対象，場合によっては内的対象への反応として理解する方がよかろう。このような理解は，生物学的側面の軽視ではなく，性行動システムが，他のシステムとどのように関係しているかについての，異なる理解を提起するものである。セクシャリティは，相互調整的で，なおかつ，相互主観的で関係論的な愛着のコンテクスト内で生じる，遺伝的に制御された生理反応であると概念化できる。これらのコンテクストこそが，そのなかで心が発達し機能する培地となる。セクシャリティは，こうしたコンテクストの一部であるという意味において，形成的な役割を果たすのである。より最近では，同じように強力な関係論的主張が攻撃性についてもなされてきている（Mitchell, 1993 a）。そして，それは愛着理論に影響を受けた理論的定式化にもよく合致する（Fonagy, 1999 a；Fonagy et al., 1993 a）。愛着理論と関係論，いずれの理論家も，セクシャリティや攻撃性が発達や適応の駆動力となるとは見なしていない。むしろ，性的反応や攻撃的反応が，人それぞれの乳児期および子ども時代早期の経験のコンテクストにおいて，理解可能であると見なしている。そして，そうした経験こそが，「子どもの有する対象関係それぞれが，不可避的に苦痛に満ち，失望を招き，息を詰まらせ，過度に性的色彩を帯びたものとなるなど，そのようになってしまう，それら特有の道筋を子どもに教えることになるのである。子どもが，自らが今まさに入り込もうとしている関係が何かそれとは違ったものになると信じ得る理由などどこにもない」（Ogden, 1989, pp. 181-182)。

さらに，サリヴァンとボウルビィが臨床実践に対して取った態度の間には，よりいっそう微妙な共通点がある。それは，過去が現在の対人知覚を歪めるという見解を両者がともに採るに至ったというところに認めることができる。両者がともによしとするセラピスト像は，ある程度，知的な努力に献身するセラピストというものである。ボウルビィの場合，これは不十分な内的作業モデルの理解に向けた認知的な努力を行う人であり（Mace & Margison, 1997），一方，サリヴァンの場合は，「参与しながらの観察」を実践する人ということになる。この参与観察という概念が導入されたのは，精神科医が，多少なりとも独立した客観的な位置から，データと向かい合い，それを収集，分析するべきだという旧来の前提に挑戦するためであった。サリヴァン派のセラピストによる実践は，いわば一種の調査（investigation）である。つまり，患者から情報を引き出し，現在と過去を長期にわたって根気強く腑分けし，現実のものと錯覚によるものとの間に線引きをするという作業である。ボウルビィとサリヴァンの両方にとって，セラピストは，自らが引き出したデータを絶えずチェックし，検証する専門家なのである。

　ボウルビィは，関係を強調したという点が対人関係論者と共通しているだけではなく，観察可能な行動に関心を寄せたという点でもサリヴァンと共通している。どちらも，行動主義者とは目されてはいないが，人びとの間で現実に生起することに体系的で一貫した関心を寄せている。サリヴァンにとって，これは，誰が誰に対して何を言ったかを正確に見出そうとする「詳細問診」であり，ボウルビィにとっては，現在の事態を説明することを目的として，過去に何が生じたかについて抱く，主として歴史的な関心である。かなりのところ，愛着理論家は，対人関係論者と，現実よりもファンタジーを特別視しないという点において見解の一致を見ている。これは，フロイトが自身の誘惑仮説（seduction theory）を否定したということに対する批判的な態度から生じていると言えるものである。ミッチェルの関係論的アプローチにおいては，ファンタジーと現実性は，必ずしも二者択一的な位置づけになく，「相互に浸透し合い，高め合う可能性を持つ」（Mitchell, 1998, p. 183）。おそらくは，現代のほとんどの愛着理論家が，これに同意するだろう（Bretherton & Munholland, 1999）。現実とは，必然的に，想像やファンタジーを通じて立ち現れてくるものなのである。

　関係論と愛着理論との接点としては，他にも，対人関係論者がフェアベーンの「悪い」対象への愛着という概念を容認したことが挙げられる。ここでいう悪い対象とは，思うようにならず，満足感を与えてくれない対象を指す。愛着理論によれば，虐待を加えたり，あるいは単に感受性が乏しかったりする愛着対象に愛着を形成した場合，すでに見てきたように，子どもは，幾分，不適応的な方略を身につけるに至り，また愛着システムが阻害され，

混乱させられる事態が生じる可能性がある。しかし，関係というのは，そうした有害な養育者との間においてさえも確立されるのである。また，ミッチェルは，安全基地という考えを，外部環境を探索することから，好みや欲求や衝動といった内的世界を探索することにまで拡張して用いている。ミッチェルの示唆するところでは，感受性の豊かな愛着対象がいないと，子どもは，早熟にも，欠けている親の機能を自ら果たすようになり，そして，その結果，自己の衝動や欲求に，何の心配もなく身を任せるということがなくなってしまうのである。こうした示唆は，乳児期における不安・回避型や成人の面接〔AAI〕における愛着軽視型という概念に，興味深い光を投げかける。それらにおいては，本来ならば乳児が決して直面すべきではなかったはずの適応上の欲求のために，自発的な〔近接のための〕ふるまいが犠牲にされていると見なされるのである。逆に，否定的なものであれ肯定的なものであれ，さまざまな感情に浸り得るということは，安定型愛着の特徴と言えるわけであるが，これは，安全基地がもたらしてくれる安心感をもって自分の諸経験に不安なく身を委ね得る機会であると見なすことが可能かもしれない。したがって，安定型の愛着は，人の自己感の発達を促すと考えられるだろう。ある種の親の機能が欠落すると，このような発達は事態への適応のために妨げられてしまうのである。

　二者関係の視点を維持してきた分析的アプローチは，過去数十年の間，対人関係論の系譜のみであった。この系譜が愛着理論への志向性を有する治療的アプローチと共有しているのは，分析的な相互作用に対する関心や，治療プロセスから神秘的な要素を除こうとする態度である。精神分析的な着想の発展を特徴づける壮大な弁証法において，対人関係論者の強調する場理論と，愛着理論家の強調するシステム理論は，数十年の間，フロイト派アプローチの主流において際立っていた，分析家の参与を否定するということに対して，ある種の中和剤となっていたと考えられる。臨床的な立場からすれば，関係性を重視する対人関係論と愛着理論との間の最も強い結びつきは，人生早期における愛着経験の推移が，例えば分析家との関係をも含む，現在の関係に再び立ち現れる様を理解することを可能にした点にある。対人関係論が強調する，分析家が真正（authenticity）であることや，ボウルビィの臨床的プロセスに対するやや単純だが極めて明晰なアプローチは，どちらも

「分析家の経験を過度に形式的で，機械的で，究極的にははなはだ不誠実な分析的スタンスに押し込めてしまおうとする伝統的圧力によって，台無しにさせられかけていた雰囲気に，息吹」(Mitchell, 1995, p. 86) を，それも新鮮な息吹をもたらしたのである。

愛着理論との相違点

　関係論的な発想は，まだ一つの分析的な思想の枠組みとなるまでにはまとまっていないため，対人関係的または関係論的な思想家と，愛着理論家との間に根本的な意見の一致を見ているか否かについては，判断が難しい。ただし，本章でこれまでみてきた通り，成人の性質や機能に関しては，大枠として広い範囲での一致があるのは，間違いない。愛着理論が，関係論的な考え方にとって重要な発達的次元となり得ることは十分に考えられるが，対人関係論者の思想における発達的側面は，かなり曖昧である。双方の世界観には大きな相違もあり，それが統合への障壁となるかもしれない。関係論は，その歴史的な起源にも関係して，動機づけや人間の本性について考える際に，生物学的な発想を拒む傾向がある。そこでは，有機体としての成人は，動物や乳児など，他の有機体と同様の見地からは理解されず，成人独自の本性を持つと考えられている。すなわち，成人は，特定の「動因」によって「駆り立てられる」存在ではなく，多種多様な活動の主体とみなされる。そして，その多様な活動はすべて，関係のコンテクストにおいて，創造し，楽しみ，自己表現するという総体的な企てにつぎ込まれるのだという (Mitchell, 1988 を見よ)。ミッチェル (Mitchell, 1997) は，異種の見解を調和させようとする試みのなかで，「フロイトにおけるダーウィンと，ボウルビィにおけるダーウィンとの間」(すなわち進化論へのそれぞれ異なるアプローチ) の区別を提唱している。そして，そこに，調和を許さないと思われる点が一つ浮上してきているのである。愛着理論は，生物学的基盤と，自然科学への統合のうえに成り立ち，そしてそこに留まるが (Bowlby, 1981)，対人関係的または関係論的な伝統は，それとは質的に異なる。つまり，後者は，脳生理と行動との統合よりも，ポストモダンの脱構築の考えに馴染みやすく，さらに究極的には，愛着の生物学的コンテクストにおける還元主義とは相容れ

ないということである。

　ボウルビィ派のセラピストは常に，洞察と関係性との間に，つまりは，不完全な IWM の修正と，そして，肯定的な愛着経験を通じた再発達（recapitulation）の機会を提供する基本的な試みとの間に，何らかの方途を見出そうと試みる（Mace & Margison, 1997）。論者のなかには，心理療法それ自体が，新たな愛着関係であり，やがて患者によって内在化されることになる，情緒豊かに関わるセラピストとの新たな相互作用を通じて，愛着に関わる潜在的で手続き的な記憶を再構築し，貯蔵されているプロトタイプを修正し得るようになるのだと考える者もいる（Amini et al., 1996 ; Migone & Liotti, 1998）。サリヴァン派のセラピストもまた，関係性の只中にいるわけであるが，このことは，そこに修正的な愛着経験の提供が必ず伴うということを意味してはいない。サリヴァンが言うには，精神科医は（心理療法という）イベントに**参与**し，そこから情報を得る。つまり，治療的な相互作用を象牙の塔から静観するのではない（Sullivan, 1964）。参与しながらの観察者という概念が生み出されたのは，多少なりとも切り離された客観的な位置から，精神科医がデータに相対し，それを収集し分析するという，従来の伝統的な前提に挑戦するためであった。サリヴァンが繰り返し強調したのは，セラピストが「データのなかに参与している」ということであったが，それでいて，セラピストは面接全体を，そこでの驚かされるような悲惨さ（disastrousness of being surprised）や計画された作業（work）の有用性も含め，コントロールしているということでもあった。ミッチェル（Mitchell, 1995）は次のように述べている。「サリヴァンの認識論を，より近年の対人関係論的伝統における発展との関連で位置づける一つの方法は，サリヴァンが〔ドイツの理論物理学者であった〕ハイゼンベルク（Werner Karl Heisenberg）〔の思想〕へと至る途上にあったと見なすことだろう。サリヴァンは，分析家が，自ら観察している事象に参与し，影響を与えていることの重要性を特に強調している。しかし，後年の理論家とは異なり，彼は自己覚知を通じて，分析家がそうした分析家自身の参与という要因を除き，客観的で自然なやり方で現実を捉えることができると信じていた」(p. 70)。

　対人関係学派の分析家は，この見地をさらに推し進め，ボウルビィにおけるハイゼンベルグ以前の認識論からは距離を置いている。「たとえ完全に合

理的で自己内省的な観察を経た末であっても，分析家の見地は，自らの参与の仕方と無関係ではあり得ない。観察とは，決して中立的なものではない。観察は，常にコンテクストのなかにあり，経験に関する仮定や価値，そして経験そのものの構成に基づいている」(Mitchell, 1995, p. 83)。レヴェンソン (Levenson, 1972) の代表的著作『理解の誤謬』(*The Fallacy of Understanding*) では，この種の見解が最も雄弁に述べられている。「何ものも……時と場所，関係の結びつきを抜きにしては理解し得ない。われわれが，観察するものの外側に立ち，もしくはわれわれの経験とは無関係に存在するものを歪みなく観察することができると思うのは，認識論的な誤謬である」(p. 8)。サリヴァンとは対照的に，愛着理論に基づいた治療は，一方ではハイゼンベルグ〔的な認識論〕など気にもとめることなく，他方では修正情動体験 (corrective emotional experience) の路線に沿ってセラピストがふるまうのを多かれ少なかれ黙認している。関係論者は，率先して，分析家の曇りなき知覚というものを仮定することの認識論的問題を浮き上がらせてきたのである。

現在は，「対人関係的」と称されるであろう臨床アプローチも多様になってきている。現代の論者のなかでも，エレンバーグ (Ehrenberg) は，逆転移の開示を強調したことで，最も急進的な一人と目されている。対人関係論者のテクニックのうち，治療の関係に関わる側面が最も明確に定式化されているのは，おそらくは関係性 (relatedness) における「親密の極み」(intimate edge) での面会 (meeting) というエレンバーグの概念だろう (Ehrenberg, 1993)。この概念の定義は，継続性のある関係において，患者と分析家，個々いずれの境界も，またそれらの相互作用の境界も侵されずに保たれながら，個人間の親密さが極大になる地点〔での面会〕というものである。治療的なコンテクストのなかで，そうした面会に到達しようとする試みは，眼前の相互作用において，その面会に関わる患者のなかの障害や抵抗や怖れを安堵感へと変じ，またそれらを問い，探求する方向へと道を開く。同時に，個人の境界を明らかにすることを促し，そうした境界を侵すことなく接触を保つことを可能にする。このようにして，治療関係は，患者が自己覚知を拡げ，自己知識を深め，自己定義を増すための媒体となる。エレンバーグが重きを置いたのは，分析的探求の中心手段として，逆転移を利用す

ることと,とりわけ分析家が自身の経験を開示するということである。エレンバーグは,自らのアプローチを,分析家の客観性という誤った主張に対するある種の解毒剤として提示した。患者は,対人関係上のふるまいに繰り返し直面させられることになるが,そのふるまいこそが「親密の極み」の焦点となるのである。エレンバーグは,「眼前の相互作用経験を取り組むべき試練とし,ワーキングスルーのための舞台」(p.6) とするのである。この極みで,分析家は,最も真正に関わることができ,そしてそこでこそ,理解と成長のための最大の機会を得ることになるのである。表面的には,こうした取り組みを,愛着理論を志向する臨床家 (Amini et al., 1996 ; Mace & Margison, 1997 ; Migone & Liotti, 1998) が想定するセラピストの情動的な取り組みと,関連していると見なすことも可能かもしれない。しかし,引き合いに出される臨床実践の具体例をそれぞれよく読むと,対人関係論的セラピストが,修正的な愛着経験をもたらすことをあらかじめ目標に据えているわけではないことがはっきりする。むしろ,「極み」における情動的な熱は,(愛着理論の用語で言えば) IWM 内の修正を目指す言葉かけのインパクトを明らかに強めるように感じられるのである。

第 11 章
精神分析的愛着理論家

　多くの著名な愛着理論家は精神分析的概念によって重要な影響を受けてきた。事実，そうした論者にとっては二つの理論は非常に重なり合うものであり，いずれかのみを正統として扱うことは困難である。こうした論者の見解は理論的に著者たる私の考えと非常に近いため，彼らの研究を包括的にレビューするという仕事は，より偏りのない公正な評者に委ねた方がいいのかもしれない。ここではただ，その鍵概念のいくつかに光を当てることによって，この分野の幾人かの重要な識者や貢献者の著作において，精神分析と愛着理論を結び合わせることが主要な道筋になっているということを認識したいと考える。この二つの分野の統合の可能性に関心のある読者は，これらの論者の研究をより精細に検討すべきであろう。

カレン・リオンズ=ラス

　カレン・リオンズ=ラス（Karen Lyons-Ruth）の仕事については，この書においてすでにそのいくつかを扱ってきた。それは乳児期における無秩序型愛着の性質，原因，および結果に関する開拓的な研究（Lyons-Ruth et al., 1999 a），分離-個体化と愛着との関係についての考え（Lyons-Ruth, 1991），ボストン変化プロセス研究グループ（Boston Change Process Study Group）の仕事に対する貢献（Lyons-Ruth, 1999）などである。彼女の研究の適用範囲に広がりがあるのは，彼女が深い峡谷の両側，すなわち精

神分析と愛着理論という地殻プレートの両方において熱心に仕事を重ねてきたことからして当然のことと言える。端的に言えば彼女は，実証科学と精神分析的理論の両方の進展に同時に関わっている，現世代の数少ない精神分析家の一人である。[1]このような文脈のなかで，私は彼女の無秩序型愛着に関する精神分析的モデル，すなわち関係素因モデル（relational diasthesis model）（Lyons-Ruth et al., 1999 a）を簡単に概説したい。

われわれが見てきたように，無秩序型愛着とは原理的に，かなり矛盾した，明らかに統合されていない一群の行動方略である。このグループの発達において，矛盾は行動と心的内容，そして心的内容同士の間に現れる。この言葉で示される現象は多岐にわたる（養育者に対して交互に入れ替わるお節介な世話焼きと懲罰的行動，あるいは自ら脅えながら他者を脅かす行動，など）。その原因も多彩で，〔養育者の〕喪失やトラウマについて未解決な心の状態，〔養育者自身の〕乳児期における無秩序型愛着，脅え脅かすような養育行動（Lyons-Ruth & Jacobovits, 1999）などである。関係素因モデルは，こうしたデータに内在する複雑さの大部分を説明する，現在活用できるただ唯一の精神分析的色彩を帯びた説明なのである（Lyons-Ruth et al., 1999 a）。

このモデルは恐怖とその調節を関係の文脈において考える。それが主張するのは，愛着の無秩序性が，過去の愛着関係の歴史からして，おそらくは，そこでの恐怖に通じる経験の激しさと，その背景において乳児が経験し得る安心感のレベル，両者の関数となっているということである。つまり，そこでは，トラウマの深刻さと愛着関係の質という二つの変数が考慮されなくてはならないことになる。そして，リオンズ=ラスは，これに関連づけて，二つの対極的なケースを提示している。その一つは，適切な愛着関係をもつ子

---

1 このたたえるべき小さな，しかし優秀な集団に属する他の人としては，私の見解では，リカルド・ベルナルディ（Ricardo Bernardi），カルロス・エドソン・デュアルテ（Carlos Edson Duarte），ロバート・エムデ（Robert Emde），ステュアート・ハウザー（Stuart Hauser），エンリコ・ジョーンズ（Enrico Jones），ホルスト・ケッヘレ（Horst Kachele），ラニエール・クラウス（Ranier Krause），ギレルモ・ランシェル（Guillermo Lancele），デビッド・ロペス・ガルザ（David Lopez Garza），ジョイ・オソフスキー（Joy Osofsky），ロジャー・ペロン（Roger Perron），スティーヴン・ルース（Steven Roose），マーク・ソームス（Mark Solms），ペル・ヴァグラム（Per Vaglum），シュベール・ヴァーヴィン（Sverre Varvin），ダニエル・ヴィドロシェ（Daniel Widlocher）がいる。

どもや成人であっても，極端に深刻なトラウマを受けた場合には，愛着の行動方略が解体するという可能性である。その対極に位置するもう一つのケースは，通常の範囲をほとんど外れないような経験であっても，主要な養育者が適切な愛着経験を施してやらないと，愛着反応は解体し得るということである。その後者の例においては，乳児の愛着行動に反応して養育者自身が経験することになる未解決の恐怖の経験のせいで，その養育行動が，〔自らは〕脅え，〔子どもを〕脅えさせる性質を帯びてしまうということが考えられる。もし初期の愛着関係が無秩序／統制型（controlling）のまま児童期中期まで続けば，それ以上のトラウマがなくとも，それは持続し，無秩序型の愛着の世代間伝達が発生する確率がますます高まるだろう。このモデルにおいては，不安定ながらも組織化されている愛着関係は，外傷経験が圧倒的な強さで生じない限り，適切な保護を提供し得ると考えられている。しかしながら，異常な強さのトラウマや喪失は，そうした場合であっても，無秩序型愛着とおぼしき，ある種の心的崩落へと導く可能性がある。

　重要なことは，もし養育者が子どもに提供できる保護，コミュニケーション，心的組織化のレベルが，組織化された安定型あるいは不安定型の養育者が提供するレベルまで達していないと，解体・無秩序化が，特定の外傷経験なしでも生じ得るということである。リオンズ＝ラスは動物の愛着のモデル（Suomi, 1999）から適切な証左を得ている。母性的養育を剥奪され，同朋だけと一緒に育てられた（peer-nurtured）サルは，ストレスを受けたときに，非定型的な社会的行動を示す。これと同じように，リオンズ＝ラスのモデルが示すところは，早期の関係が損なわれることによって，脆弱性の基盤が作られるということなのである。彼女は，これをボウルビィの悲哀（mourning）の議論（Bowlby, 1980a）やフロイトの悲哀やメランコリーの議論（Freud, 1915）と結びつけて考察している。ボウルビィのモデルは，喪失に続いて，その個人に病理的な悲哀が生じる危険性を高めるような（例えば，アンビヴァレンスや強迫的世話焼き，自足の主張 a claim of self-sufficiency によって特徴づけられる）愛情の絆のパターンを同定している。根底に横たわる愛着が不安定であればあるほど，喪失を心的に解決することが困難になるだろう。現在のところ，乳児の無秩序型をもたらすとされる，その養育者のAAIに現れる心的解決の欠如が，養育者自身の乳児期における

無秩序型の愛着や，その後のトラウマによる解体・無秩序化，あるいはそのいくつかの組み合わせによる長期的帰結であるかどうかは定かではない。しかし，関係素因モデルが予測するところでは，すでに解体・無秩序化している養育-愛着システムにおいては，トラウマはより頻繁に生じ，またそれらを解決することがより困難であるということである。このようにリオンズ゠ラスは，直接的な解体・無秩序化，あるいはそれよりも後に生じる間接的な解体・無秩序化を，後々の病理的帰結の潜在的規定因として含めることで，ボウルビィの考えを改定しているのである。ちなみに，ミネソタ研究（Ogawa et al., 1997）の長期追跡調査からは，リオンズ゠ラスのモデルと合致する予備的なデータが得られている。

　関係素因モデルの精神分析的に最も関連のある側面は，無秩序型の愛着分類を構成する，時に劇的なまでに対照的な様相を呈する行動スタイルに関して提供される説明である。もし養育者自身の経験として，恐れを喚起するエピソードにおいて，慰撫が得られたという経験が含まれていなければ，乳児との養育関係は，その子どもの痛みや恐れに養育者が直面した際に，未解決の恐ろしい感情をかなりの程度，引き起こしやすいということになる。こうした，経験の連続性に崩壊が生じる現象は，無力感の記憶あるいはそうした感情そのものを伴う可能性がある。自分をトラウマの再経験から護るために，養育者は注意を向ける範囲を制限し，乳児の愛着に関連した手がかりに対して，臨機応変のやり方で応答することが不可能になるだろう。これはまた，もともと，セルマ・フライバーグ（Fraiberg et al., 1975）によって精神分析的な観点から提出されたモデルの本質でもある。養育者の側の注意の制限がどれくらい広汎に生じるかは，養育者の心的状態が，乳児の愛着に関連した手がかりよりも，いかに優先されてしまうかという，その程度に比例することが予測される。これは不均衡な交流をもたらし，乳児と養育者の関係は相互的な調整を欠いたものとなってしまうだろう。

　不均衡な関係プロセスによって構成されることになるのが，後続する内的作業モデルの発達である。内的作業モデルは自己と他者の間の関係を描写しているため，養育者自身の内的状態へのとらわれによって現実の関係の均衡が崩れれば，乳児におけるこうした関係の内在化は必然的に不連続的となり，また潜在的に自己矛盾したものとなろう。関係における諸々の極性

（polarities）は歪められ，例えば「私は外的な操作を受け入れ，イニシアチブを取ってはならない」と「私は他者を操作し他者のイニシアチブをはねつける必要がある」といった矛盾した手続きが併存することになるだろう。そのような矛盾した手続きの統合の欠如が無秩序型という現象の根底にあると考えられる。こうした関係の表象すべてにおいて，統制（control）は決定的な特徴となるだろう。そこには力の非対称性があり，一方の参加者の愛着に関連した目標は他方の目標を犠牲にして精緻化されることになる。ストレンジ・シチュエーションにおける子どもの統制的行動は，こうした関係のモデルの一つの極であり，無力さがその対極に位置する。そのような内的モデルは，関係の役割両方（統制と無力さ）を内包しているため，どのような対人状況においても，そこでの反応はいずれかのタイプになる可能性がある。しかしながら，リオンズ゠ラスは，AAIにおける，際立ってトラウマに圧倒されている下位グループ（E3）と分類不能の下位グループ（CC）とが，それぞれ順に不均衡／無力（unbalanced/helpless）と敵対／統制（hostile/controlling）の内的作業モデルに対応しているのではないかと論じている（Lyons-Ruth et al., 1999 a）。行動上の現れは，無力感に満ちた，あるいは敵対性に満ちた対人的態度のいずれかであるか，実際に交互に入れ替わる両者なのであろう。

　このモデルは，調査研究の知見に向けられた定式化を，精神分析的な臨床的考察に結びつける，多くの側面を持っている。その最もすぐれた強みは，それが，たとえ関係が極めて不満足なものであるとしても，まさにその関係の文脈において，すべての喪失やそれ以外のトラウマが生じるという現実的な生活状況を扱っているということである。関係素因モデルを支える心的機制はまだ明らかにはなっていない。しかしながら，ボストンで働くすぐれた調査研究的な精神分析家のグループ（彼らは，今，精神分析における変化プロセスを理解しようとする試みに関わっているのだが）の研究に対する，リオンズ゠ラスの功績は，関係の経験がいかに符号化されるのか，そしてまた，それらが治療的に変化させられる場合のメカニズムはいかなるものか，といったことに関する統合的な心理学的モデルを必ずや提示してくれることだろう（Lyons-Ruth, 1999）。関係素因モデルはいまだ完全には精神分析的概念と統合されてはいないが，それが，ジョン・ボウルビィ以来，精神分析的

観点から精神分析的研究者によって進められた最も洗練された愛着理論モデルであることは，疑い得ないことと言える。

モリス・イーグル

　モリス・イーグル（Morris Eagle）は，彼の関心が愛着理論に向けられるまでは（例えば，Eagle, 1984），精神分析の主要な理論家の一人であった。彼の二つの領域を統合する視点は，きわめて興味深いものである。なぜならば，彼は，関係論的（つまり対象-関係の）視点を採ることによって，精神分析に提起された問題に対する非常に幅広い見地から，課題にアプローチしているからである。イーグル（Eagle, 1997, 1998, 1999）の立場からすれば，愛着理論の最も重要な貢献は，対象関係論のそれと部分的に重なり，「安全感」という乳児期の主観的経験が子どもの発達において，また生涯にわたって重要であるということを強調した点である。イーグルは，愛着理論が古典的精神分析理論，特にフロイト派やクラインの理論における特定の側面に対する「反動かつ修正」（Eagle, 1997, p. 217）であると考えている。彼は伝統的精神分析と愛着理論の際立った違いを，発達において外的要因の役割を重視するか，内的要因の役割を重視するかということとの関連で強調している。彼はまた，精神分析的観点から精力的に愛着理論に対する異議申し立てを行っているのである。

　イーグルは，いくつかの著作において，ボウルビィの内的作業モデルが実際の行動や養育者との現実の相互作用の真の反映であるという主張に異議を唱えている。それは 1) 子どもの未成熟な認知能力，葛藤，願望，そしてファンタジーが，養育者の行動の知覚や理解に歪みを生じさせ得るからであり，また，2) 乳児に体質や気質の個人差があることからすると，それぞれの乳児が，養育者の行動を特有のやり方で経験することは当然であると考えられるからである（Eagle, 1995, 1997, 1999）。ここでイーグルは，それぞれの乳児が彼らの気質に依存して，養育者から異なる反応を引き出す（いわゆる「子ども→親」という影響）という一般的な指摘はしておらず，むしろ，養育者の同一の行動が一人ひとりの乳児において，その体質如何で，異なって経験される可能性があるということを指摘している。したがって，内的作

業モデルは，決して実際に真実のものではありえず，体質的に決定される経験の要素を必然的に含まざるを得ないものということになる。イーグルの論理は健全なものではあるが，不幸にも，現代の遺伝学は，その真実味を限りなく後退させる。なぜならば，それが明らかにしたことによれば，体質そのものが経験に依存して現れるからである（Kandel, 1998, 1999）。体質は絶対的なものではなく，また遺伝子型は表現型からかけ離れており〔前者が後者を一意的に規定するわけでなく〕（Elman et al., 1996），特定の遺伝子，すなわち乳児の体質の特定の一部が，現れたり現れなかったりするのを，最も良く予測するのは，まさに〔経験の要素たる〕ボウルビィの内的作業モデルなのかもしれない。しかし，これはささいな点に過ぎない。過度に強調された愛着理論の客観性に対するイーグルの批判は十分に評価されるものである。

　イーグルは，愛着理論におけるセクシャリティや快感の取り扱いが比較的希薄であることを指摘している（Eagle, 1995）。彼は，エディプス葛藤の未解決あるいはその中途半端な解決がもたらした成人における帰結が，まさしく不安定な成人愛着の形態として概念化されるのではないかと，挑戦的な提案をしている（Eagle, 1997）。例えば，性的感情と愛着感情を統合する能力のなさは，ある種の回避やアンビヴァレンスとして顕在化する傾向があり，それが成人の愛着スタイルときわめて近似しているというのである。ここでの刺激的で統合的な示唆は，これらの状況におけるエディプス葛藤の解決失敗が，不安定な幼児的な愛着の問題を，必然的に引き起こすということである。もしエディプス葛藤が発達的に適切に扱われれば，われわれは，こうした幼児的な関係パターンの徴候を目にすることはないだろう。イーグル（Eagle, 1999）はまた，回避的な防衛的探索活動（これはストレンジ・シチュエーションにおいて母親が不在でも回避型の乳児が絶えず探索活動をし続けることを指し，自律神経系の高覚醒状態と関連していることが知られている［Spangler & Grossman, 1993］）と，ウィニコットが「待機中」（marking time）という表現で注意を引いた偽りの昇華活動としての営みとの間に，類似性があることも描き出している。

　イーグル（Eagle, 1997）によってもたらされた最も広い範囲にわたる統合的な提案では，反復強迫（Freud, 1920）の考えが内的作業モデルと結びつけられている。不安定な内的作業モデルが，個人に，初期の愛着パターン

を維持し永続させるような行動を，他者から引き起こさせやすくするという証拠（Sroufe, 1990）を引用しながら，彼は，この現象を転移現象と関連づけるとともに，神経症者が自らの自己破壊的行為の様式を繰り返したくなるという欲求とも結びつけている。イーグルは，ここで「幼児的快感の粘着性」(adhesiveness of infantile pleasures) や無意識的罪悪感を償うための無意識的懲罰の欲求，あるいは死の本能といった，過度に修飾的なフロイト派の考えを，はるかに倹約的な内的作業モデルの概念によって，置き換えようとしているのである（Eagle, 1998）。彼は，繰り返されるエピソードや出来事を，一般化された，また不変的な特徴という形で表象しようとする，心の広汎な特性を指摘している。こうした特徴には，自分自身の行動や他者の行動，相互作用の性質に関するルールや期待が含まれている（Eagle, 1998）。これらを媒介するために構成される相互作用の表象的構造は，一度形成されると変化に対して抵抗を示す。それらは，新しい経験の知覚や期待に影響し，そのため，関係は初期の枠組みに合致するように形成され，変形される。このようにして，内的作業モデルは持続性を具現することになるのである。

　こうした見解を推し進めたという点において，イーグルはサンドラーの役割応答性（role responsiveness）の概念（Sandler, 1976 a, b, 1981 ; Sandler & Sandler, 1998）やジョセフの全体転移（total transference）の概念（Joseph, 1989）から遠く離れてはいないと言える。イーグル（Eagle, 1999）はまた，マートン・ギル（Merton Gill）(Gill, 1982)を引用しつつ，治療者も患者の転移反応に影響する手がかりを放っているということを示唆している。しかしながら，イーグル（Eagle, 1998）は，内的作業モデルや，スターン（Stern, 1985），ワイスとサムソン（Weiss & Sampson, 1986），その他によって提案されたような「表象的無意識」の構造を，フロイトの言う，願望に満ちた衝動からなり，相互矛盾からの免れ〔無矛盾性〕や無時間性（timelessness）によって特徴づけられる不合理な一次過程の対極にあると記している。イーグル（Eagle, 1988）は，乳児の自らが受けた養育に関する知覚が，究極的に主観的な性質を有するというところに回帰することによって，不可能を可能にしようとしているのである。表象的無意識のなかに集められた相互作用は真実のものではなく，むしろそれらは願望やファンタ

ジーで歪められている。彼は，AAIにおいて同定される，多重的な内的作業モデルや防衛構造といった愛着理論の仮説が，彼の見方ではスターンや自己心理学の見解から想定される以上に，より力動的な無意識という視点から考究され得る余地を多く残していると，指摘している（Eagle, 1995, 1996）。

　イーグル（Eagle, 1997）は，表象的無意識を提案した論者以上のことを言っている。彼は，過去の関係パターンの永続性を，個人が初期の対象に対して示す無意識的な忠誠（Fairbairn, 1952 b）と結びつけているのである。「違う形で関係を持ち生きることは，初期の対象への裏切りとそれに伴う罪悪感を含むだけではなく……通常，個人の内的世界を作り上げ，自分自身を定義する，自己や対象，そして相互作用の表象を欠き，空になった心理学的世界に生きるのと等しいように経験される」（Eagle, 1997, p. 222）。イーグル（Eagle, 1999）は，病理的な関係様式への強烈な愛着という考えを支持するために，虐待された個人において虐待者への愛着行動が強化されるという証拠を引用している。しかしながら，われわれの患者に観察された，粘り強く過去の関係の仕方を保持しようとする欲求は，イーグルによれば，愛着理論概念によっては適切に把捉され得ないということになる。フェアベーン（Fairbairn, 1952 b）は，真に悪い対象は拒絶的で虐待的で誘惑的であることに気づいていた（Eagle, 1999）。彼は，フェアベーンとボウルビィの考えの統合を提案し，初期の対象との結びつきを維持しようとする欲求は，ただ安全の確保のためだけではなく，その結びつきこそが，人のまさしく自己感や，その内的世界の生の素材を構成するためなのだと説明している。

　臨床的な視点から見ると，イーグル（Eagle, 1997）は，洞察，気づき，想起，そして自己内省といった古典的な考えが，新たな流れの精神分析的理論家において，しばしば時代遅れと見なされるなかで，愛着理論がその重要性について述べているということを強調している。しかしながら，彼は，自伝的語りの有能性（コンピテンス）（整合一貫性）を精神分析的治療の進展に結びつけようとする論者に対しては強く反対する立場をとっている。彼は，〔自分の生育歴を〕十分にもっともらしく語れる個人が，真性の安定型愛着を有しているという仮説を疑問視している。イーグルに言わせれば，それらは，ただ，愛着理論によって，便宜的に，そう定義されているにすぎないのである。イーグルの論点は，自らの愛着経験について一貫した態度を貫き得る（すなわち，

適切な形で内省的な）個人は，自分自身の愛着システムの安定性にかかわりなく，子どもとの間に安定した愛着を築くだろうということである。このイーグルによる保守的な定式化は，AAIの語りと〔それに先行する〕幼少期の愛着分類にごく弱い関連しか見出せなかった，より最近の縦断研究（Grossman et al., 1999; Weinfield et al., 2000）からすると，特に適切であるように思える。ここでのより一般的な論点は，語りの一貫性の改善は，首尾よくいった精神分析的治療の副産物であるかもしれないが，それ自体がその本質的な目標であると混同されてはならないということである。治療上の改善の鍵は，（古典的精神分析理論においてそう考えられていたように）あくまでも観察自我の機能を強化するということであり，そして，そうした改善は，治療的相互作用を通じて達成された心理化能力の向上の副産物として自己語りにより高い一貫性がもたらされるなかにおいて，把握され得る可能性がある。

　最後にイーグル（Eagle, 1999）は，回避型ととらわれ型の愛着スタイルを持った個人の心理療法に伴う治療的課題について，有用な区別立てを提示している。そして，それはブラット（Blatt & Blass, 1996）による提案と極めてよく似ている。回避／愛着軽視型の個人は，主要な愛着対象との過去の関係における深刻な失望への反応として切り離してしまった，喪失や悲しみや怒りの感情に，しっかりと向き合うことができるようになる必要がある。すなわち，ボウルビィが述べている防衛的排除を克服する必要があるのである。纏綿／とらわれ型の個人は，愛着の関心事に非常にとらわれており，その中心的な治療課題は，決して存在したことがなく，それ自体がファンタジーである失われた関係を回復するというファンタジーを，断念させてやることである。これらの治療においては，何にも増して，患者の否定的な転移反応が，治療状況の肯定的転移の側面によってもたらされる背景的な安全の文脈において，扱われる必要がある（Kernberg, 1984 を見よ）。

　まとめると，イーグルは，愛着理論に批判的でありながらも，その長所，特に実証的基盤について評価していた。リオンズ=ラスとは異なり，彼の研究は，愛着研究の本流からはいくらか独立しているが，このことは，木々に近すぎる人がより大きな問題や基礎的な仮説という森が見えにくくなる危険性があることに比べれば，彼に，はるかにより批判的な観点から，（愛着の

安定性と語りの一貫性の間の結びつきのような）多くの鍵概念について考察する機会をもたらしていると言える。イーグルは決して関係論的な理論家ではないが（そして過去にはその伝統に極めて批判的であったが），精神分析理論と愛着理論との統合に関する彼なりの試みは，既述したミッチェルのような関係論者のそれと，極めて近しい関係にあるということに注目してみるのは興味深いことであろう。

ジェリミー・ホームズ

　ジェリミー・ホームズ（Jeremy Holmes）の全仕事は，精神分析の発想と愛着理論の発想との理論的，臨床的統合を具現し，ほぼ間違いなく，これまでに「愛着理論療法」（attachment theory psychotherapy）についての十分なる解説を著してきていると言ってよい。ホームズ（Holmes, 2000 b）は，精神分析と愛着理論の再接近の基盤を，前者における認識論的および理論的な変化のなかに見出している。彼は，精神分析における実証研究の強化，性的および身体的虐待の重要性に関する認識の増大，対人関係学派の繁栄，愛着理論と対象関係論的アプローチとの近接，について指摘している。彼は，精神分析が科学や医学の領域にその座を残せるかどうかという緊急な課題を突きつけられていることを示唆し，愛着理論がこの作業において有益な味方であると論じている。

　ホームズ（Holmes, 1996 a）は，愛着理論と精神分析の間に多くの魅力的な架橋をなしており，そして，その多くが，本書の先の章で展開してきた考えとよく合致している。例えば，彼は，クライン派と愛着理論との関連性を示唆している。彼は，愛着安定型の個人に関する記述と抑うつポジションに到達した人に関する記述とが，両者とも，一貫し矛盾のない形で対象を見ることができ，適度に自由で流動的に対象に愛着を持ち，また脱愛着できるということを仮定している点において，近似しているということを指摘している。良い対象と悪い対象とを一つにまとめることは整合一貫性の証であり，喪失に耐える能力は安定した自己感覚を示している。さらに，回避型とアンビヴァレント型の愛着の両方において，妄想-分裂ポジションに典型的な，親密さへの基底的な恐れや自己の分裂（スプリッティング）が存在しているという。回避型の愛

着においては，患者は自分自身に執着し，他者の視点に立つことに耐えられないと捉えられる可能性がある。そうすることは，自己を他者からの攻撃や見捨てられることに対して脆弱なものにしてしまうからである。アンビヴァレント型の愛着においてもまた，親密さへの恐れがあり，しがみつく自己は偽りの自己であり，そこでは攻撃性と自律性が，それらが受容されず，また安全基地を遠ざけてしまうのではないかという恐れのために，否認されてしまう。

　ホームズ（Holmes, 2000 b）は愛着理論家と精神分析家の間に，人生初期の数か月の母子関係に関する見方において，不一致があるということを指摘している。愛着理論家は母親と乳児が誕生の瞬間から互いに関係を持とうと相手を探し求めるやり方に強調点を置いている。マーラー（Mahler, 1975）の古典的な説明では，それとは対照的に，初期の数か月にわたる未分化な共生期があると考えられている。ホームズの見解では，マイロン・ホファーの調査〔第1章を参照〕は，関係を取り結ぶことを通して生理的共生が生じることを主張するものだという。すなわち，母親の行為が乳児の生理的状態を変化させるというのである（Hofer, 1990, 1995, 1996）。ホームズ（Holmes, 2000 a）は，感情は人の心理的免疫システムの一部であり，それは個人に自己や他者の安全や危険を知らせるよう奉仕するのだと述べている。他者との安全な関係は，免疫システムが提供する身体的防御と，情緒的に同じようなものを提供し得るというのである。トラウマは心理的免疫システムを圧倒し，崩壊させる。ホームズはこのことを境界性パーソナリティ障害における情動制御不全と結びつけ，境界性パーソナリティ障害の個人における困難の一部が，初期のトラウマや母親の抑うつ，あるいはそれと類似した破滅的な経験に由来する，早期の母子の心理生理的制御システムの障害の結果として，生じてくるのだということを示唆している。

　初期の母子関係の障害が，生理的反応システムを長期にわたって破壊するという考えは，近年のボンネットモンキーの研究（Rosenblum & Coplan, 1994）によって支持されている。これらの研究では，母ザルは，えさ集めにより長い時間を費やす必要があり，子どもにはあまり注意を払わなくなるよう，実験的に操作されている。こうした環境下で育った子ザルは，大人になって，ノルアドレナリン系物質には過敏に反応し，セロトニン系物質に対

しては応答性が減退するのだという。ホームズ（Holems, 2000 b）は，この発見を，愛着の絆が複雑な心理生理的な状態としてあることを示していると解釈している。この説に関するさらなる証左は，視覚システムの発達と関連した母子相互作用（Schore, 1997），ハタネズミにおけるつがいの絆を固めることと関連した交尾中のペプチド放出（Insel, 1997），境界性パーソナリティ障害の精神力動的治療におけるセロトニンの変化に関するSPECT分析〔単一光子放射断層撮影という画像診断法の一種〕（Vinamäki et al., 1998）などの研究からも得られている。ホームズは，こうした個々の研究から集められ得る議論がどれほどの強さであるとしても，愛着理論がその生物学的基礎へと回帰する傾向に付随して，精神分析的発想も，その意外な妥当性や，少なくとも部分的な証左を得ることがあるのではないかと明確に述べている。

　他の精神分析的愛着理論家（例えば，Eagle, 1997）と同じように，ホームズ（Holmes, 1997, 2000 b）は，フロイトによる無意識と愛着理論における無意識とを比較検討している。フロイトの無意識は，抑圧や分裂（スプリッティング）といった防衛機制によって積極的に抑えつけておく必要のある，放逸な性衝動，自己中心性，攻撃性が渦巻く大釜であると容易に捉えることができる。それとは対照的に，愛着理論の無意識は，心の働きに本質的に内在するであろう葛藤を何ら仮定していない。もっとも，いずれの理論も，われわれの行為が，われわれが現実的にほとんどコントロールし得ないような力によって生み出される，ということに同意しているのではあるが。このように精神分析と愛着理論における無意識が食い違っているということの根底には，元来，無意識というものに階層構造が存在している可能性があることが関係しているのではないかと，ホームズは示唆している。最下部は生理的無意識である。その上に愛着理論において示唆されている行動的無意識の層があるだろう。そこを通過してわれわれはフロイトの前意識に到達し，それは認知心理学者（Beck, 1987 ; Beck & Freeman, 1990 ; Young, 1990）が考えているような抑うつや不安，他のパーソナリティ上の問題の根底にある自動思考や感情を生み出す，認知行動療法における無意識と似ている。最後にわれわれは古典的なフロイトの無意識に到達し，そこでは障害された思考が抑圧や分裂（スプリッティング）といった防衛機制によって積極的に意識から締め出されている。このように，

ホームズによる理論的統合は，意識の外側に多くのプロセスを認め，それらすべてが意識的経験や行動に影響を及ぼしている可能性を仮定するものである。しかしながら，その影響の及ぼし方は，時として理論家によって食い違っている。どの防衛機制がどのタイプの臨床経験の説明のために必要であるのかが，単純にまだわかっていないのである。

　ホームズ（Holmes, 2000 b）は，愛着理論の無意識と精神分析的な無意識に共通する進化論的基盤を見出している。愛着理論における行動的無意識は，傷つきやすい乳児にとって，社会的関係を通じた保護が，自然選択上の有利さを持っていたということに由来する。同様に，フロイト，または精神分析における無意識も脆弱性に根差してはいるが，それは保護というよりは自己欺瞞の自然選択上の有利さから生じている。ホームズは，ネシー（Nesse, 1990；Nesse & Lloyd, 1992）を引用しながら，ストレスに打ちのめされた拒絶的な母親を持つ傷ついた子どもにとっては，自分の要求が無際限ではないのだと母親にわからせることができれば，ある最小限の慰めを得られるかもしれないという意味において，自己欺瞞が適応的になるのだということを論じている。もし子どもが自分の感じた困窮や激しい怒りの強さをすべて抑圧することによって，自分自身をまず欺いたとすれば，子どもはより，これを達成しやすいだろう。このことは，子どもが小さく脆弱な状態にある間に，また母親の生物学的欲求が子どものそれと食い違うようになった時点以降に，特に当てはまるのだと言える。（ある時点を境に，それ以降は，母親の遺伝子を再生産する最良の機会が，すでにいる同じ子どもを世話し続けることにではなく，むしろさらに新たな配偶行動を起こし，次の子どもの出産を行うことのなかに存在するようになる［Trivers, 1974］〔したがって，子どもの側から言えば，子どもが，そうした一人の子どもに対する養育的投資を徐々に減らす傾向にある母親の関心をなおも引き寄せ続けるためには，自己欺瞞が有効に働く可能性があるということになる〕。）こうしたことからすると，エディプス感情（母親を完全に所有したいという願望）は少なくとも最初の10年間，最も抑圧されるということになる。その後になって，個人が強さを増すと，今度は，内的状態に対する十分な気づきを伴った統合的な自己を有することが，自然選択の上で有利に働くのかもしれない。

　同様の議論が，進化論的観点からすると，愛着理論の行動的無意識にも当

てはまる。ホームズは回避型の子どもは拒絶的な親との接触を保ち，何らかの保護手段を獲得し得るくらいまでには近づくが，叩かれ傷を負うほどには近づかないことを示唆している。それに対して，親にしがみつこうとするアンビヴァレント型の子どもは，やはり親が安定・一貫した長期的なサポートを自分に提供できないだろうと感じており，そのために，短い時間に可能な限り多くの養育を親から自らに対して引き出そうとしがみつくのだという。愛着理論家も不安定な愛着の適応的性質について同様の議論をしてきている（Belsky, 1999 b ; Belsky et al., 1991）。加えて，ホームズは，先に見た，えさ集めに長時間を費やさなくてはならない条件に置かれた母ザルの子ども（Rosenblum & Coplan, 1994）と同じように，不安定な愛着を持つ子どもは，大人になってから，自らの感情に自分で対処しなくてはならなくなったときに，問題を呈するだろうと述べている。

　ホームズは愛着理論を心理療法の中心に捉えている（Holmes, 1993 a, b）。彼は，心理療法が，単に安全基地を提供することになるという，ただの思いつきでしかないようなボウルビィの見解に対して心底，反対の立場をとっている。もっとも，彼は，愛着が，発達的ニーズに従って修正されるにしても，生涯にわたって持続する一群の要求であると考える点でボウルビィと一致している。彼は，〔大人になった時点での〕自伝的語りの能力の整合一貫性，もっともらしさや他の特徴が安定した愛着を示し，他方，その能力のなさが不安定な愛着を示すことを仮定している（Holmes, 1993 b）。〔そうした意味において，一種の自己語りの実践としてある〕心理療法は，この〔愛着という〕行動システムの〔大人になった段階での〕発達的文脈に見事に合致するのである（Holmes, 1997）。複数の愛着対象が，人生を通じて安全基地の経験を提供するが，自己もまた，そうした愛着対象になり得るのであり，多くのそうした対象のなかでもとりわけ重要なものの一つである。ホームズ（Holmes, 1998 b）によれば，心理療法における作業は，物語（story）を作ることと壊すことの両方を含んでいる。治療者は，患者が，物語を一貫した形で語り得るようになることと，また，それまでとは異なる，おそらくはより治癒的な意味をもった物語を語り得るようになることとの両方を，同時に援助する。心理療法の目的は，力動的であれ認知的であれ，われわれ自身の心的生活についての自覚を拡大することなのである。ホームズ（Holmes,

2000a）は「語りの能力」を免疫的有能性(コンピテンス)の心的等価物と見なしている。彼の見方では，（安定した愛着と密接に結びついた）心理的援助は，物語を作ることと壊すことの間の，また語りを形成する能力と新しい経験の観点からそれを消散させる能力との間の，弁証法的関係に依存するものだという。例えば，回避型の患者への治療的介入は，患者がそれをもって不安定な愛着の感情から自らを護っている自足的で凝り固まった語りを，打ち破り開くという営みを含んでいる（Holmes, 1998 a）。患者には，自らの物語の外に立ち，自分の愛着を表象レベルで眺められるようになることが必要なのである。そして，治療者は，そこで治療者自らの心をしっかりと持っている必要がある。

　ホームズ（Holems, 1998 b）は語りの能力に絡む，以下，3種のプロトタイプ的な病理を明確に述べている。1）硬直した物語へのしがみつき（愛着軽視型），2）物語化されない経験による圧倒（とらわれ型），3）外傷的苦痛を封じ込めるくらいに強力な物語を発見することの不可能さ（未解決型）。これらの語りの能力の病理は臨床的プロセスに深く，際立った影響を与える。最初の分類は，固い結び目のような記憶，言い換えれば，患者の自由な思考を阻む，硬直化し柔軟性のない物語の形であり，それは修正され，荷ほどきをされ，組み立て直される必要性のあるものである。それに対して，とらわれ型成人に対する治療的関わりにおいては，患者の圧倒的な感情による混乱や気まぐれさを，いかに捉え得るのかという，その方途を見出すことが重要となる。ホームズ（Holmes, 2000 b）は，本来，人生初期において，安定した愛着関係のなかで支持されることで，一貫性をもって発達することになる自己感が，心理療法によって，より壮健になり，安全の経験を提供し得るようになると論じている。心理療法は，古典的な精神分析家（Kohut, 1977; Winnicott, 1956）やより最近の愛着理論家（Gergely & Watson, 1996）が内的状態に関する一貫した表象を作り出すのに主要な様式であると考えてきた照らし出し／映し出し（mirroring）に，ある程度は相当するようなものを提供するのである。そうした成果は，自伝的記憶の有能性(コンピテンス)の増大を通してもたらされるものだと言える（Holmes, 1996 b）。自己感とは，愛着理論における相互主観的な現象と，精神分析における，脆弱な自己の感覚に対する精神内界的関心とが，共通の参照枠において真に捉えられる一つの

場なのである。回避型の個人は自己を他者から切り離すのに対し，アンビヴァレント型の個人は自己感の欠損を抱え，自分が何者であるかを知るために他の人物にしがみつかなければならない。無秩序型の愛着と関連した役割逆転や強迫的世話焼きは，照らし出し／映し出しの関係性が歪曲し逆転した場合に生じる，母親の気分に対する過剰なまでの敏感さにその起源を有しているのだろう。

　ホームズは，特別な治療的アプローチである BABI (brief attachment based intervention：愛着に基づいた簡易的介入) を提案しており，それは比較的よく構造化された，中程度に重篤な心理的障害への介入である。それは，フォーミュレーション〔処方計画〕を重視する時間制限アプローチであり，ハンドアウト〔説明用の印刷物〕を用いたり，セッションの間にはホームワークを課したりもする。また，ロジャーズや力動論，認知行動的な技法を組み合わせているという意味で統合的である。そのユニークな特徴は，愛着理論的発想（例えば，探索，喪失，主張性，適切な怒り，内的作業モデル）に焦点を当てたうえで，愛着スタイルを修正し，また内省機能を拡張させようとするところにある。それはまだ，効果の検証はなされていないが，有望な統合的治療法であると言える。

　精神分析と愛着理論の統合に関するホームズの寄与は多面にわたっている。彼の中心的な貢献は，「語りを通した治癒」に絡むあらゆる形態での心理的変化のモデルを，整合一貫性や自伝という発想を通じて，愛着理論の概念と結びつけていることである。そのモデルはまた，自伝的語りの有能性（コンピテンス）に焦点化した技法を有する，特定の治療的アプローチを生み出しており，ホームズとその同僚は，そのマニュアル化を進めているところである。ホームズのプロジェクトにおける二つ目の道筋は，生物学的精神医学の進展との結びつきを作ることを通じて，愛着理論的アプローチと精神分析的アプローチの両者を強化しようとしていることである。そして，彼の仕事の三つ目の側面は，精神分析の概念と愛着理論の概念の両方を活用した，進化論的発達モデルに関わるものである。こうしたすべての点において，ホームズは，愛着理論に基づきながら，新たな精神分析的心理療法の流れを徹底的に一貫して打ち立てようと試みており，その意味において，その貢献は他に類を見ないものと言えるのである。

アリエッタ・スレイド

　アリエッタ・スレイド（Arietta Slade）は，精神分析的心理療法の臨床実践と愛着理論の実証研究とを結びつけた，北米の主要な人物の一人である（愛着理論の臨床的応用に関する研究の優れた概観に関しては Slade, 1999 a を見よ）。スレイドは，臨床家が臨床的作業を促し支える道具として愛着理論になかなか関心を持たなかったために，ボウルビィが大きな驚きと失望を覚えた（Bowlby, 1988）ということを指摘している。スレイド自身の見解では，愛着理論が，特定の心理療法的アプローチを規定したり，生み出したりするというものではない。むしろ，それは，愛着の性質と力動的メカニズムに関する理解が，介入や臨床的思考を決定づけることなく，それらに一定の示唆をもたらすというものである（Slade, 1996）。愛着理論は，人の諸機能に関して実に幅広い視座を提供するものであり，臨床家が患者について考え応答するやり方，および，彼らが，治療関係や介入とは何かという，その理解の仕方を変え得る可能性を秘めたものである。

　スレイドは，愛着理論が語りに焦点化することで得られる示唆に対して，臨床家の注意を引いた（Slade, 1996, 1999 b, 2000）。彼女は，声色の変化や言い間違い，関連性の欠如，意味の瓦解などの特徴，そして，より微妙な形で生じる，患者の会話の構造や組織化の崩壊や動揺などに耳を傾けるということが，愛着理論と臨床的文脈の両方において，ほぼ同じであることを示している。治療者は，語りの失敗に焦点を当てることで，患者が経験を心理化できないでいる，そしてだからこそ，治療的介入が役立ち，望まれもするであろう問題や話題に対して，注意深くなるのである。実際，こうしたスタンスは，患者が，受け入れがたい感情や思考の侵入に対して自らを防衛するためにとる，そのやり方を見定めるために，治療者が用いるものである。スレイド（Slade, 2000）は，また，語りにおける失敗や欠落などの特徴が，患者の現在の障害や不適応の原因となっているかもしれない，子どもの頃の経験の性質がいかなるものであったかについて，ヒントをもたらしてくれるとも主張している。このように，スレイドは，愛着理論と臨床実践の相互作用を，技法の最も深いレベルに見出している。治療者は，乳児や養育者のイ

メージを伴った素材を，記憶やファンタジーのレベルにおいてではなく，むしろ患者の語りの特徴を考察することから得られる洞察のレベルにおいて，得るのである。こうした語りの特徴は，患者が感情を制御し，自己の経験に関する包括的な語りをまとめる際に用いる心的メカニズムを，顕わにするのである。

　スレイドの治療における記憶へのアプローチは，メアリー・メインの示唆に負うところが極めて大きい。語りのなかに含まれる一般化された描出が，確かであることを根拠づけるために，適切な記憶を想起・活用する能力は，その瞬間に想起された記憶が正確か否かにかかわらず，その一般化された語りに具体性を持たせるにあたって重要となるだろう。自伝的語りを聞きながら，治療者は，一般的主張（意味システム）と，そうした一般化に多少とも関わる実際のエピソードとが，うまく調和しているか否かに注意を向けなくてはならない。もし，内的作業モデルのさまざまなレベルや階層がうまく統合されていなければ，治療者は，そこで，養育者との好ましくない経験によって紛れもなく作り出された，表象システムにおける防衛や歪曲の存在を知ることになろう。スレイド（Slade, 2000）は，たとえ，それが自分の感情や知識の断片化を余儀なくさせるものだとしても，子どもが，養育者とのつながりを何とか維持しようとして起こす言葉の歪曲というものがあることを指摘している。このような言葉を聴き取ることには，重要な意味が含まれている。1) 慰めや世話を探し求める経験は，初期の発達において極めて重要な，心的組織化に関わる出来事を構成している。こうした出来事が分析的文脈における言葉のなかで伝達されると考えることは，ある患者との分析的作業において，重要な部分となる可能性がある。2) 会話をその構造のレベルで聞くことは，分析家が，患者の初期の経験がいかなるものであったかを想像し，その経験が患者にどのような衝撃を与えたかについて考える，そのあり方に影響を与える。3) それはまた，適切とは言えない養育状況下で育った患者の経験をより具体的に想像することを可能にすることで，分析家の共感の質を高めることになるかもしれない。

　スレイド（Slade, 1999 a）は，治療者が，患者の経験を理解することができるようになるために，メインとゴールドウィンの分類システムを，他の診断的アプローチによる類型と一緒に用いることを勧めている。例えば，回

避・愛着軽視型の個人においては，（特に否定的な）感情の自由な表出は最小限であり，感情を制御し，包容し，抑制する構造は高度に組織化され，硬直化している。同様に，愛着行動システムに関与する感情，記憶，そして認知もおそらく過度に統制されている。それに相応するような診断的情報が，患者の抵抗・とらわれ型愛着を同定するなかからも得られよう。ただし，スレイドは，愛着が未解決・無秩序型である患者のまとまった臨床像を描くのに，より困難を抱えている。彼女はこの像が抵抗・とらわれ型のパターンと非常によく似ており，著しく高い水準の一貫性のなさと無秩序さによって特徴づけられることを示唆している。しかしながら，この他とは異質なカテゴリー内の一貫性のなさは，愛着理論にとって悩みの種なのである。

　スレイド（Slade, 1999 a）は，抜け目なくも，一方における発達過程に対する精神分析的な関心と，もう一方における相互排他的な分類に対する愛着理論家の関心とが，表面的に見ると，依拠すべき枠組みとして両立不可能であることを認めている。スレイドの見解では，おそらく，これが，精神分析的な臨床家が，愛着理論に基づいた臨床的アプローチに対して関心を抱かないことの決定的な理由となっているのだという。臨床家は，単純に，患者が何セッションにもわたって同じ愛着分類に安定してとどまっているとは考えられないのである。しかし，彼女は，こうしたスタンスが，近視眼的であることを指摘している。彼女によれば，愛着分類は，個人に関する物語（story）を，すなわち，どのように経験がその個人の感情制御パターンを形成してきたかを，また，どのような経験が一般的にその個人の意識に上り得るかを，そして，どの程度，個人が自分の初期の関係を意味づけることができてきたのかを，示しているのである。

　ホームズによる語りの病理の特徴についての描写（上記参照）を用いながら，スレイドは，それぞれの一次的な不安定なパターンに関する技法的含意について考察している。愛着軽視型の患者は，自らの感情経験を制限している。治療においては，感情を経験と意識に伴わせることを可能にする方途が見出される必要がある（すなわち物語の破壊）。治療者は，患者の感情的経験や記憶へとつながる道筋を見出し得るよう注意を払わなければならない。とらわれ型の患者の治療は，感情の調整のための構造をゆっくりと作り出すことを中心に展開される必要がある。彼らは，そのときの感情によって突き

動かされるために焦点や内的な目的を特定することが難しくなるのであり，また，その特徴的なパターンは過去において一次過程に支配されていたとしばしば見なされ得るものである。スレイドは，未解決・無秩序型の個人を取り扱うという難題を記述し，その技法を提案している点において極めて有用である。トラウマや喪失における解決の失敗の下に横たわる多くの感情は，これらの患者から解離しており，深く，したがって本質的に歪曲されている。そこにはしばしば，もしかすると起こったかもしれないことの緩慢で骨の折れる再創造が生じ，そのことがさらなる恐怖と解離を伴うかもしれない。また，そこにおいては，治療者の心が，患者の無秩序な自己構造に占有されてしまうことがあるため，逆転移が主要な問題となる。ここにおいて，治療者の安定した愛着，すなわち比較的壮健な自己感を活用し得るということが，特別に重要になる可能性がある。安定型の治療者は，不安定型の治療者に比べ，愛着軽視型の患者の依存欲求をよりよく聞き，応答でき，その結果として，強烈な逆転移への脆弱性が少ないという，ドジャーとその同僚による調査（Dozier et al., 1994）は，この見解に合致するものである。不安定型の治療者は，そのような患者にからめとられ，彼らの根底にある欲求よりもむしろ眼前の欲求に反応してしまうことになるだろう。

　最後に，スレイド（Slade, 1999 b, 2000）は，愛着理論と，子どもへの臨床実践に関する調査研究との関連性について考察している。そこでは，二つの論点が強調されている。第一に，子どもにとって，愛着は，過去ではなく現在であり，それ自体が治療の現実的な文脈であるということである。それは，自分の過去の経験によって規定され，親の愛着経験の歴史によって形成されるものとして在る。特に子どもにおいては，しかしおそらくは大人においてもであるが，われわれは過去に働きかけながら子どもが現在から未来に持ち越そうとしているものにも取り組んでいるということに，注目することが重要である。明らかに，このことは，何かと物議の多い修正情動体験（Alexander & French, 1946）についてはいろいろと複雑な事情があるものの，治療者が子どもにとって現実のあるいは代替の対象としていかに重要であるかということに関する長年の論争に触れるものである。第二にスレイドは，親の側の子どもについての心的表象，および親自身の愛着経験によってそれがどれくらい規定されるか，そしてまた，家族に対する治療的営為が進

行するにつれてそれがどの程度，変更され得るかということに関する，彼女自身の研究の意義を強調している。子どもを表象し認識する母親の能力と，子どもが自らを考え感じる人間として認識することをつなぎ合わせるという着想が，彼女が精緻化している臨床的作業の中心なのである。

　要約すると，アリエッタ・スレイドの貢献によって，愛着理論は，日々の診断と臨床実践を改善するために有用な，まとまりのある一連の提案として，現場の臨床家にもたらされるようになってきている。ホームズとは異なり，スレイドは，新しい統合的な理論モデルを導入していない。どちらかと言えば，彼女のアプローチは実践者としてのそれであり，精神分析的心理療法家にとって，最も有用な愛着理論の諸側面を同定し精緻化してくれているのである。

アリシア・リーバーマン

　乳児-親心理療法は，人生初期の3年間における親子関係の障害を扱おうとする試みのなかで発展してきたものである。セルマ・フライバーグ (Selma Fraiberg) (Fraiberg, 1980) が，簡潔ではあるが整合性の高い理論枠によって，このアプローチを確立した。それによれば，乳児と親の人生初期の3年間における障害は，親が自分自身の幼少期に，重要な人物との間で持った一つないしはそれ以上の未解決の葛藤が存在するときに出現するという。そのパラダイムを示す著作はフライバーグの論文「子ども部屋の幽霊」(Ghost in the Nursery) であり，そこで彼女は次のように書いている。「治療において，われわれは，親とその赤ん坊を，子ども部屋に侵入し棲み着いている古い'幽霊'から解放するために，親とともに，その過去と現在を吟味し，続いて，親自身の洞察へとつながるような解釈を通じて，過去と現在の間に，有意味なつながりを作らなければならない……われわれは現在と過去，親と赤ん坊の間を行きつ戻りつするが，最後には常に赤ん坊に戻ってくる」(Fraiberg et al., 1975, p. 61)。愛着理論と精神分析的な乳児-親心理療法との間のつながりは，最近になってようやく始まったものにすぎないが，それは，アリシア・リーバーマン (Alicia Lieberman) (Lieberman, 1991) によって強力に展開されている。

この心理療法のアプローチにおける中心的な構成要素は，セッションに赤ん坊が存在するということである。親の報告は，相互作用の直接的観察の代わりにはなり得ないという認識が，フライバーグの本質的に革新的なところであったが，それは，愛着理論における直接的な観察法に対する認識論的掛け橋となるものである。現在は過去と橋でつながっている。このフライバーグの簡潔な金言には，特に悲しく，ぞっとするほど恐ろしく，剝奪された幼少期が大人になってからの経験に壊滅的な影響力を有することを思い起こさせる，いくつかの含意が込められている。フライバーグの示唆には，簡潔さという美点が備わっている。しかしながら，乳児-親治療に当たる者が，母親の過去に，ほどよい世話への障壁となったものを見出そうとする単純かつ直接的なアプローチをとろうとすると抵抗に遭いやすいのだが，そうした抵抗について十分に理解していたのは，アリシア・リーバーマンであった（Lieberman & Pawl, 1993；Pawl & Lieberman, 1997）。彼女の臨床的アプローチは，親にとって現在最も中心的となっている関係にいかなる感情状態が伴っているかということに焦点を当て，そして，そうした感情状態がどのように赤ん坊との関係のなかにも存在しているかを探求するというものである（その明確な臨床例は Silverman et al., 1997 のなかに示されている）。

　洞察を中心とする介入に加えて，セルマ・フライバーグ（Fraiberg, 1980）は，乳児-母親心理療法には，3種類の手続きがあることを記述している。それらは，短期危機介入，発達的ガイダンス，そして支持的治療である。さらに，すべての治療手続きにわたって，生活上の問題について具体的な援助（例えば，車で医者につれていくことや，もっといい住環境に住めるよう推薦することなど）を与え，それを通して治療的協力関係を強める試みがなされる。こうした要素の組み合わせや統合のあり方は，実際のところ，もともとそれらの諸要素を案出した精神分析的枠組みよりも，愛着理論の枠組みの方に，はるかによく適合する（Lieberman & Zeanah, 1999）。この一つの例に，転移対象としての乳児の役割がある。フライバーグは，元来，赤ん坊が転移の適切な焦点となることを示唆していた。愛着理論の文脈において，これは，母親の愛着関係に関する内的作業モデルを観察するうえでの最良の機会になると考えられる。母親は，ごく一般的に赤ん坊に同一化し，親自身のその母親との経験の残滓を，養育者の役割のなかで演じているのであ

る。経験の直接性は，子どもの誕生によって刺激され生じた，愛着と養育システムの同時的活性化を通じて生み出される。

　母親-乳児心理療法の変化要因もまた，古典的精神分析の文脈よりも愛着理論においてよりよく説明される。養育のための内的作業モデルは，多くの事例において治療者の肯定的関心，親の欲求への注意深さ，そして共感的な応答性によって変化する。親は，より容易に利用可能な怒りと恐れに基づいたモデルではなく，むしろ相互性と世話とによって特徴づけられる関係の仕方を学習する（Lieberman & Pawl, 1993）。他者といかにあるべきかということに関する否定的期待は修正されるか，あるいは，少なくとも，そうした期待は，おそらく子どもの誕生と養育システムの活性化によって潜在的にどの母親の心にも生物学的に仕組まれているはずの非敵対的な相互交流，を含むよう拡張されることになる（Lieberman, 1991）。このように，内的作業モデル概念は，臨床実践のなかに浸透していると言えるのである。古典的定式化において，世代間伝達は，親との未解決の葛藤の再演であると説明される。すなわち，無意識的な衝動が，もともとの対象から，乳児をはじめとする現在の転移対象に置き換えられ，また投影されるというのである（Fraiberg et al., 1975）。リーバーマンの立場は，内在化された初期の経験が，乳児に対する養育経験を，整理し，選択し，符号化するための構造的な枠組みとなるというものであると言えよう（Lieberman & Zeanah, 1999）。

　IWM（内的作業モデル）概念は，親が経験を理解するための助けとなるとともに，乳児の内的経験がいかなるものであるかを理解することにおいても活用される。リーバーマンとその同僚たち（Lieberman & Pawl, 1993；Lieberman & Zeanah, 1999）は，エインズワースら（Ainsworth et al., 1978）が描いたラインに沿って，乳児の行動を防衛操作という観点から考えている。興味深いことに，防衛的行動の愛着分類は，フライバーグが臨床的セッティングにおいて観察した，乳児の自己防御の劇的なメカニズム（Fraiberg, 1982）とほぼ同一である。というより，後知恵的に言えば，フライバーグの観察した乳児の防衛は，彼女の言語的記述からうかがわれるよりも，はるかに組織化されていない，まとまりのない行動であったことが推察されるのである。現在の臨床的サンプルに対する経験からは，無秩序な防衛的行動のパターンが，こうした臨床群の乳児において優勢であることが予

測されるだろう（Lyons-Ruth et al., 1991, 1999）。フライバーグは，その論文のなかでエインズワースに言及してはいるものの，彼女はこれを彼女の考えと愛着理論家の考えの統合を提案するためというよりも，そこから距離を取り，それと区別するために行っているようである。しかし，彼女が関わっている精神分析理論（現代自我心理学）は，乳児の防衛を理解するのに必要な，乳児の心的構造のモデルをいまだ何も有してはいないのである。唯一，対象関係論，特にクライン派の発達論だけが，これらを，防衛的メカニズムとして考えるのに十分な，心的構造の存在を，乳児に仮定している。

　アリシア・リーバーマンは，現在まで，乳児-母親心理療法の流れにおけるカリスマ的主導者として活躍してきている。愛着理論によって，彼女とその同僚は，幅広い介入法を心理療法モデルのなかに統合することが可能になっている。彼女の仕事は決して精神分析的介入のみに限定されるものではない。それどころか，彼女の治療的アプローチの最も強力なところは，心理療法よりもソーシャル・ワークと関連していると言うこともできる。それでも，愛着理論という枠組みのなかにおいては，これらの「非分析的」介入も，乳児に関する今ここでの出来事や，他の生活環境によって引き起こされた情緒的反応に焦点を当てる，解釈作業のすぐ傍らに，極めて不自由なくその座を占めることになるのである。

第 12 章
要約：
何が精神分析理論と愛着理論に共通なのか

　現在の進展段階においては，精神分析理論全体を，一群の整合性ある諸命題に還元して考えることができないため，この書においてわれわれは，特定の精神分析的思考の諸伝統を一つひとつ取り上げて，そのおのおのと愛着理論との間にいかなる接点があるのかを考察せざるを得なかった。ここでわれわれは，精神分析理論と愛着理論という，これら二つの参照枠の食い違いに関する優勢な見方を鎮めるべく，例解的な議論を行いながら，この二つのアプローチの接点について，より包括的な観点から要約することにする。

パーソナリティの発達は子どもの社会的環境との
関連において最も研究されている

　われわれが見てきたように，フロイトとボウルビィはどちらも，その理論的提示を，人生初期の剥奪がいかなる心理学的帰結をもたらすかということに関する研究から始めている（Bowlby, 1944 ; A. Freud, 1954）。フロイトの誘惑仮説からの離脱（Masson, 1984）はよく知られるところであるが，それによって，幼少期のトラウマの病因論における彼の立場がぐらつくということはなかった（Freud, 1917, 1931, 1939）。それとは対照的に，現代の精神分析的立場を採る読者は，ボウルビィのアプローチは治療論的に現実主義的であり，そしてまた，外傷的出来事のカタルシス的想起の治療的性質を強

調している (Bowlby, 1977) という理由で，ボウルビィを批判するかもしれない。しかしながら，ボウルビィの，経験の表象ということに関する注視 (Bowlby, 1980a) は，フロイトの初期の理論における素朴な現実主義への回帰ではなかった。それはフロイト理論の第四段階，すなわち構造論モデル (Freud, 1923) の精緻化を示しているのである。フロイトは，ボウルビィと同様，不安を外的，内的両方の危機の知覚と結びついた，生物学的に規定された随伴現象的 (epiphenomenal) 経験であるととらえ，その心理学的な原型を対象喪失であると認識していた (Freud, 1926b)。外的世界への適応が精神分析的説明の本質的要素でなければならないという認識，そしてまたそうした説明のためには，ある程度，認知的構造の観点から理論を再組織化することが必要となる (Schafer, 1983) という認識，への移行が自我心理学，愛着理論いずれにとっても，古典的精神分析モデルを精緻化するうえで，極めて重要な共通基盤となっているのである。

　病因論において精神内界の要因よりも対人関係上の要因に焦点を当てた精神分析家は，ボウルビィが初めてというわけではなかった。ハンガリーの精神分析家フェレンツィ (Ferenczi, 1933) は，子どもの心理学的世界における意味を大人が理解し損ねることの潜在的な外傷的性質を指摘していた。彼によれば，それは，子どもの一次的対象の側の感受性の欠落と結びついた危険を予示するものであった。われわれは，養育の質の強調がフェレンツィ以来，多くの主要な精神分析的伝統における特徴となり，スピッツ (Spitz, 1945, 1965)，エリクソン (Erikson, 1950, 1959)，ウィニコット (Winnicott, 1962a)，そして A. フロイト (A. Freud, 1941-1945, 1955) の仕事において特に重要な役割を演じてきたことを見てきた。精神分析家と愛着理論家における，社会的環境の影響に関する概念化の仕方には認識論的な差異が横たわっているという一般的な理解によって，両者の見解には，実のところ極めて多くの共通点があるという事実が覆い隠されてしまっている。そこには，四つの鍵となる認識論的な重なりがあるのである。

外的現実　対　心的現実

　社会的知覚や社会的経験は期待や予期によって，意識的にも無意識的にも歪められるということは，両理論における根本的な前提である。構造論モデ

ルのなかでフロイト（Freud, 1923）は，発達過程の一部として性格論的および症候論的な構造の組織化に関わる防衛を作り出す自我の能力について記述している。この考えはボウルビィの三部作，特に最終巻（Bowlby, 1980 a）の礎石となっている。アンナ・フロイト（A. Freud, 1936）の一般的防衛機制の記述は，心的表象，あるいはむしろ，その典型的な歪曲という観点から容易に言い換えることができる（Sandler, 1987 a ; Sandler & Rosenblatt, 1962）。クリッテンデン（Crittenden, 1990）の仕事は，回避型や抵抗型の愛着パターンに典型的な行動を，乳児期における防衛的行動という言語（language）（Fraiberg, 1982）の視点から理解することを可能にしたものである。より最近では，われわれが，愛着分類の世代間における連続性を，乳児の苦痛によって発動される養育者の防衛の内在化として理解し得るということを論証しようと試みている（Fonagy et al., 1995 b）。現代愛着理論も現代精神分析も，根本的な認識論的目的として，外的現実と心的現実の間の不一致に関わる内的機制を記述するということを据えている。

人生初期の強調

社会的環境とパーソナリティ発達の関連性についての考察のなかで，精神分析家と愛着理論家が，ともに人生初期の数年を特別視しているということを示すのはたやすい。精神分析において，こうした偏重傾向が完全な形で現出するまでには，ある程度の年数を要したが，そのため，それは，ボウルビィの発想と多かれ少なかれほぼ同期して生じたということになる。メラニー・クライン（Klein, 1935）は，生後1年目に，パーソナリティ発達における後続の諸段階の鋳型が形成されると考えようとしていたが，それは，当時，精神分析的発達論者から，懐疑の目をもって受け止められた。なぜならば，それは特に，彼女が，生後1年目の乳児に，あまりにも洗練された認知的水準があると仮定しているように見えたからである（Yorke, 1971）。しかし，より洗練された乳児の行動観察の方法によって，今や，人間の子どもは，すでに出生時点においてさえも，比較的複雑な心的能力を，場合によってはクライン理論が想定していた以上のものを，所有するということが明らかになっている（Gergely, 1991）。マーガレット・マーラーは一般的に，観察法を，発達の最初期の研究に生かしたと信じられている。しかしながら，

彼女の系統的な観察研究は，生後1年目の後半6か月の子どもに基づいていた（Gergely, 2000）。事実，マーラー理論に対する，その後の批判の多く（例えば，Klein, 1981; Stern, 1985）は，たとえ，精力的で注意深い生後3年間における子どもの観察がマーラーの強力な発想源であったとはしても，乳児の心理学的誕生の最早期段階についての彼女の性格づけは，依然として，ある程度，回顧的な病理形態（pathomorphic）的説明〔成人の患者の回顧的語りに基づいた，精神病理の視点からの説明〕に基づいている，という点に集中している。また，その後，それまでとは異なる精神分析の枠組みとして自己心理学（Kohut, 1971）が出現したことによって，発達の最早期は，さらに精神分析における理論的関心の中核に置かれることになる。回顧的に再構成された乳児ではなく，その対極にある現実の乳児への関心が精神分析の内部において増したことによって，愛着理論に対する精神分析側からの関心も増大してきているのである（例えば，Lichtenberg, 1995）。

母親の感受性と照らし出し／映し出し

　こうした発達の初期段階に対する関心の収斂以上に，対象関係の質を決定し，それ故に精神的発達をも規定することになる要因として，母親の感受性への共通した，より特異的な関心の集中が存在する。しかしながら，愛着理論と精神分析における発達論は，母親の感受性という構成概念を明らかに異なった方法で概念化している。愛着理論は養育者の行動やパーソナリティ的特徴を含んださまざまな観点から感受性を記述している（例えば，応答性の全般的評定，個人の応答の正確さ，養育者のパーソナリティ特性，養育者の心のなかの乳児についての心的表象の質［De Wolff & van IJzendoorn, 1997］）。精神分析の定式化においては，感受性はその帰結，すなわち子どもの自己発達を組織化させる影響力という観点から考察される傾向がある。そして，こうした概念化のなかにも相当のばらつきが存在する。クライン派が定式化する感受性豊かな養育とは，乳児の心理学的経験を吸収し，「代謝」（metabolised）（Bion, 1967）された形で送り返す親の能力ということになろう。乳児は，投影され，変形されたものを受け入れ，再度内在化することが可能となり，かくして，養育者との相互作用における，こうした内的モーメントの表象を耐え得るものとして形成することができるようになる。ビオ

ンは，やがて乳児は変形の機能を内在化し，自分の否定的感情状態を制御する能力を獲得するだろうと示唆している。この過程が非言語的な性質を持つということは，養育者との物理的な近接が不可欠であるということを含意している。このように考えれば，ビオンの発想は，心理学的な養育者，すなわち大人の心というものに対する乳児の近接欲求の社会生物学的根源について，新たな視座をわれわれにもたらしてくれるのかもしれない。

いくらか異なる形で，ウィニコット（Winnicott, 1956）は，赤ん坊の状態を映し返す母親を赤ん坊が見るときに，赤ん坊が母親の表情に見るものは実は赤ん坊自身の自己状態なのだということを提唱している。このように，母親の照らし出し／映し出し（mirroring）機能は赤ん坊の自己表象の構築に欠かせないものであるように思われる。コフート（Kohut, 1971, 1977）の仕事のなかでは，おそらく彼の自己愛に対する臨床的関心の成り行きとして，共感という概念が，自己評価（自尊心）についての考察と密接に結びついている。養育者の行動に関して愛着理論と非常によく一致した定式化を行っている精神分析家はエリック・エリクソン（Erikson, 1950）である。エリクソン（Erikson, 1964）は，例えば，基本的信頼が「養育してくれる人物を，一貫したまとまりのある存在として経験すること，すなわち，身体的情緒的欲求を満たしてくれ，それ故に自らが信頼するに値する存在として，そしてまたその顔が自らを認識してくれるように自らもその顔を認識し得る存在として経験すること」(p. 117) のなかから生じると考えている。

さらに精神分析における感受性の概念と愛着理論家のそれとが，同じく関連した現象に関わっているということを示す事柄がある。愛着理論家も精神分析家も，乳児の発達から見た養育者の感受性における理想的な水準は，その強度や乳児の状態への応答性の程度に関して完全であるよりも，むしろほどほどなことであるという結論に達している。明らかに，この考えはウィニコットの「ほどよい」養育（Winnicott, 1962 a）という考えやコフートの変容性内在化のモデル（Kohut & Wolf, 1978）の中心であり，そして最も明示的には，エリクソンの著作のなかに描かれている。『幼児期と社会』のなかで，彼は「ポジティヴであることとネガティヴであることの両方があり，ただし，そのバランスがポジティヴな方に傾いていれば，そうした比率の経験は，子どもが後に危機に遭遇した際に，それを乗り越えるための助けにな

り，また，損なわれない形で発達を遂げるためのよい契機となるだろう」(Erikson, 1950, p.61 n)と指摘している。エリクソンは親の非侵入性(Malatesta et al., 1986)を母親が過度に相互作用を操作しようとしないことであると考えていた。相互同期性（interactional synchrony）(Isabella & Belsky, 1991)は，おそらくエリクソンによる「互恵性と相互調節」(reciprocity and mutual regulation) という考えと同じものを指していると考えることができよう。そこには，うまく調整された養育者との関係は，自律的で頑健な自己感につながるという共通の一般的仮説があるのである。このように，愛着理論と精神分析による定式化は確かに養育者の行動と乳児の経験のいずれを強調するかという点において異なってはいるが，いまだ，両領野において，決め手となるような定式化は行われていないというのが現状である。われわれは後で，この社会的発達の決定的な局面が，両理論が，相互に益を得るための，重要な領域となるということを示すことにしたい。

関係を形成する動機づけ

ボウルビィの〔精神分析に対する〕偏った主張とは裏腹に，実のところ，現代精神分析は，乳児-養育者関係は，身体的な欲求ではなく，むしろ関係に対する，ある種の独立的で自律的な欲求に基づいているという，愛着理論の基本的前提を共有している。この点において，精神分析からの離脱を主張しようとしたボウルビィの動機づけ（Bowlby, 1958）は，部分的に，ただ修辞的なものであったと言えるのかもしれない。どのような理論においても，新しい考えは，たとえ，それが過度の単純化を意味するとしても，二分法を強調することで明確な鮮明さを持ち得るからである。より重要なことは，この点に関する精神分析的定式化が異種混交で，そこに圧倒的なばらつきがあるために，明晰さに欠けるということである。アーノルド・モデル（Modell, 1975）は，例えば，放出（discharge）よりも相互作用過程によって性格づけられる対象関係本能の存在を示唆していた。英国対象関係学派の仕事において，関係への欲求は生得的な傾性と考えられ，「一次的愛」(Balint, 1952)，「対象希求性」(Faribairn; 1952 a)，「自我関係性」(Winnicott, 1965 b)，あるいは単に「パーソナルな関係」(Guntrip, 1961) とさまざまに記述されてきている。ある部分ではボウルビィは明らかにこれらの

分析家を認知していたが，そうした構成概念に確固とした生物学的，進化論的基盤を構築することで，自らが彼らよりも先んじていると感じていた。

しかし実際のところ，英国学派の間でさえ，関係性（relationship）という構成概念の取り扱いに関してはあいまいさがある。バリントやウィニコットにとって，その構成概念は，紛れもなく，一次的なものであるが，フェアベーンやガントリップにとってのそれは，心的組織化という一次的欲求に対する二次的欲求として記述されている。後者の見解はカーンバーグのモデルのなかにも含意されており，そこでは，自己が，内在化（取り入れ，同一化，および自我同一性）の結果，関係性の一部として（Kernberg, 1976 a, b）生じるということが示唆されているのである。しかし依然として，他の精神分析研究家は，関係性への欲求が，子どもの内的世界の運命（vicissitudes）〔不可避的に生じてくる発達的推移〕に対する防衛として生起してくると仮定しているようである。われわれはすでに近接の希求という概念を，どのようにビオンの包　容（Bion, 1967）という発想から引き出し得るかということについて見てきた。また，欲動論の伝統と近いことで，エリック・エリクソンは，愛着が，自我同一性の発達を促進するか，あるいはその副産物となるかのいずれかにおいて，二次的な役割を果たすものであり，個体化へ向けた発達過程における中間連絡路の状態（Erikson, 1968）であると推論していた。要約すれば，現代精神分析は子どもの関係への欲求を視野に入れているという点において愛着理論と異なってはいない。しかしながら，そこにはその欲求の性質と起源について，あまりに多くの競合的な定式化が存在しているのである。そうした意味からすれば，愛着理論によって描かれる一本化された一貫性ある説明の適切さは明白であろう。この種の議論はここでの作業の範囲をはるかに超えるものである。

情緒的発達の認知的基盤

愛着理論の主たる長所は，ボウルビィが，対人行動の連続性を媒介し保証する表象システムについて，比較的，明解に記しているということである（Bowlby, 1969）。そして，ボウルビィのモデルは，インゲ・ブレザートン（Bretherton, 1987）とメアリー・メイン（Main et al., 1985 a）という，こ

の領域における2人の先駆者によって精緻化され，発展させられてきている。もっとも，こうした進展があるにもかかわらず，内的作業モデル概念には多くの批判が，特に発達心理学者からなされている（例えば，Dunn, 1996）。そうした批判の中心は，ボウルビィのモデルには，特定性（specificity）が不足しているということである。すなわち，乳児の苦痛に対する養育者のあり得べき反応に関する予測が，いかにして，一般化された社会的相互作用の鋳型へと発展するのか，ということである。初期の経験に関する成人の語りについてのメアリー・メインの研究は，成人の会話スタイル，すなわち語りの内容ではなく語りの様式と，ストレンジ・シチュエーションにおける乳児の行動との間に，示唆に富むつながりがあることを例証している（Main & Goldwyn, 印刷中）。ここから窺えるのは，乳児期から成人期への社会的行動の連続性の理解において，愛着理論とそれに基づく研究は，徐々に，エピソード記憶や意味記憶システムではなく，手続き記憶システムに焦点を当ててきているということである（Schachter, 1992）。同じような一連の考えは，精神分析の領域においても現出しつつあると言うことができる。そして，そこには，それに関連するいくつかの問題が存在しているのである。

関係の表象

　エディス・ジェイコブソン（Jacobson, 1954 b）の研究を起点として，今では自己と対象の関係に関する心的表象群が，対人行動の要となる規定因であるということは広く受け入れられている。彼女は，それらが，内的，外的世界の経験的衝撃と関連しており，物理的現実がいかなるものであるかにかかわらず，歪曲や修正を被るということを強調するために，**表象**という概念を導入したのである。多くの理論家が，主体にも客体にも両方に，役割が符号化されるということを仮定するなかで，こうした考えを精緻化してきた。例えば，サンドラー（Sandler, 1976 a, 1987 c）は，一方の他方への直接的な影響が，今，影響を受けつつある人物の心に特定の役割が喚起されるということによって説明されるような，二者間の相互作用モデルを精緻化している。そこでは，影響を与える人物の行動は，相手からの相補的な反応を引き出すのに決定的に重要なものと見なされる。サンドラーはこのようにして乳

児期の関係のパターンが成人期の関係性においても現実化し，再演されることを示している。ダニエル・スターン（Stern, 1994）とボストン精神分析協会（Boston Psychoanalytic Institute）の共同研究者（例えば，Morgan, 1998；Sander, 2000；Stern, 1998；Tronick, 1998）はさらにもう一歩先を行っており，治療的変化が，エピソード記憶についての洞察や内省の結果としてではなく，手続き（潜在）記憶を変化させる経験の結果として生じるという考えを発展させてきている。スターンは，誰かとともに在るあり方のスキーマが，対人経験のなかの不変的な側面を自然と寄せ集める神経システムの創発的特性であると論じている。彼は，これらが内的作業モデルの基本構成単位であることを示唆し（Stern, 1998），そしてまた，彼の仕事は，その実証は依然，課題として残されてはいるものの，乳児-母親のミクロな経験群が持続的な構造へと集積・統合され，安定した行動パターンの形成に寄与するようになる，その道筋を示しているのである。

認知発達における関係性の文脈

　愛着理論と精神分析は両者とも，初期の関係が，重要な心理学的機能が獲得され，発達することになる，その文脈を提供すると仮定している。アラン・スルーフ（Sroufe, 1990）は，それによって，乳児と養育者の初期の相互作用パターンが，感情制御の個別的スタイルへと変形され，そして今度はそれが翻って，相互作用パターンを決定することになるような，仮想的枠組みを提示している。そこでは，感情制御が，乳児-養育者の相互作用の進行過程において内在化されるものと見なされている。ブレザートン（Bretherton et al., 1979）とメイン（Main, 1991）はいずれも，象徴機能の発達が，母子相互作用の調和性に決定的に依存するということを主張している。これらの研究者は，安定した愛着によって，象徴的認知能力の十全たる発達に必要な注意資源（attentional resources）が自由に使えるようになるのだと示唆している。

　心的機能が主要な対象関係から内在化され得るという考えは，多くの精神分析家の著述のなかに見受けられる。特に，ルネ・スピッツ（Spitz, 1945）は子どもの相手となる人物がその生得的な能力の発達を早め，あらゆる知覚，行動，知識を媒介すると考えていた。スピッツは，自己制御の発達にお

ける母子相互作用の役割について特に言及を行っている (Greenacre, 1952 ; Spitz, 1959 を見よ)。ビオン (Bion, 1959, 1962 a) の包容(コンテインメント)のモデルもまた，乳児が，養育者によって行われる変容の機能を内在化し，これを通じて自分自身のネガティヴな感情状態を包容(コンテイン)し，制御する能力を獲得するということを仮定していた。さらに，ウィニコット (Winnicott, 1953) は，乳児と養育者の間の「移行空間」における象徴機能の発達について力強い主張を行っていた。ウィニコットのこの主張は，1) 内的世界を経験することに結びついた安全感，2) 乳児が慎重に外的出来事への関心を制限する機会，3) 自発的で創造的な身振りを生み出す機会，という三つの条件が関係する仮説に基礎を置いている。これらの変数は，ボウルビィ (Bowlby, 1969) の安全基地概念と類似していると考えられるかもしれない。いずれも，認知構造の発達を母子相互作用によって進行するものと考えているのである。

愛着理論と精神分析理論における心理化

　心理化 (mentalization) は精神分析理論および愛着理論のいずれにおいても，中心的な意味を持つ，特別な象徴機能であり，それは両理論の着想の過程において時期を同じくして生じてきたものである。発達理論家は過去10年間にわたって，心的状態という点から自他の行動を解釈する幼い子どもの普遍的で驚くべき能力にわれわれの注意を引きつけてきた (例えば，Morton & Frith, 1995)。内省機能 (reflective function) は，子どもが他者の信念，感情，態度，欲求，希望，知識，想像力，ふり，計画，などについて考えることを可能にする。それは，他者の行動を意味のあるもの，予測し得るものとすると同時に，複数の自他表象群から，特定の相互作用の文脈において，最も適切なものを柔軟に活性化することもできる。他者の行為の意味を探ることは，子どもが自分自身の経験にラベル付けし，その意味を見出し得る能力と決定的な結びつきを持っている。この能力は，感情制御，衝動統制，自己モニタリング，そして自己発動性 (self-agency) の経験に，極めて重要な意味を有している可能性がある (Fonagy & Target, 1997)。

　内省機能は愛着と密接に結びついている。出産前の母親と父親両者が，自らの幼少期の愛着経験に関して説明するなかで，心的状態について言及する頻度は，出産後に，その生まれてきた子どもが彼らに対して安定した愛着を

形成する傾向を非常に強く予測する (Fonagy et al., 1991 a)。もし，安定した愛着を，嫌悪すべき覚醒状態を制御する諸手続き（潜在記憶）の獲得であると捉えるならば (Carlsson & Sroufe, 1995 ; Cassidy, 1994 ; Sroufe, 1996)，そうした手続き的情報は，子どもの激しい感情状態が，正確に，しかし圧倒するほどのものではない程度に映し返されたときに，最も矛盾なく獲得され，一貫性を持って表象されることになるだろうと言うことができる。安定した愛着はこのように，首尾よくいった包容(コンテインメント) (Bion, 1962 a) と非常に多くの共通点を持っているのである。重要なのは，赤ん坊を心理的に包容(コンテイン)し，また，身体的ケアという点からは，子どもの心的状態に関する覚知を示すようなやり方で応答し，しかしその一方で，対処法をももたらす（苦痛を映し出しながら，それとは裏腹の安心感のような感情を伝える [Fonagy et al., 1995 a]）という母親の能力である。もし安定した愛着が，成功した包容(コンテインメント)の産物であるとすれば，不安定な愛着は，養育者の防衛的行動に対する乳児の同一化であると考えられるだろう。愛着軽視型の養育者は子どもの苦痛を映し出すことに失敗し，一方，とらわれ型の養育者は子どもの状態を過剰なまでに明瞭に表してしまうのだろう。いずれの場合においても，子どもは，自分の心的状態の表象を内在化する機会を逸してしまうことになる。養育者への近接性は，この場合，内省機能を損なうという犠牲を払って維持されるのである。ボウルビィ (Bowlby, 1969) は「母親が自分とは違った母親自身の目標と関心を持っていると考え，それらを考慮に入れる能力」(p. 368) の現出を伴う発達的ステップの重要性を認識していた。多くの実証的知見が，愛着の安定性と内省機能との関連性を支持している。愛着の安定性は，記憶，理解力，そしてコミュニケーションの領域におけるメタ認知能力をよく予測する (Moss et al., 1995)。また，母親との愛着の安定性が，3歳6か月から6歳の子どもの信念-欲求に関する推論をよく予測するということが，横断的研究 (Fonagy et al., 1997 a) と縦断的研究 (Fonagy, 1997 ; Meins et al., 1998) の両方で見出されている。こうした知見に基づいて，われわれは，子どもの内省機能，すなわち心的状態の帰属を自己-他者関係の内的作業モデルに取り入れ統合する傾向の獲得が，子どもがいかに，人生初期において，主要な養育者の心を観察し，また探索するための機会を持ち得たかということによって左右されると論じてきた。愛着が

安定している子どもの親は，ふり遊び（pretend play）のような行動に積極的に関わり，そして，それを通して，子どもは，半ば必然的に，心的状態の存在を省察するようになるのである。

　養育者が子どもの心を理解することは安定した愛着の発達を促す。すなわち，養育者の子どもの心的状態の正確な読み取りは，その大人が〔読み取りと同時に〕子どもの苦痛にうまく対処してあげることによって，ほどよいものとなり，子どもの内的状態の象徴化を支え，そして今度はそれがより上位の感情制御へと通じるのである（Gergely & Watson, 1996）。安定した愛着は，十全な心の理解を獲得するうえで比較的強固な基盤を提供する。愛着の安定した子どもは，養育者の心的状態について考えることに対して安全感を有している。対照的に，回避型の子どもは他者の心的状態から目を背け，他方，抵抗（アンビヴァレント）型の子どもは，自分自身の苦痛の状態に専ら焦点を当て，相互主観的な交流を閉め出してしまう。無秩序型の乳児は，それとは別のカテゴリーをなしている可能性がある。すなわち，彼らは，養育者の行動に過度に用心深く，養育者の心的状態に鋭い感受性を見せつつも，それを自らの心的状態に一般化すること（自己組織化）ができず，結果的に，その心的状態は制御されず，まとまりのないままになってしまうのである。

　この愛着理論から派生したモデルは，古典的な精神分析の説明と何か違いがあるのだろうか。われわれは以下の多くの根拠に基づいて「ない」と論じよう。1) 内省機能や心理化という考えは，すでにフロイト（Freud, 1911）の結合（Bindung）あるいは連結（linking）という考えに表されている。結合とは，連結が身体的（直接的）な性質から心理的（連想的）性質へと質的に変化することに関わる概念である。2) メラニー・クライン（Klein, 1945）は，抑うつポジションを記述しながら，それが他者の傷つきや苦しみの認識，すなわち心的状態への気づきを必然的に伴うことを強調している。彼女の強調は，破壊的願望の個別的な認識におかれてはいるが，それは明らかに自己と他者両方の意図性（intentionality）に関する気づきなしには起こり得ないものである。3) われわれはすでにビオン（Bion, 1962 a, b）の包容（コンテインメント）に関する記述について触れてきた。彼は具体的に経験された内的出来事（「ベータ要素」）を，耐えられる思考可能な経験へと変容させること（「アルファ機能」）について詳細に描いている。4) ウィニコット（Winnicott, 1962 a) は，本当の自己が現出しつつあるなかにおける子どもを，養育者が**心理学的に**理解することの重要性を認識し，またこうした関係性の弁証法的側面を理解していたという点で，愛着理論から生じたこれらの概念に，おそらくは最も近しいものと言える。心理学的な自己は，他者の心のなかに自分自身を考え，感じる存在として知覚することを通して発達する。子どもの内的経験を理解しながら映し返すということができず，適切に応答できない親は，子どもが生存可能であるという自己感を打ち立てるために必要となる，中核的な心理学的構造を子どもから奪うことになるのである。

5) フランスの精神分析家たちは，独自に，主に経済的観点に立って心理化の考えを発展させた。マーティ（Marty, 1968）は，心理化を，無秩序化の進行を防ぎ得る能力を備えた，前意識システムの保護的緩衝装置であると考えた。すなわち，彼は，心理化を，欲動興奮と内的表象とを結びつけ，結果的に柔軟性（「流動性」と「恒常性」の両者）を生み出す働きをすると捉えたのである（Marty, 1990, 1991）。このように，マーティに従えば，心理化は，永続性や安定性とともに，連想を自由に使用することを保証するのであり，こうした記述は，安定した愛着を示す子どもの能力に関するボウルビィの説明と驚くほど似通っているのである。6) 別のフランスの精神分析家であるピエール・リュケ（Pierre Luquet）（Luquet, 1981, 1988）は，異なる形式での思考の発達と，その発達に沿った内的経験の再組織化について論じている。言語理論に関する章（Luquet, 1987）において，彼は，一次的心理化（それは実際のところ心理化や内省能力の欠如を意味する）と二次的（象徴的）心理化とを区別した。後者の形態の心理化は，依然として，感覚データや一次的無意識的ファンタジーと密接に関連していると見なされ得るが，それは，また，そうした心的過程を表象し，また，夢や芸術，遊びのなかに観察可能であると見なされるのである（Bucci, 1997 も見よ）。彼の言う第三の水準は言語的思考であり，彼はそれが身体的過程から最も離れていると考えた。ちなみに，同様の区別はグリーン（Green, 1975），シーガル（Segal, 1957），マクドゥーガル（McDougal, 1978），より最近では，アメリカにおけるフロッシュ（Frosch, 1995），ブッシュ（Busch, 1995），オウエルバッハ（Auerbach, 1993 ; Auerbach & Blatt, 1996）によっても示されている。

　このように，相互主観的に獲得される心的状態への抽象的で再帰的でなお

かつ潜在的な気づきという発想は、内観（introspection）とは明確に区別されるべきものである（Bolton & Hill, 1996）が、それは常に自己発達に関する多くの精神分析的定式化の中核にあったと言えるのである。こうした古典的考えと愛着理論における関係性（relationship）の構成概念との実り多い統合は、精神分析的概念を愛着理論に生かす潜在的可能性を明示するのに役立つと同時に、おそらくはその逆の可能性についても同様の意味を有するのである。

外的現実と内的現実との複雑な関係と心理化

われわれは、過去の論文において、臨床的および実証的な証左を引きながら、内的現実と外的現実との関係についての健常な覚知は、元来備わって在る普遍的なものではなく、むしろ発達を通して徐々に達成されるものであることを示そうとしてきた（Fonagy & Target, 1996; Target & Fonagy, 1996）。それは、幼い子どもにおいて、最早期の関係と複雑に結びついて在る、外界から内界を分かつ二つの〔心的等価性とふりという〕異種の様式をうまく統合したことの帰結として存在する。われわれは発達を、通常ならば、心的状態が表象として関連づけられていない心的現実を経験することから、その内的世界に関する複雑な見方を徐々に持つことへと移行することであると捉えている。そして、その移行の証となるのが、心理化の能力、つまり他者や自己に思考や感情が在ることを想定し、これらが外的現実に（わずかにゆるやかにということではあるが）結びついていることを認識する能力である。最初、子どもの、心というものについての経験は、それをあたかも記録装置であるかのように捉えるものである。すなわち、子どもにおいて、内的状態と外的現実の間には正確な対応があるかのように経験されるのである。われわれは、こうした心の働きの様式を表すために、そして幼い子どもにとっての心的出来事が、その強度、因果関係、潜在的意味という点からして、物理的世界における出来事に匹敵するということを強調するために、**心的等価性**（psychic equivalence）という術語を用いる。[1] この内界と外界を等しいと見なすことは、不可避的に、二方向の過程となる。小さな子どもは見え方と現実とを等価であると考えざるを得ないように感じるだけでなく（つまりどう見えるかはそれが実際どうであるかを意味する）、思考や感情が

ファンタジーによって歪められると，外的世界の経験もまた同じように歪曲されてしまうという覚知によって，それらは，そのまま調整されることなく，外的現実の上に投影されることになるのだろう。

　思考や感情が具体的な現実として経験されれば恐ろしいことになりかねないため，小さな子どもは，心的状態を構築するもう一つの方法を発達させることになる。それが**ふりの様式**（pretend mode）であり，そこにおいて，子どもは，感情や想念を，完全に表象的あるいは象徴的なものとして，外側の世界との密接な関わりを何ら持っていないものとして経験するのである。2歳の子どもがたとえ警官のふりをしながらも，自分が実際には警官になってはいないということを知っているとしても，それは，子どもが，あくまでも自らがふりのうえでの警官にすぎないということを理解しているからではなく，ふりすることを可能ならしめている心的現実の形態そのものが外的現実からの厳格な分離を要求しているからなのである（Gopnik & Slaughter, 1991）。子どもの遊びは，内的現実と外的現実の間に何の掛け橋も形成し得ない。わずかに漸次的に，そして，子どものふりとそうではない現実の視点とを同時に抱えることのできる他の人物との安全な親密性を通じて，これらの二つの様式の統合が，ある心的現実を生み出し，そこにおいて，感情や概

1　**心的等価性**という術語は，後から考えれば，すでにシーガル（Siegal）に「象徴的等価性」（symbolic equation）という概念があるという点からして，あまり望ましくなかったかもしれない。それは，本書および前の論文で提示した定式化と重なる可能性があるのである。われわれの理解するところでは，シーガルの重要な概念は，内的と外的というよりも，シニフィエ（象徴されるもの）とシニフィアン（象徴するもの）との関係に関わるものである。シーガルは精神病的状態においてしばしば観察される混乱について論じているが，そこではある表象の象徴的特徴が失われ，象徴とそれを表象するものとが等しくなってしまっている。したがって，ヴァイオリンを弾くことはもはやマスターベーションという象徴的意味を伝えず，それはただその活動そのものになるのである。われわれの心的等価性の概念はもっと限定的なものである。われわれは心的状態の質に関心を払っており，そこでは等価性という言葉が，象徴媒体と表象される概念とが等価であることを意味しない。むしろ，思考されたことは現実でなければならないという仮定を示している。それは，子どもが，万能的に，現実のあらゆることを自分は知っているのだと考えるような，一方向性のものではないのである。しかしながら，シーガルとわれわれの記述との間には，有用な形で明晰化され得る，ある重複領域がある。例として，ベッドルームのドアにかけられた男物のガウンを恐れて眠れない3歳の子どもを取り上げてみよう。彼はそれが単なる男物のガウンであることは知っていると言うが，彼が眠りに就こうとすると，それは夜の間にベッドから彼を連れ去る悪い男に変わるのだという。明らかに，ガウンは恐ろしい男と象徴的に等価であり〔すなわち象徴するものとされるものの等価性〕，子どもはまるでそれらが同じであるかのように反応するのである〔すなわち外的現実と内的現実の等価性〕。

念は内的なものでありながら，それでも外側にあるものと関係しているということが理解されるようになるのである（Dunn, 1996）。

安全性／安定性の背景と自己発達の理論

　心理化の出現は子どもの初期の対象関係のなかに深く埋め込まれており，最初は，養育者との鏡映的な関係のなかにあることをわれわれは示唆してきた。これはコフート（Kohut, 1977），ビオン（Bion, 1962 a），ウィニコット（Winnicott, 1956）による伝統的な精神分析における照らし出し／映し出しの概念とはいささか異なるものと考えられる。むしろ，それは，ガージェリーとワトソン（Gergely & Watson, 1996）によって最近記述されたモデルとより似通っている。われわれは，乳児が自ら感情や思考を持っていることを極めて少しずつ理解し，ゆっくりとそれらを識別できるようになるということを提案する。これは主に，乳児が自らの内的経験が，親のそれと意味深く結びついているということを，親による表出や他の諸反応を通じて学ぶことによって生じてくる。こうした情動表出に対する習慣的な反応は，乳児の注意を，乳児自身の内的経験に集中させ，それに形を与えるが，その結果として，それらは意味のあるものとなり，徐々に取り扱うことのできるものとなっていくのである。経験の一次的表象はそのときの心身の状態に関する二次的表象のなかへと組織化される（Fonagy & Target, 1997）。感情の経験は，そこからやがて心理化が芽生えるところのつぼみであるが，しかしながら，それは，少なくとも一つの連続した安全な〔安定した〕愛着関係の文脈においてのみ，そうなり得るのである。子どもの心的経験について考えることのできない親は，子どもから子ども自身の，十分に生存可能であるという感覚の基盤を奪う（Fonagy & Target, 1995 a）。これは精神分析においては親しみのある考えである。ビオン（Bion, 1962 a）は，母親が処理した乳児の思考や感情のイメージが繰り返し内在化されることによって，いかに乳児が包容（コンテインメント）を経験し得るようになるかについて記述している。ジョイス・マクドゥーガル（Joyce McDougal）は，「乳児は泣くことや身体的な身振り，ストレスへの心身症的反応を通じて，母親だけが解釈できる非言語的コミュニケーションを行うのである。母親は，この点において，乳児の思考システムとして機能しているのである」（McDougal, 1989, p. 169）と述べている。

この「適切な」(adequate) 反応は，赤ん坊の身体的表出の解釈を含んでいるだけではなく，赤ん坊が伝達しているものを扱いやすい形にして赤ん坊に返してもいるのである（Winnicott, 1956）。こうした映し出し機能の欠如や歪曲は，内的経験が貧困な形でしか表象されず，そのために，心理学的経験や心的世界を包容（コンテイン）するための別の方法が何としてでも必要となるような，ある心理学的世界を生みだすだろう。こうした方法には，例えば，さまざまな形の自傷や他者への攻撃性などが含まれることになるだろう（Fonagy et al., 1993 a; Fonagy & Target, 1995 a）。

　安全な〔安定した〕，あるいは包容（コンテイン）する関係のなかでは，赤ん坊の感情信号は，その苦痛の根底にある心的状態を内省的に考え得る親によって，解釈されることになる。この親の内省が赤ん坊の助けになるためには，それが，その赤ん坊の感情の〔そのままの〕映し出しと，その感情とは対照的な感情の伝達という，二つの微妙な組み合わせから成り立っている必要がある。対象の映し出しの性質は，子どもとのふり遊びに関するわれわれの記述の文脈において最も容易に理解される可能性がある。そこでは，例えば，子どもの不安を包容するために，母親の映し出しの表出は，恐れと，本来それとは相容れない皮肉のようなものとが入り交じった複雑な感情を示すことだろう。ある水準において，これは，本当に心配することなど何もないのだということを伝えているが，より重要なことは，赤ん坊の経験と同じであって決して完全に同じということではない親の反応が，不安の二次的（象徴的）表象を生み出す可能性を作り出すということである。これこそが象徴化の始まりなのである。われわれはまた，言葉がいかにこうした課題にうまく適合されるかということを論じてきた（Fonagy & Fonagy, 1995）。例えば，話し手はしばしば，まったく無意識的に，それぞれ異なる情緒的特性を示す二つの抑揚のパターンを組み合わせ得るのである。聞き手は，たとえ表出された一方の感情だけが意識的に知覚されたときであっても，その両方に影響されることになる。われわれは，乳児がまったく同様の過程を通して，慰撫される（あるいは包容（コンテイン）される）と信じている。もし親がこのように反応することができなければ，乳児の苦痛は，避けられてしまうか，あるいははじめに「代謝」されることのないままに映し出されることになり，子どもはそうした親の防衛を内在化してしまうことになるだろう。極端な例では，自己発達の過

程は損なわれ，極めて非適応的な防衛に通じる脆弱さが生み出されることになり，そしてまたそれが心理化を抑制することになってしまうのである。それよりは極端でない場合でも，映し出しが不十分であった親子関係においては，以下二つの内のいずれか一つの形で，次なるパーソナリティ発達に歪みの基盤が形成されてしまう可能性がある。これら二つは，心的現実を経験する初期の二つの様式と対応している。一つの形としては，母親は，「心的等価性の様式」におけるように，子どもの状態を調整しないまま，ただ模倣してしまい，結果的に子どもの苦痛をより明確化し，そして自らそれに狼狽してしまうのである。もう一つの形は，母親が，解離と類似した過程によって，子どもの感情についての内省を回避するというものであり，それによって母親はうまく「ふりの様式」のなかに自らを置き，子どもの本物の感情や意図を含む外的現実に接触しないままでいることになる。母親はそこで子どもの苦痛を無視したり，あるいはそれを病気や疲労の現れと解釈したりするだろう。こうした二つの，子どもからのコミュニケーションを避けるやり方は両方とも，そこから，本来であれば子どもが理解し活用し得るようになる意味の潜在的可能性を剝ぎ取ってしまうのである。そして，そのことはまた，親と子の間で，専ら身体的観点から感情を解釈するようなやり方に通じ，結果的にそこでは，その身体的状態がまさに「現実の」ものとなる。リン・マレー（Lynne Murray）（Murray & Cooper, 1997）は，産後抑うつに苦しむ母親についての仕事のなかで，ふりと関連した誇張的行動が顕著な，しかし乳児自身の表出とは関連しない，もう一つの現実を子どもにもたらそうとする母親に関して，鮮明な描写を行っている。そこで，乳児は，自分の心的状態を，認識可能な形で，他者の心のなかに見出すことができず，そうした状態の象徴的表象を獲得する機会を奪われていたのである。通常，子どもは感情に対するコントロールを，部分的には，この種の象徴化を通じて達成する。乳児における感情の表象は，次第に，そうした感情に関する母親の映し返し（reflection）に含まれる調節作用（modulation）と関連するようになる。映し返しは，もともとの感情と明らかに関連しているが，〔それらを調整することになるため〕同じもの〔をそのまま再現するわけ〕ではない。乳児は，母親による調整された反応を自分自身の感情のうえに対応づけて描き，ゆっくりと，感情を伴った象徴的「遊び」が，うまく情緒的反応と生理

的反応とを結合させ得るということを学ぶに至る。臨床的に見れば，このことは，子どもが，自らの感情状態について，はっきりとは認識できるが調整されたイメージというものを受け取ることができない場合には，そうした子どもは，後に，現実をファンタジーから，また物理的現実を心的現実から区別することに困難を抱え得るということを意味するだろう。これによって，子どもは，感情を，信号（伝達手段）としてというよりは，ただ道具的（操作的）に利用するよう方向づけられてしまう。こうした感情の道具的利用は，自分自身の身体に対して，あるいは他者との関係において，身体的行動化を通して思考や感情を表出し，またそれらに対処しようとする傾向のある，境界性の患者における重要な側面である。われわれが考えるに，こうした理解の中心をなすのは，感情の二次的表象の遅延や欠如が，子どもの心的現実の発達を妨げるという事実である。心を経験する二つの原初的様式（心的等価性とふり）の統合は通常，生後2年目に始まり，5ないしは6年目に部分的に完了する（Target & Fonagy, 1996）。われわれは，この統合が心理化の達成であると考えており，それはさまざまな標題の下に，精神分析的文献のなかに記述されてきたのである（Lecours & Bouchard, 1997による優れたレビューを見よ）。

　身体と身体とが物理的に分離していることに対する気づきを有してはいても，また心的状態がそれぞれ別々のものであることに対する気づきを持っていてさえも，そうしたことが，直ちに，自分とは異なるもう一人の人間に，その状況にふさわしい心的状態を同定したり，帰属したりする能力をもたらすわけではない。歩行期に入ったばかりの子ども，また3，4歳の子どもでも，彼らを観察すれば普通に，心理学的な自己の境界に関する限り，そうした小さな子どもが，容易に自らの対象の欲求と自身のそれとが同じものだと想定してしまうということが，たやすく確認できるだろう。ある4歳の少年が，かなりひどいかんしゃくを起こして，母親に対して，もうこれ以上，母親のベッドで眠りたくないとか，誕生パーティなんかしなくていいとか，あるいはメガゾード〔パワーレンジャーというテレビドラマに登場するロボットのフィギュア〕でさえもいらないとか言って，悪態をついた。そのとき，彼は，母親の欲求が彼のものと同一であり，これらが奪われることに関する母親の側の喪失感が，彼と同じくらいに強いものだろうと想定していたのであ

る。ジョージ・モラン（George Moran）が治療した境界性の子どもは，モランが彼にお腹が空いていないかを尋ねたときに，彼に食べ物を差し出したという。自己の心的境界は，おそらく発達過程全体を通して，時には成人期においてさえ，透過性を保っているのである。サンドラー（Sandler, 1992）は，共感的身振り（例えば，誰かが転んだのを見たときに自分の姿勢を修正すること）の基盤として，一次的な同一化の重要性を強調している。通常，こうした経験は，ある範囲内に狭くとどまり，前意識的で，知覚のより早期段階に限定されるものである。それにもかかわらず，まさしくそうした経験の存在が，相互主観的状態が自己知識の素地をなすものとして重要であるということを如実に物語っている。**成熟した子どもの自己の中核には，映し返しの瞬間の他者が存在しているのである**。心的表象の心的表象とは，内的状態と合致してはいるが，それそのものではない対象イメージ群である。それらは，象徴的連結（symbolic link）を形成するうえで，また，子どもが対象の物理的不在のもとでさらなる自己表象を築いていくうえで，十分に一貫し安定した子どもの自己の諸要素を分かち持っているのである。

心的現実の二つの様式の統合を阻むトラウマの役割

われわれはトラウマが，境界性状態の心的発生に重要な役割を果たすということを知っている（Johnson et al., 1999）。トラウマが愛着対象によってもたらされる場合，それは上述したような発達過程を阻害するとわれわれは考えている。その証左は，深刻な虐待を受けた子どもに，以下の一つあるいはそれ以上の点で認められる。a）内的現実の経験における心的等価性の様式の持続，b）ふりの様式への移行を持続しようとする傾性（解離），c）自分自身や対象の心的状態を内省する能力の部分的な欠落。われわれは，これらの思考のあり方が成人においても存続し，境界性パーソナリティ障害の諸症状の形成に重要な役割を演じると考えるものである。

不適切な養育を受けた子どもは，親の表出を，ただ心的現実のみを表す，とりたてて重大な意味を持たないものと見なし得るだけの贅沢なゆとりを持ってはいない。なぜならば，親の感情は，恐ろしい余波をもたらす可能性があるからである。通常，子どもは，2〜4歳の間に，だんだんと自らの内的状態と，外的世界および他者の心の状態とが異なることに気づくようにな

る。しかしながら，脅威や実際のトラウマに取り囲まれた子どもは，いかなるものであれ，内なるものと外なるものの差異に対する覚知を発達させる機会を，ほとんど持ち得ないだろう。そうした子どもの注意の焦点は，外的世界およびその身体的，情緒的な危険性にきわめてきっちりと注がれている必要があり，そのために，内的世界に注意が向けられる余裕はほとんどなくなるのである。通常の環境であれば，親は，ある出来事や感情を隠蔽することによってではなく，物事には一つ以上の見方があると子どもに伝えることで，現実が有する恐ろしい力のいくつかから，子どもを保護することができるのだろう。もしかすると，子どもは，親が怒っているだけではなく，〔自分のことを〕脅しているとも考えるかもしれない。もし，その親が子どもの経験を認識することができて，しかも，それだけではなくその恐れは根拠のないものであると伝えることができるならば，子どもは安心感を持ち得る。しかし，虐待の場合，子どもはそうした安心感を持つことができない。そこでは，通常ならば包容（コンテインメント）によって安心感をもたらすはずのコミュニケーションが，いかなるものでも偽りのものとなり，さらには子どもの，内的現実を信頼する能力を蝕んでいく。したがって，虐待は心的等価性の機能様式を強化することになるのである。それは，子どもに，何よりも物理的世界に焦点を絞ること，遊びに満ちた状態をもたらす機会は何であれ信じないこと，そしてたいてい内的世界に対しては疑い深くなることを，強いてしまう。なぜならば，その子どもにとっての対象の内的世界は，理解不能で，恐ろしく，また苦痛をもたらすものだからである。

　しかしながら，子どもとの「ふり」の様式に入ることができない親が必ずしもあからさまに虐待的であったり，ネグレクトを行ったり，あるいは精神的に病んでいるというわけではない。われわれの思索していることは，「ふり」の姿勢を採用する親の側の能力が，子どもが自らの投影が包容（コンテイン）されたと経験するのに，欠かせないものだろうということである。これが，幼少期が一見，比較的良好であったように見える人びとにも，不適切な養育を受けた子どもの特徴の多くが見出されるということの一つの理由なのかもしれない。親はずっと，子どもに対して情緒的に近接不可能であった可能性がある。このことは，子どもが，自分自身の中核自己感を構築するために内在化する必要のある，親の心のなかにおけるその子どもの内的世界のイメージ

を，形成することを妨げてしまう。加えて，憎悪，サディズム，嫌悪といった心の状態を無意識的に露わにしてしまうような親もいる。そして，そうした心の状態が子どもに対して広く及ぶようになると，それは心理的虐待を生み出すことになる。なぜならば，子どもは，そうした親の態度に含まれる自分自身のイメージから退却しなくてはならなくなるからである。こうした親の心的状態は，明らかに虐待を受けた子どもと同様に，逃れられない犠牲化（victimization）を子どもに経験させることになる。子どもを最も混乱させるのは，養育者の子どもに対するあからさまな悪意を子どもが予期してしまうということかもしれない。子どもは，自らの意識から，他者や自身の感情や思考に関するあらゆる考えを取り除く以外には，これから身を護る防衛手段を有してはいない。不適切な扱いを受けた子どもは，このように，心というものを恐れ，この過程の必然的な副産物として心的等価性を永続させながら，心的状態について知ることを拒絶するよう育つ可能性があるのである。

さらに，メインとヘッセ（Main & Hesse, 1992）が指摘するように，子どもが，親が何かに脅えているように経験することは，親が自分を脅えさせるように見えるのとほとんど同じくらいに，子どもにとっては破壊的なことである。少なくとも二つの過程が，ここでは作用している。第一に，この初期の段階では，乳児は，対象を自己の一部として知覚するために，自分自身の心的状態を危険なもの，あるいは破滅的なものであるとさえ，想定してしまう傾向がある。なぜならば，そうした心的状態が，親の脅かす行動と結びついているからである。例えば，赤ん坊は興奮した喜びのなかで，母親の乳房を嚙み，怒りや嫌悪の反応を作り出すかもしれない。もし，そのような経験が頻繁にあるとすれば，それらは，子どもの自らの心的状態に関する理解に，破壊的な影響を及ぼすことが予測されよう。興奮した喜びは，怒りや拒絶と同等となるのである。第二に，子どもは自分について養育者が抱くイメージを，脅威的で手に負えない人物，例えば母親自身の生育史における虐待者を彷彿とさせるもの（興奮し嚙む赤ん坊は母親に恐れとショックを引き起こし得る）として知覚し，そしてそれは，子どもに受け入れがたく混乱をもたらす，自己イメージの一部として内在化されることになる。こうした過程がレベッカの事例において果たした役割について，われわれは以前に論じたことがある（Fonagy & Target, 1996）。

トラウマはまた，感情，思考，信念，欲求の表象に絡む機能を，ふりの様式への移行しやすさを作り出すことによって，破壊する可能性がある。トラウマを受けた子どものなかには，心的状態に対して，一見するところ，明白な過敏性をもって成長する子どもがいる。彼らは，さらなるトラウマを阻止するために，彼らの周りの人びとが何を感じ，考えているかを，即座に推測する必要があるのである。その一部として，心についての見せかけの知識が発達するが，それは表層的で，非常に選択的であり，特定の危険信号のみを拾い上げ，深い意味について内省することを阻む。そこでは通常，他者の心理学的世界に関する「熟達的知識」(expertise)が，自分自身の内的状態に関する知識を犠牲にして発達することになるのである。そのような事例においては，分析家は患者による非常に多くの心理学的操作を経験することになるだろう。そして，それによって分析家は，患者に，自己に対する理解，内省，洞察といった，かなり洗練された力があるかのように期待してしまうこともあるかもしれない。しかしながら，このような「過度の心理化」は，実際そうであると感じられるような内的経験と外的経験との確かな結びつきなしに，ただふりの様式において生じているのである。場合によっては，特にそのような個人が心理療法的治療を受けているときには，ある過剰に分析的な心理化の形態が生じてくる可能性があるが，そうした心理化は，個人を他者との深く真正なる接触から切り離すという点において，究極的には不適切で非効果的なのである。こうした可能性，およびこの偽りの内省の機能に気がついているということは，そのような個人と治療的作業を進めるうえで，きわめて重要である。

しかしながら，最も一般的には，子どもに対する心ない扱いやネグレクトは内省の否認や心理化の拒絶へとつながる (Fonagy et al., 1997 b)。これは，単に，欠損として理解されるべきものではなく，子どもが，外傷的な状況から距離を取ることを手助けする一種の**適応**として理解されるべきものである。しかし，たとえ心理化の制約がもともとは適応的であったとしても，この能力の制約と後のトラウマに対する脆弱性との間には，明白で強力な関連性があるのである。虐待する者の心的状態および自己の反応について内省することができないと，子どもは，おおもとの外傷的経験を解決し，その後に続く襲撃に対処することができなくなる。逆にいえば，心理化は，早期の

逆境に耐えることを可能にする,個人の自己修復能力の重要な要素なのである (Fonagy et al., 1994)。したがって,トラウマと心理化には双方向的な発達上の関係があることになる。すなわち,トラウマは,子どもが,外的出来事との関わりにおいて,感情や思考をもって遊ぼうとすることを妨げる(なぜならば,そうした感情や思考はあまりにリアルに感じ取られることになるからである)。その一方で,同時に,内的組織化に関わる十全たる心理化の様式が欠落すると,本来ならば心的現実に関する表象的な見方がもたらすはずの調節作用が働かなくなってしまうために,トラウマが連綿と反復される傾向が生み出されてしまうのである。

関係パターンの硬直性と表象システムの石化

われわれは,以前の論文(Target & Fonagy, 1996)で内省能力の発達が内的・外的世界の両方をより意味深いものにするという点において,どのように人びとに益をもたらし得るかということについて記述した。われわれはここで,境界性病理のいくつかの側面が,通常ならば心的現実を経験する心理化の様式の基盤を形成することになるはずの,内的経験に関する表象の早期形態の統合が,不適切に行われることから生じるということを論じる。おそらくこのことを示す最も重要な単一の指標は,内的表象世界や自己の経験,そして他者との関係に染み付いた硬直性(rigidity)の質であるだろう。境界性患者においては,特定の関係の持ち方や特有の世界に関する理解の仕方が,習慣的な防衛パターンに結びついているものをはるかに上回るくらいに執拗に保持されており,それらは治療的変化の途上において,大きな障害となる。こうした個人も,他の患者のように,彼らの無意識的期待に合致した分析的関係を作り上げるのだが,彼らはこうした期待を完全なる現実的力として経験してしまうため,そこには別の見方をとるという分別が存在しないのである。執拗に保持された活性的なスキーマと外的現実とが一致しないときに,そこには,ただ空虚な感じだけが残ることになる。

　行動や対人関係が硬直的に制限されているように,内的経験もまたそうである。連綿と連なる全経験のうち,ごく一部だけが銘記され,感じられるため,結果的に,そこには,しばしば自己経験の不連続性といった事態が生じてしまう。心的状態に関する表象システムに柔軟性が欠けていることの帰結

として，そうした個人は実演（enactment）や挑発（provocation）以外の
やり方で心的経験を喚起することができない。心配や懸念といった比較的単
純で一般的な主観的状態でさえも，他の人物のなかにそれを作り出すことを
通じてしか，経験することができないのである。多くの論者が，摂食障害の
操作的側面や他の形の自傷について記しているが（例えば，Bruch, 1982；
Main, 1957），それらは大概の場合，堪え難い自己の側面の投影や投影性同
一化の文脈において，あるいは対人的コミュニケーションの一部として記さ
れている。ここでのわれわれの強調点はいくらか異なる。対人的な相互作用
を通して確立されるのは，通常ならば精神内的に生じる，内省に似た内的経
験の創造である。しかし，**摂食障害の患者は，自分自身を内側から感じるこ
とができずに，自己を外側から経験せざるを得なくなってしまうのである。**

　そのような硬直性の重要な側面は，心的現実を経験する支配的様式として
の心的等価性の持続である。そうした患者に見られる柔軟性のなさの多く
は，彼らが心的現実に極めて大きな重みを与えてしまうという点から理解で
きるだろう。心的経験を象徴的に考えることができなければ，思考や感情
は，徹底的な原始的防衛手段によってしか回避することのできない，直接的
で時に圧倒的なまでの衝撃性を持ってしまうのである。

　　境界性の若い男性については，以前の論文（Fonagy, 1991）でより精
　細に記述しているのだが，彼は，分析の初期段階において沈黙を長引か
　せる傾向があった。沈黙は不可解なもので，説明のつかないときもあっ
　た。あるとき，分析家がセッションに2分遅れたことが引きがねとな
　り，1週間にもわたって沈黙が続くこととなった。その沈黙を，分析家
　への非難や排斥の感覚の表出として，またその一連のプロセスおよび理
　解されていないという感じに対する欲求不満の伝達として解釈しても，
　その行き詰まり状態の打開へとは通じなかった。結局のところ，この場
　面や他の多くの場面で，分析家の遅刻が，患者の心のなかに，自分が，
　思いやりのない，信頼できない，あるいは気が狂ってさえいる誰かと一
　緒にいるといったイメージを生み出してしまったということが明らかに
　なった。「あなたは専門家ではないし，思いやりのないやつだし，それ
　はわかっているでしょう」。このとき，分析家は一緒にいることが本当

に危険な何者かとして経験されていたのである。

　こうしたイメージに関して例外的なことはほとんどないが，患者がこの観念を保持しているのは，その硬直性のためであり，それと同じくらいに決定的に，その観念とは逆の現実を示すものとして経験されたはずの他の状況については省みることがないという，その鈍感さのためである。ここからわかることは，一つのある見方が他に完全に取って代わってしまう，その強さであり，それがあまりに明白なものと見なされるために，そこには議論を差し挟む余地さえもないのである。その基盤は，「現実と遊び戯れる」（play with reality）能力の欠如のなかに存在する。患者はある一つの観念によって暗示をかけられており，それを具体的な現実として経験はしても心的現実として経験することができないのである。これを技法的に取り扱う唯一の方法はそれを受け入れるということである。この段階においては，「分析家に関する患者のイメージ」を喚起しようと試みる解釈は，必然的に患者の心や正気への攻撃として知覚されることになる。しばしば，このことに対して意識的には気づいていないとしても，われわれは，患者の現実に入り込み，「専門家とは言えない思いやりのないやつ」という役割を受け入れることで，その〔硬直化した〕見方を尊重するのである。彼らが接触するようになる他の人びとは〔分析の場において起こるよりも〕はるかに困難を覚えるため，患者はいずれトラブルを引き起こしてしまうだろう。そして，そのために分析家が必要となるのである。

　ものの見方のこうした硬直性は，転移関係においてのみ生じたわけではなかった。それは患者が外の人びとと関わるときに，明らかに度重なる困難を引き起こしていた。分析の初期において彼は，受け取ったおつりをめぐって彼自身と店員との間で起こった非常に激しい言い合いについて報告した。「彼女が私をだまそうとしているのは**わかっている**。私は彼女に5ポンドを渡したのに，あのバカ女は30ペンスしか戻さなかった，80ペンスを返すべきだったのに。彼女は80ペンスを渡したと言い続けたけれど，私は，彼女が50ペンスをくすねたことをちゃんと知っているんだ」。彼の説明に関して分析的観点から見て興味深いこと

は，単に，彼女に対する彼の理解における明白な万能感（すなわち自分はお見通しなんだという感覚）や，転移において分析家に欺かれたという感じだけではなく，彼には，他の見方について一切，考えてみることができないということなのである。この出来事を内省して，何年後かに彼は言った。「自分が正しいという以外に，どんな可能性もただ考えられなかったのです。考えたくなかったのではありません，単純にそうした考えが存在しなかったのです」。

愛着理論における精神分析的着想の再発見

　異なる主題をもつさまざまな領域において独立に現出した概念間にいかなる対応関係があるのかを描出することは必然的に危険な企てとなる。社会学における愛着という概念（Hirschi, 1969）は個人と社会的構造の統合について言及するものであるが，それを，対人関係の質に還元しようとすると，そこには大きな困難が伴う（Fonagy et al., 1997 d）。同様の問題は，愛着研究において発展してきた考えを，臨床的観察に基づいた精神分析的着想と結びつけようとするときにも認められる。多くの精神分析的発想が多様な性質を有し（Sandler, 1983），そしてそれらとその基礎となっている臨床的証左との間に複雑な関係がある（Hamilton, 1996）ために，問題はより混み入ったものとなる。他にも問題はある。愛着理論家による観察は，少なくとも乳児期に関しては実証研究に基づいて行われており，成人期においては比較的構造化された状況（面接や質問紙）においてなされている。面接室のなかでの自由連想中の人間の行動を決定する変数が，統制された実験場面に属するものと同じであるということは依然として立証されていないし，また立証されそうもない（Fonagy, 1982）。したがって，実験室で観察された行動現象と臨床的に観察されたそれとの間での類推は，心的プロセスの水準においてのみ，なされ得る。実験室での研究は，臨床場面で観察し得るような現象を生み出す心理学的メカニズムを特定するのに役立つだろう。この原理は愛着理論と精神分析理論の間のつながりにも適用されるものである。面接室での観察のうちで，愛着研究家によって発展させられた構成概念によって有用に精緻化される可能性のあるものは何かあるのだろうか。逆に，愛着理論家によ

る観察のうちで,臨床場面で生み出された精神分析的着想に基づいて有用に拡張され得るものは何かあるのだろうか。可能性のあるそれぞれの実例二つについて探索してみたい。

愛着という概念

驚くまでもなく愛着行動は,それに相当する現象を描写する別の術語をもって,精神分析家によって記述されてきた。おそらく最も適した例は,エリクソン (Erikson, 1950) の「基本的信頼」に関する議論だろう。欲動論に基づいてエリクソンは,物理的かつ心的に対象を取り込み,その対象とつながり続けようとする社会的様式を中心としたパターンの形成へと個人を導く,人生に対する「体内化」のアプローチを記述した。エリクソン (Erikson, 1950) は基本的信頼を「与えられたものを受け取り,受け入れる」能力と定義した (p. 58)。エリクソン (Erikson, 1959) を注意深く読むと,愛着の安定性に関わる分類をエリクソンの言葉で言い換えることができる。彼は基本的信頼の規定因について深く考え,それが主要な養育者からの慰めを受け取り,受け入れることに依存すると論じている。不信(不安定型の愛着)は,慰められたり安心させられたりすることを受け入れられないことから生じることもあれば(抵抗型),引きこもり,極端な場合では「完全なる閉鎖,すなわち食物や慰撫を拒絶し,親密な交わりにいっさい気を留めなくなること」(p. 56) から生じることもある(回避型)。「基本的信頼」が,根本的には,愛着であることを示すものは他にもいくつかある。1) 基本的信頼は乳児期の経験に由来するが,それを媒介するのは口唇的満足や愛の表明ではなく,むしろ母親との関係の質である (Erikson, 1959, p. 63)。2) 基本的信頼における失敗は,何であれ「健康なパーソナリティ」の対極となるものの先行因となる (Erikson, 1964)。3) 心的表象の整合一貫性という考えは,基本的信頼が世代間で伝達される道筋において鍵となる(「養育する人物が一貫した人間として経験されること」[Erikson, 1964, p. 117])。4) 母親の感受性は,基本的信頼のきわめて重要な決定因子として見なされ得る (Erikson, 1950)。5) 相互同期性 (Isabella & Belsky, 1991) は,エリクソンの「互恵性や相互調整」に関する記述 (p. 58) に近似している一方で,侵入的でない養育 (Malatesta et al., 1986) は,エリクソンによって,母親

の行使した統制の程度という視点から，記述されている。

　エリクソンの考えとボウルビィの観察とには明らかに重なりがある。しかし，エリクソンが愛着という構成概念に到達した唯一の精神分析家であるわけではない。愛着理論を公然と敵対視するアンナ・フロイトも，戦時下の分離が子どもに与える影響について説明するなかで明らかに愛着行動を記述していた（A. Freud, 1941-1945；A. Freud & Burlingham, 1944）。より最近では，サンドラー（Sandler, 1960 a, 1985）による，安全を維持しようとする生まれつきの欲求についての記述が，ボウルビィによる生得的な愛着の傾性の強調と類似している。安全性の背景（background of safety）は，安全基地という概念に現象学的に相当するものであるように考えられる。虐待された子どもは，虐待する養育者との接触を求める。なぜなら，逆説的なことに，有害ではあっても予想し得る，よく見知った経験は，未知の非虐待的な経験よりもはるかに安全の感覚をもたらすからである。

　これらよりは明確ではないが，潜在的に物議を醸し得る類似関係を，クライン（Klein, 1935）の妄想-分裂ポジションの概念と愛着の不安定性との間に見出し得る。妄想-分裂ポジションにおいて，養育者との関係は，断片化され，迫害的関係と理想化された関係とに分裂（スプリット）した形で表象され，自我（自己）もまた，それと同じように分裂（スプリット）しているものとされる。抑うつポジションにおいてのみ，子どもは親の愛すべき側面と憎むべき側面の統合されたイメージを発展させる思考が可能となり，またそれに対応するようにわれわれは自己の統合を目にすることができる。成人の不安定型の愛着に関する記述（Main & Goldwyn, 1995）のなかには，クラインの妄想-分裂ポジションの記述に近い面がある。それらは以下の通りである。1) 意味記憶とエピソード記憶の間に分裂（スプリッティング）が認められる。それは，特に愛着対象の理想化や蔑視によって特徴づけられる愛着軽視型の分類に顕著に見られる。2) 関係における整合性の欠落や非一貫性についての記述は，妄想-分裂ポジションを特徴づける心的表象の不安定さ（Klein, 1935）を示している。3) 愛と憎しみのバランスや養育者の不完全さの認識や受容は安定した愛着の指標であり，抑うつポジションにおける全体対象知覚の特徴となる心的状態（Klein, 1935）を描写している。4) 安定した愛着は，個人の対人葛藤の生起に関わる想起や認識によって，また語りのなかに思考や感情が生じてきた際にそれらをモニ

ターし得るような全般的に高い能力によって，示される。クラインの見解のなかに類似したところを見て取るとすれば，抑うつポジションの始まりは，親を愛し，また憎む能力を子どもが発見することであると言え，それは子どもに罪悪感を経験させるものである（Klein, 1929）。5）愛着が安定した個人の発話や会話はすぐれた象徴能力を反映するものであるが，このことは，象徴化と抑うつ的な償いとの間につながりがあることと関係している可能性がある（Segal, 1957）。6）現代クライン派の著述家は，心的分離の達成や，それと関連して対象を独立したものとして知覚することを抑うつポジションの重要な側面と考えている（Quinodoz, 1991；Spillius, 1992；Steiner, 1992）。ボウルビィ（Bowlby, 1973）もまた，子どもが養育者を機能的に独立した存在であると知覚することに関して同様の考察を提示している。

　このリストは，不安定型の愛着という概念と妄想-分裂状態という概念との間に何らかの同型性があるということを示しているのではなく，むしろ不安定型の愛着を持った成人の思考が，クライン派の臨床家によって妄想-分裂ポジションとして記述される特徴をより多く呈するということを示唆しているものと言える。そして，さらにそこから重要な含意が生じる。例えば，妄想-分裂的な思考が不安定型の愛着の成人により顕著に見られるということを受け入れるならば，そのことは安全性／安定性（security）よりも不安性／不安定性（insecurity）の方が，元来，基本的な愛着ポジションであるということを暗示することになろう。クライン派の視点は，愛着の安全性／安定性を，おそらくは，時折，安全／安定と不安／不安定という両様式間の素早い反転を伴う「心的機能の様式」（Bion, 1962 b）と見なしてアプローチすることの重要性を強調するものと言えるのである。

愛着分類

　精神分析の臨床家は，成人愛着の分類に密接に対応する行動パターンと対人関係表象とを記述してきたと言える。ここでも再び，こうした潜在的な一致が重要な意味を有することになる。なぜならば，精神分析的なモデルが，これらの個人差を媒介し得るメカニズムについて異なる視点をもたらす可能性があるからである。

　ローゼンフェルド（Rosenfeld, 1964, 1971 a, b）は「薄皮の」（thin skinned）自己愛的パターンと「厚皮の」(thick skinned) 自己愛的パターンとの間の区別を行った。彼の臨床的記述の詳細は，とらわれ型と愛着軽視型の成人愛着分類によく似ている。ローゼンフェルドによる定式化を用いるならば，軽視型の愛着パターンの特徴は，投影性同一化の助けを借りて，自らが不適切であると知覚したものを他者のものであるとし，その結果として，その人物を自己のコントロール下にあるかのように経験する傾向のなかにあると考えることができる。とらわれ型の愛着は精神分析的には，依存性の感覚と結びついていると同定できる。とらわれ型の愛着を示す個人は，その感覚によって，自らの他者に対する堪え難いほどの脆弱性を感じているが，それを，その頼もしさこそが彼らの無力感を嘲っているように見える人びとに対して間断なく怒りの攻撃を向けることによって，振り払おうとしているのである。愛着分類になじみのある人ならば，これらの記述がそれぞれ順に，まさに愛着軽視型の下位分類である侮辱型（denigrating）(Ds 2) と，とらわれ型の下位分類である怒り-憤慨型（angry resentful）(E 2) の特徴に関わるものであることに注目することだろう。

バリント（Balint, 1959）による「オクノフィリックな」(ocnophilic) 態度と「フィロバティックな」(philobatic) 態度に関する記述は，回避・軽視型と抵抗・とらわれ型のパターンを理解するのに，また別種のモデルを提供し得る。その定式化においては，軽視型・フィロバティックな人は愛着を嫌って相手との間にある空間を愛し，対象への投資を犠牲にしながら自我の技能への投資を好む人物であると考えられる。とらわれ型・オクノフィリックな人は，新しく出現した対象への依存を拡大させることで不安を防衛しようとするが，結果的にそれがアンビヴァレントな感情を増強することにつながってしまう。さらに，軽視型の愛着分類については，モデル（Modell, 1975, 1984）による自己愛パーソナリティ障害の定式化によっても，同様に説明されるだろう。

精神分析的着想はまた，乳児期の無秩序型（Main & Solomon, 1990）に関するわれわれの理解を精緻化するのにも役立つことだろう。この子どもたちは，就学前（Cassidy et al., 1989）や小学校低学年（Main & Cassidy, 1988）の養育者との関係において，異常なほどの統制的行動を示す。分離と再会の状況において乳児期の愛着が無秩序型であった子どもは，対象との関

係を統制しようとし，時には親を明らかに見下した，あるいは屈辱的なやり方で扱うように見える。無秩序型の愛着は，親の未解決のトラウマ（Main & Hesse, 1990），子どもの被虐待の歴史（Carlsson et al., 1989），母親の抑うつ（Radke-Yarrow et al., 1985），そして親の薬物乱用（Rodning et al., 1991）と関連があることがこれまでの研究において示されてきている。

そうした剝奪にさらされた子どもは，堪え難い水準の，混乱をもたらし敵意に満ちた養育に繰り返し直面しており，一般的には，彼らには統合することができない養育者のイメージをそのまま内在化してしまうことになるのである。したがって，その自己構造は，子どもが一貫性の経験を維持するために外在化せざるを得ない，他者の断片化しひび割れたイメージを，寄せ集める形で形成されることになる。こうした発想は，もし，それ以前の貢献者がいないとすれば，エディス・ジェイコブソン（Jacobson, 1964）から始まっていることは確かである。投影性同一化の過程は，自分自身を一貫性ある自己として経験するために，同化できない「異質な」自己の部分を他者のなかに押し込もうとする，そうした子どもの特徴をうまく説明し得るのである。彼らは他者の行動に対する多かれ少なかれ精妙な操作的統制によって，これらの異質な自己の側面が外部にあるように知覚し続けることが確実にできるようにしながら，この錯覚をますます強固なものにしていくのである（Fonagy & Target, 1997）。

第13章
愛着理論は精神分析的洞察から
いかに利益を得られるか

　愛着理論に対する精神分析的批判がまったく見当違いであると主張することは無謀なことであろう。重要な点において，精神分析的定式化は，愛着理論がもたらし得る理解よりも著しく進んでいる。精神分析的理論と愛着理論とをより完全に統合するためには，愛着研究者がこうした食い違いのある領域に注意を向け，より精神分析的枠組みに適合させていく方向で，彼らの定式化を精緻化していく必要があると言える。

　精神分析的観点から見た現代の愛着理論の欠点は何だろうか。第一に，愛着理論は子どもが外界を知覚する際の体系的な歪みについてもっと注意を払うべきである。実際の経験とその表象との関係は，養育者の行動が同様であっても，乳児が異なれば，違って経験され符号化されるという事実によって，非常に複雑なものとなる (Eagle, 1997)。文脈的な要因，たとえば2人のきょうだいに対する養育者の行動における小さな差異（非共有環境）が，子どもの側の違いをある程度説明するかもしれないが，それと同時に，ファンタジー，感情，葛藤といった内的状態による子どもの知覚の歪曲もまた，おそらくそこに関与する可能性があるのである。

　第二に，さまざまな内的作業モデル同士は，一つの関係を組織化する際，その支配権をめぐって，おそらくは頻繁に葛藤を起こすことがある。それらはまた，階層構造をなして存在しているようであり，容易に意識にアクセスできるものもあればそうでないものもある。たとえ，これらのモデルが完全

に手続き的に符号化されており，つまりは顕在的というよりも潜在的であるとしても，それらは発達に応じた適切さという点で多岐にわたるものであり，あるものは年相応であるように見える一方で，またあるものは未熟で退行的な関係のあり方を表しているということもあり得る。興味深いことに，愛着理論の発達的な次元は限定されている。自明なことではあるが，例えば同じく回避型でも，成人期と思春期とでは，その現れ方に差異があるに違いないにもかかわらず，これまでの研究は，子どもの成熟による表象システムの分化に伴う予想し得る発達的変化よりも，むしろこれらの現れ方にいかなる連続性があるかの同定に焦点を当ててきたのだと言える。フロイト (Freud, 1900) 以来，常に，精神分析的な発達論者は，自己，対象，対象関係の表象が発達に伴ってどのように展開するかということに関心を抱いてきた (A. Freud, 1965；Jacobson, 1964；Mahler et al., 1975)。複数ある内的作業モデルのそれぞれは，それらの構成時に，優勢に機能している様式とレベルによって特色づけられているように考えられる。個人が示す対人的な覚知，あるいは自己と他者の分化といったものの程度は，愛着分類の因子であるばかりではなく，表象モデルの発達水準を示すものでもあるかもしれないのである。

　第三の，これと関連する発達的問題は，愛着分類の不連続性に関するものである。愛着理論家はこうした不連続性を，環境の変化という観点から捉えることを好む。しかし，彼らは，なぜ環境の変化が，必ずしも常に愛着システムに影響を及ぼすことがないのか，ということをめったに問うことをしない。精神分析家はこれに関する考察を，例えば養育者の感受性といった，同じ発達的な影響要因でも，異なる発達段階においては関係の表象にまったく異なる影響を与え得る，というように理論を洗練させてきたのである。

　第四に，愛着理論に対する精神分析的観点からの異議申し立てはしばしば，愛着理論の提示する疑わしいほどに単純化された分類システムに向けられる。ただこれは一つの誤解であり，批評家の心のなかで，理論の操作的定義と，理論そのものとが混合してしまっていることを反映しているにすぎない。しかしながら，愛着研究者がしばしば愛着分類を，観察された行動の集合というよりも理論的実体であるかのように見なすことで，具象化して考えてしまうことがあるという限りにおいて，こうした批評は正当であると言え

る。もし研究者が，そうした一群の行動の根底に潜むメカニズムや心的過程に関心を払うことを止めれば，問題が生じる。これらの分類について，より精神分析的な視点から考え始めることが，愛着分類を具象化して考えてしまうことの危険性を減らすことに通じるかもしれない。その精神分析的な視点が，習慣的な防衛様式という形であっても，あるいは機能の妄想-分裂的様式によって過剰に影響を受けた表象システムの現れという形であってもである。精神分析的な観点は，愛着の安定性について分類的にではなく，より次元的に（dimentionally）考えることをわれわれに促すだろう。安定性と不安定性，その両方の可能性が，われわれすべてのなかに存在しているのだと言えよう。

　第五に，対象の統合性（integrity）に子どもがいかに気づくかということの発達に関する精神分析的な関心は，愛着研究者の注意を愛着の生物学的な役割に向け得る可能性がある。愛着行動が，種の保存を促すような自然選択的な利点をもっているというボウルビィの古典的な仮説は，社会生物学と行動遺伝学の進展と，もはや相容れないものになっている。「種の保存」は進化の動因ではない。進化論的に重視されるのは，特定の個人によって伝えられる遺伝子コード（genetic code）の存続なのである。そうであれば，乳児の苦痛の表出に基づいた社会的防御メカニズムが持つ，自然選択的利点とは何になるのだろうか。その答は定かではない。なぜならば，われわれは今や，苦痛の表出が乳児に高い危険をもたらすことを認識しているからである。ブルース・ペリー（Bruce Perry）（Perry, 1997）の研究は，ネグレクトが，慢性的な恐怖逃走反応を喚起するなかで（脳内における過度のコルチゾールの存在のために），どのように重大な神経発達的異常を引き起こし得るかを例証している。こうした乳児において恐怖逃走反応は，その意味では進化論的にハイリスクな方略と言えるのであり，乳児が脅威に対して，恐怖逃走に絡むどんな方法によってでも適切に対応することができないことからして，その目的は不明瞭である。確かに，危険を知らせるより単純な，苦痛の少ない，したがって危険性の少ない方途も進化し得たであろう。養育者の愛着システムは，乳児の安寧状態（well-being）には特に関係しない，ニュートラルな生得的解発機構によって，活性化される可能性もあり得たであろう。精神分析的な観点を持つことは，こうした進化論的な難問に光明を

投げかけることになるかもしれない。乳児の苦痛は養育者を身体的に子どもに近づけさせるだけでなく，対象たる養育者の側にも同様の苦痛を生じさせる。それによって，包容（コンテインメント）（Bion, 1962 a），あるいは正確な照らし出し（Winnicott, 1967），言い換えれば，自己の発達に必要不可欠な内在化の過程が起こり得る文脈を乳児が経験し得るような理想的な状況が生み出されることになる。このように，愛着システムの進化論的な機能は，ボウルビィが考えたような，人間の大人から保護的な反応を引き出すことではないのかもしれない。むしろ，愛着の過程に必然的に伴う〔苦痛の経験や表出という〕生体にかかる生存上の危険は，それによって引き出される心的包容（コンテインメント）の経験が一貫性のある象徴化された自己の発達という利点をもたらすために，正当化されるのである。乳児期の安定した愛着とその基盤となるような感受性豊かな養育の経験は，心的状態の性質を理解するためのすぐれた能力を予測するということが示されている（Fonagy et al., 1997 a, 投稿中）。それゆえに，愛着過程における，少なくとも一つの生物学的機能が特定の相互主観的な環境を作り出すことにあると論じることは，多少とも妥当であると考えられる。この考えにおいては，養育者の近接は，子どもの覚醒状態と合致した覚醒状態を養育者にもたらすことを通して，結果的に養育者のそうした心的状態を子どもが内在化することを可能にする。そしてそれは，この苦痛という心的状態に関する二次的表象を構成することのルーツとなり，ひいては，他者の心の内的状態について象徴的に理解することを可能ならしめるのである（Gergely & Watson, 1996）。

　最後に，発達的な愛着理論に精神分析的視点を加えることについて補足して言うならば，精神分析的着想は精神病理に関する愛着理論の定式化を非常に豊かにする可能性があると言える。境界性パーソナリティ障害を例にあげるならば，カーンバーグ（Kernberg, 1975, 1977）による境界性パーソナリティ構造の記述は，愛着理論の視点からは，内的作業モデルの統合の欠如，あるいはむしろ自己と対象の表象が急速に揺れ動くような内的作業モデルの優位化として見ることができよう。

　愛着理論はこのような個人が用いる不完全な内的作業モデルについて，もっと多くを学ぶ必要がある。関係の表象は実際の他者との表象ではなく，むしろ圧倒的で拡散した感情によって特徴づけられる，ある瞬間に経験され

るその相手の小さな断片の表象なのである。不適切な感情制御を伴った不安定な愛着は，そうした部分的な内的作業モデルが発生する傾向を増加させることになる。これについては，混乱し混乱させるような愛着の内的表象が特徴的に優位化している境界性患者についての，AAI を用いた研究からの証左もある（Fonagy et al., 1996 ; Patrick et al., 1994)。カーンバーグの臨床的定式化は，このような，特徴的に対象と主体との割り当てが緩い個人には，容易に活性化され，ほとんど構造化されておらず，極めて歪曲し，部分的で，そして不安定な，内的作業モデルが存在するということを暗示している。こうした作業モデル間の素早い交替とともに，それらの内部の一貫性のなさは，通常であれば自己組織化の機能として作用するメタ認知能力や内省能力が，抑制され働かなくなってしまうこととおそらくは関連している（Fonagy & Target, 1997)。こうした内省機能が作動しない状態は，体質的なものと見なされ得ることもあれば，養育者や自分自身の心的状態を考えることがあまりにもつらくなるほどの外傷的な状況に直面した子どもの，極端な防衛反応と見なされ得ることもあるだろう。このようにして，境界性パーソナリティ構造を有する個人は，この本来，決定的に重要な心理学的能力を自発的に放棄するのであり，そしてそのことが，時に破滅的な結果を招来してしまうことになるのである。

第 14 章
結　論

　愛着理論と精神分析理論は共通のルーツを持っているが，認識論的に異なった方法で発展してきた。愛着理論は，実証主義の系譜を受け継ぐ実証心理学に極めて近いこともあり，過去 15 年間にわたって，いくつかの点で方法論的制約を受けてきた。その研究範囲は，養育-依存という〔親子の〕二者関係に関わる関係の現象によって規定される領域内にあるものをもって定められるところは少なく，むしろ，実証的観測の優先的方法である，ストレンジ・シチュエーションや成人愛着面接などが生産的に適用され得る一群の集団や行動によって定められるところが多かったと言える。こうしたことによって愛着理論は，とりわけ徐々に重篤さを増してきている慢性的なパーソナリティ障害者に対する分析作業の文脈において，臨床的精神分析家が発展させてきた一群の着想から，遮蔽されてしまうことになったのである。精神分析的発想は，愛着の研究領域においてなされた関連する観察をほとんど考慮に入れることがなく，逆に，パラダイムに拘束された愛着理論は，精神分析家の臨床的発見から得られるものはほとんどないと感じてきた。それでも，こうした知の集成体はいずれも，おそらく今はまだある程度は隔たっているが，パーソナリティ障害や心理的障害の発達的理解という同じ終着点に向かって進みつつある。この本は，愛着理論家が築いてきた卓抜な知見と，特定の精神分析的伝統のなかで一般的に受け入れられてきた知見とが，しばしば密接な関連性を有するということを示そうと試みてきた。精神分析的伝統のなかには，愛着理論と，より多くを共有するものもあれば，そうでない

ものもある。しかし，このことは，愛着理論の「遠戚」（たとえば現代クライン派の理論）でさえも，根本的に異なる視点からとは言え，愛着理論と近似する問題を取り扱っていないということを意味するものではない。精神分析的理論を全体として取り上げることで，愛着理論の多くの重要な発見が，実験室のみならず面接室のカウチの上においても観察されてきたと見なすことができる。愛着理論が足を踏み入れてはいないが，精神分析的臨床家が熟知している重要な分野もまだいくつかある。この二つのアプローチを接近させることは，活発な議論を生み出すばかりではなく，それを超えて両者の伝統を大いに豊かにする可能性をも秘めているのである。このような対話は，愛着理論の方法論を，精神分析的な作業や着想を探求する際のどこに適用し得るかということに，特に光を当てることになるかもしれない。例えば，愛着の状態は，精神分析的治療がいかなる効果をもたらしたかということに関する測度として利用できる可能性がある。愛着研究の焦点は，伝統的な二者関係の文脈における社会的発達の領域を超えたところまでをも取り込むべく，さらに拡張されることであろう。

文　献

Ainsworth, M. D. S. (1963). The development of infant–mother interaction among the Ganda. In *Determinants of Infant Behaviour* vol. 2, ed. B. M. Foss, pp. 67–112. New York: Wiley.
———. (1989). Attachments beyond infancy. *American Psychologist* 44:709–716.
———. (1990). Epilogue: some considerations regarding theory and assessment relevant to attachment beyond infancy. In *Attachment in the Pre-School Years: Theory, Research and Intervention*, ed. M. T. Greenberg, D. Cicchetti, and E. M. Cummings, pp. 463–488. Chicago: University of Chicago Press.
Ainsworth, M. D. S., Blehar, M. C., Waters, E., and Wall, S. (1978). *Patterns of Attachment: A Psychological Study of the Strange Situation*. Hillsdale, NJ: Erlbaum.
Ainsworth, M. D. S., and Bowlby, J. (1991). An ethological aproach to personality development. *American Psychologist* 46:333–341.
Ainsworth, M. D. S., and Wittig, B. A. (1969). Attachment and exploratory behavior of one-year-olds in a strange situation. In *Determinants of Infant Behavior*, ed. B. M. Foss, pp. 113–136. London: Methuen.
Akhtar, S. (1992). *Broken Structures: Severe Personality Disorders and Their Treatment*. Northvale, NJ: Jason Aronson.
Alexander, F., and French, T. (1946). The principle of corrective emotional experience—the case of Jean Valjean. In *Psychoanalytic Theory, Principles and Application*, ed. F. Alexander and T. French, pp. 66–70. New York: Ronald Press.
Allen, J. G. (1995). *Coping with Trauma: A Guide to Self-Understanding*. Washington, DC: American Psychiatric Press.
———. (2000). *Traumatic Attachments*. New York: Wiley.
Allen, J. P., and Hauser, S. T. (1996). Autonomy and relatedness in adolescent-family interactions as predictors of young adults' states of mind regarding attachment. *Development and Psychopathol-

ogy 8:793–809.
Allen, J. P., Hauser, S. T., and Borman-Spurrell, E. (1996). Attachment theory as a framework for understanding sequelae of severe adolescent psychopathology: an 11-year follow-up study. *Journal of Consulting and Clinical Psychology* 64:254–263.
Amini, F., Lewis, T., Lannon, R., et al. (1996). Affect, attachment, memory: contributions towards a psychobiologic integration. *Psychiatry* 59:213–239.
Ammaniti, M., Candelori, C., Dazzi, N., et al. (1990). Intervista sull'attaccamento nella latenza: Unpublished.
Ammaniti, M., van IJzendoorn, M. H, Speranza, A.M., and Tambelli, R. (2000). Internal working models of attachment during late childhood and early adolescence: an exploration of stability and change. *Attachment and Human Development* 2:328–346.
Arlow, J. A., and Brenner, C. (1964). Psychoanalytic Concepts and the Structural Theory. New York: International Universities Press.
Armsden, G. C., and Greenberg, M. T. (1987a). The inventory of parent and peer attachment: individual differences and their relationship to psychological well-being in adolescence. *Journal of Youth and Adolescence* 16:427–454.
———. (1987b). The Inventory of Parent and Peer Attachment: relationships to well-being in adolescence. *Journal of Youth and Adolescence* 16:427–454.
Atkinson, L., and Zucker, K. J., eds. (1997). *Attachment and Psychopathology*. New York: Guilford.
Auerbach, J. S. (1993). The origins of narcissism and narcissistic personality disorder: A theoretical and empirical reformulation. In *Psychoanalytic Perspectives on Psychopathology*, ed. J. M. Masling and R. F. Bornstein, pp. 43–110. Washington, D.C.: American Psychological Association.
Auerbach, J. S., and Blatt, S. J. (1996). Self-representation in severe psychopathology: the role of reflexive self-awareness. *Psychoanalytic Psychology* 13:297–341.
Bahrick, L. R., and Watson, J. S. (1985). Detection of intermodal proprioceptive-visual contingency as a potential basis of self-perception in infancy. *Developmental Psychology* 21:963–973.
Bakermans-Kranenburg, M. J., and van IJzendoorn, M. H. (1993). A psychometric study of the Adult Attachment Interview: reliability and discriminant validity. *Developmental Psychology* 29:

870–879.
Baldwin, M. W. (1992). Relational schemas and the processing of social infrmation. *Psychological Bulletin* 112:461–484.
Balint, M. (1952). On love and hate. *International Journal of Psycho-Analysis* 33:355–362.
———. (1959). *Thrills and Regressions*. London: Hogarth.
———. (1965). *Primary Love and Psycho-analytic Technique*. London: Tavistock.
———. (1968). *The Basic Fault*. London: Tavistock.
Barnett, D., Ganiban, J., and Cicchetti, D. (1999). Maltreatment, emotional reactivity and the development of Type D attachments from 12 to 24 months of age. *Monographs of the Society for Research in Child Development*.
Baron-Cohen, S. (1995). *Mindblindness: An Essay on Autism and Theory of Mind*. Cambridge, MA: MIT Press.
Baron-Cohen, S., Tager-Flusberg, H., and Cohen, D. J. (1993). *Understanding Other Minds: Perspectives from Autism*. Oxford: Oxford University Press.
Bartholomew, K., and Horowitz, L. M. (1991). Attachment styles among young adults: a test of a four-category model. *Journal of Personality and Social Psychology* 61:226–244.
Bateman, A. (1996). *The concept of enactment and "thick-skinned" and "thin-skinned" narcissism*. Paper presented at the European Conference of English Speaking Psychoanalysts, London, July.
Beck, A. T. (1987). Cognitive models of depression. *Journal of Cognitive Psychotherapy, An International Quarterly* 1:5–37.
Beck, A. T., and Freeman, A. (1990). *Cognitive Therapy of Personality Disorders*. New York: Guilford.
Beebe, B., Lachmann, F., and Jaffe, J. (1997). Mother–infant interaction structures and presymbolic self and object representations. *Psychoanalytic Dialogues* 7:113–182.
Belsky, J. (1999a). Interactional and contextual determinants of attachment security. In *Handbook of Attachment: Theory, Research and Clinical Applications*, ed. J. Cassidy and P. R. Shaver, pp. 249–264. New York: Guilford.
———. (1999b). Modern evolutionary theory and patterns of attachment. In *Handbook of Attachment: Theory, Research and Clinical Applications*, ed. J. Cassidy and P. R. Shaver, pp. 141–161. New York: Guilford.

Belsky, J., Campbell, S., Cohn, J., and Moore, G. (1996a). Instability of attachment security. *Developmental Psychology* 32:921–924.

Belsky, J., and Cassidy, J. (1994). Attachment: theory and evidence. In *Development through Life: A Handbook for Clinicians*, ed. M. Rutter and D. Hay, pp. 373–402. Oxford: Blackwell.

Belsky, J., Rovine, M., and Taylor, D. G. (1984). The Pennsylvania Infant and Family Development Project. III: The origins of individual differences in infant–mother attachment: maternal and infant contributions. *Child Development* 55:718–728.

Belsky, J., Spritz, B., and Crnic, K. (1996). Infant attachment security and affective-cognitive information processing at age 3. *Psychological Science* 7:111–114.

Belsky, J., Steinberg, L., and Draper, P. (1991). Childhood experience, interpersonal development, and reproductive strategy: an evolutionary theory of socialisation. *Child Development* 55:718–728.

Berlin, L. J., Cassidy, J., and Belsky, J. (1995). Loneliness in young children and infant–mother attachment: a longitudinal study. *Merrill-Palmer Quarterly* 41:91–103.

Bierman, K. L., Smoot, D. L., and Aumiller, K. (1993). Characteristics of aggressive-rejected, aggressive (nonrejected) and rejected (nonaggressive) boys. *Child Development* 64:139–151.

Bierman, K. L., and Wargo, J. (1995). Predicting the longitudinal course associated with aggressive-rejected, aggressive (non-rejected) and rejected (non-aggressive) status. *Development and Psychopathology* 7:669–682.

Bion, W. R. (1959). Attacks on linking. *International Journal of Psycho-Analysis* 40:308–315.

———. (1962a). *Learning from Experience*. London: Heinemann.

———. (1962b). A theory of thinking. *International Journal of Psycho-Analysis* 43:306–310.

———. (1963). *Elements of Psycho-analysis*. London: Heinemann.

———. (1967). *Second Thoughts*. London: Heinemann.

Blatt, S., and Ford, T. Q. (1994). *Therapeutic Change: An Object Relations Approach*. New York: Plenum.

Blatt, S. J., and Bers, S. A. (1993). The sense of self in depression: a psychodynamic perspective. In *Self Representation and Emotional Disorders: Cognitive and Psychodynamic Perspectives*, ed. Z. V. Segal and S. J. Blatt, pp. 171–210. New York: Guilford.

Blatt, S. J., and Blass, R. (1996). Relatedness and self definition: a dialectic model of personality development. In *Development and Vulnerabilities in Close Relationships*, ed. G. G. Noam and K. W. Fischer, pp. 309–338. New York: Erlbaum.

Blatt, S. J., and Blass, R. B. (1990). Attachment and separateness: a dialectical model of the products and processes of development throughout the life cycle. *Psychoanalytic Study of the Child* 45:107–127. New Haven, CT: Yale University Press.

Blatt, S. J., Quinlan, D. M., Pilkonis, P. A., and Shea, M. T. (1995). Impact of perfectionism and need for approval on the brief treatment of depression: the National Institute of Mental Health Treatment of Depression Collaborative Research Program revisited. *Journal of Consulting and Clinical Psychology* 63:125–132.

Blatt, S. J., Zuroff, D. C., Bondi, C. M., Sanislow, C. A., and Pilkonis, P. A. (1998). When and how perfectionism impedes the brief treatment of depression: further analyses of the National Institute of Mental Health treatment of depression collaborative research program. *Journal of Consulting and Clinical Psychology* 66:423–428.

Bleiberg, E., Fonagy, P., and Target, M. (1997). Child psychoanalysis: critical overview and a proposed reconsideration. *Psychiatric Clinics of North America* 6:1–38.

Blos, P. (1979). *The Adolescent Passage*. New York: International Universities Press.

Boesky, D. (1989). A discussion of evidential criteria for therapeutic change. In *How Does Treatment Help? Models of Therapeutic Action of Psychoanalytic Therapy*, ed. A. Rothstein, pp. 171–180. Madison, CT: International Universities Press.

Bollas, C. (1987). *The Shadow of the Object: Psychoanalysis of the Unthought Known*. New York: Columbia University Press.

Bolton, D., and Hill, J. (1996). *Mind, Meaning and Mental Disorder*. Oxford: Oxford University Press.

Bouvet, M. (1958). Technical variations and the concept of distance. *International Journal of Psycho-Analysis* 39:211–221.

Bowlby, J. (1944). Forty-four juvenile thieves: their characters and home life. *International Journal of Psycho-Analysis* 25:19–52.

———. (1951). *Maternal Care and Mental Health*. WHO Monograph Series, No. 2. Geneva: WHO.

———. (1956). The growth of independence in the young child. *Royal Society of Health Journal* 76:587–591.

———. (1958). The nature of the child's tie to his mother. *Interna-

tional Journal of Psycho-Analysis 39:350–373.
———. (1959). Separation anxiety. International Journal of Psycho-Analysis 41:1–25.
———. (1960). Grief and mourning in infancy and early childhood. Psychoanalytic Study of the Child 15:3–39. New York: International Universities Press
———. (1969). Attachment and Loss, Vol. 1: Attachment. London: Hogarth Press and the Institute of Psycho-Analysis.
———. (1973). Attachment and Loss, Vol. 2: Separation: Anxiety and Anger. London: Hogarth Press and Institute of Psycho-Analysis.
———. (1977). The making and breaking of affectional bonds II: Some principles of psychotherapy. British Journal of Psychiatry 130:421–431.
———. (1979). The making and breaking of affectional bonds. British Journal of Psychiatry 130:201–210, 421–431.
———. (1980a). Attachment and Loss, Vol. 3: Loss: Sadness and Depression. London: Hogarth Press and Institute of Psycho-Analysis.
———. (1980b). By ethology out of psychoanalysis: an experiment in interbreeding. Animal Behaviour 28:649–656.
———. (1980c). Epilogue. In The Place of Attachment in Human Behaviour, ed. C. M. Parks and J. Stevenson-Hinde, pp. 301–312. New York: Basic Books.
———. (1981). Psychoanalysis as natural science. International Review of Psycho-Analysis 8:243–255.
———. (1987). Attachment. In The Oxford Companion to the Mind, ed. R. Gregory, pp. 57–58. Oxford: Oxford University Press.
———. (1988). A Secure Base: Clinical Applications of Attachment Theory. London: Routledge.
Brenner, C. (1982). The Mind in Conflict. New York: International Universities Press.
Bretherton, I. (1980). Young children in stressful situations: the supporting role of attachment figures and unfamiliar caregivers. In Uprooting and Development, ed. G. V. Coehlo and P. I. Ahmed, pp. 179–210. New York: Plenum.
———. (1987). New perspectives on attachment relationships: security, communication and internal working models. In Handbook of Infant Development, ed. J. D. Osofsky, pp. 1061–1100. New York: Wiley.

———. (1990). Open communication and internal working models: their role in the development of attachment relationships. In *Socioemotional Development: Nebraska Symposium on Motivation, 1988*, ed. R. A. Thompson, vol. 36, pp. 57–113. Lincoln: University of Nebraska Press.

———. (1991). Pouring new wine into old bottles: the social self as internal working model. In *Self Processes and Development: Minnesota Symposia on Child Psychology*, ed. M. R. Gunnar and L. A. Sroufe, vol. 23, pp. 1–41. Hillsdale, NJ: Erlbaum.

———. (1995). Internal working models: cognitive and affective aspects of attachment representations. In *4th Rochester Symposium on Developmental Psychopathology on 'Emotion, Cognition, and Representation,'* ed. D. Cicchetti and S. Toth, pp. 231–260. Hillsdale, NJ: Erlbaum.

Bretherton, I., Bates, E., Benigni, L., Camaioni, L., and Volterra, V. (1979). Relationships between cognition, communication, and quality of attachment. In *The Emergence of Symbols*, ed. E. Bates, L. Benigni, I. Bretherton, L. Camaioni, and V. Volterra, pp. 223–269. New York: Academic Press.

Bretherton, I., and Munholland, K. A. (1999). Internal working models in attachment relationships: a construct revisited. In *Handbook of Attachment: Theory, Research and Clinical Applications*, ed. J. Cassidy and P. R. Shaver, pp. 89–114. New York: Guilford.

Bretherton, I., Ridgeway, D., and Cassidy, J. (1990). Assessing internal working models of the attachment relationship: an attachment story completion task. In *Attachment in the Preschool Years: Theory, Research and Intervention*, ed. M. T. Greenberg, D. Cicchetti, and E. M. Cummings, pp. 273–308. Chicago: University of Chicago Press.

Britton, R. (1989). The missing link: parental sexuality in the Oedipus complex. In *The Oedipus Complex Today: Clinical Implications*, ed. R. Britton, M. Feldman, and E. O'Shaughnessy, pp. 83–102. London: Karnac.

———. (1992). The Oedipus situation and the depressive position. In *Clinical Lectures on Klein and Bion*, ed. R. Anderson, pp. 34–45. London: Routledge.

Bromberg, P. M. (1998). *Standing in the Spaces*. Hillsdale, NJ: Analytic Press.

Bruch, H. (1982). Anorexia nervosa: therapy and theory. *American Journal of Psychiatry* 139(12):1531–1538.

Bruner, J. (1990). *Acts of Meaning.* Cambridge: Harvard University Press.
Bucci, W. (1997). *Psychoanalysis and Cognitive Science: A Multiple Code Theory.* New York: Guilford.
Burland, J. A. (1986). The vicissitudes of maternal deprivation. In *Self and Object Constancy: Clinical and Theoretical Perspectives,* ed. R. F. Lax and J. A. Burland, pp. 324–347. New York: Guilford.
Busch, F. (1995). Do actions speak louder than words? A query into an enigma in analytic theory and technique. *Journal of the American Psychoanalytic Association* 43:61–82.
Call, J. D. (1984). From early patterns of communication to the grammar of experience and syntax in infancy. In *Frontiers of Infant Psychiatry,* ed. J. D. Call and R. L. Tyson, pp. 15–29. New York: Basic Books.
Carlson, E. A. (1998). A prospective longitudinal study of attachment disorganization/disorientation. *Child Development* 69:1107–1128.
Carlson, M., Dragomir, C., Earls, F., et al. (1995). Effects of social deprivation on cortisol regulation in institutionalized Romanian infants. *Society for Neuroscience Abstracts* 218:12.
Carlson, M., and Earls, F. (1997). Psychological and neuroendocrinological sequelae of early social deprivation in institutionalized children in Romania. *Annals of the New York Academy of Sciences* 807:419–428.
Carlsson, E., and Sroufe, L. A. (1995). Contribution of attachment theory to developmental psychopathology. In *Developmental Psychopathology. Vol. 1: Theory and Methods,* ed. D. Cicchetti and D. J. Cohen, pp. 581–617. New York: Wiley.
Carlsson, V., Cicchetti, D., Barnett, D., and Braunwald, K. (1989). Disorganised/disoriented attachment relationships in maltreated infants. *Developmental Psychology* 25:525–531.
Cassidy, J. (1988). Child–mother attachment and the self in six-year-olds. *Child Development* 59:121–134.
——— . (1994). Emotion regulation: influences of attachment relationships. In *The Development of Attachment Regulation. Monograph of the Society for Research in Child Development* (Serial No 240), ed. N. A. Fox, pp. 228–249.
——— . (1995). Attachment and generalized anxiety disorder. In *Rochester Symposium on Developmental Psychopathology: Vol. 6. Emotion, Cognition and Representation,* ed. D. Cicchetti and S. L. Toth,

pp. 343–370. Rochester, NY: University of Rochester Press.

———. (1999). The nature of the child's ties. In *Handbook of Attachment: Theory, Research and Clinical Applications*, ed. J. Cassidy and P. R. Shaver, pp. 3–20. New York: Guilford.

Cassidy, J., Kirsh, S. J., Scolton, K. L., and Parke, R. D. (1996). Attachment and representations of peer relationships. *Developmental Psychology* 32:892–904.

Cassidy, J., and Marvin, R. S. (1992). Attachment in preschool children: coding guidelines. Seattle: MacArthur Working Group on Attachment. Unpublished coding manual.

Cassidy, J., Marvin, R. S., and The MacArthur Working Group on Attachment (1989). *Attachment Organization in Three- and Four-Year-Olds: Coding Guidelines*. University of Illinois: Unpublished scoring manual.

Cassidy, J., and Shaver, P. R., eds. (1999). *Handbook of Attachment: Theory, Research and Clinical Applications*. New York: Guilford.

Cavell, M. (1994). *The Psychoanalytic Mind*. Cambridge, MA: Harvard University Press.

Chisolm, K. (1998). A three-year follow-up of attachment and indiscriminate friendliness in children adopted from Russian orphanages. *Child Development* 69:1092–1106.

Cicchetti, D., and Barnett, D. (1991). Attachment organisation in preschool aged maltreated children. *Development and Psychopathology* 3:397–411.

Cicchetti, D., Cummings, E. M., Greenberg, M. T., and Marvin, R. S. (1990). An organizational perspective on attachment beyond infancy. In *Attachment in the Preschool Years: Theory, Research, and Intervention*, ed. M. T. Greenberg and E. M. Cummings, pp. 3–49. Chicago: University of Chicago Press.

Coie, J. D., and Dodge, K. A. (1998). Aggression and antisocial behaviour. In *Handbook of Child Psychology (5th ed.): Vol. 3. Social, Emotional, and Personality Development*, ed. W. Damon, pp. 779–862. New York: Wiley.

Coie, J. D., and Lenox, K. F. (1994). The development of antisocial individuals. In *Psychopathy and Antisocial Personality: A Developmental Perspective*, ed. D. Fowles, P. Sutker, and S. Goodman, pp. 45–72. New York: Springer.

Coie, J. D., Terry, R., Lenox, K., Lochman, J., and Hyman, C. (1996). Childhood peer rejection and aggression as predictors of stable

patterns of adolescent disorder. *Development and Psychopathology* 7:697–713.
Cole, P. M., Michel, M. K., and Teti, L. O. (1994). The development of emotion regulation and dysregulation: a clinical perspective. *Monographs of the Society for Research in Child Development* 59: 73–102.
Colin, V. L. (1996). *Human Attachment*. New York: McGraw-Hill.
Collins, N. L., and Read, S. J. (1990). Adult attachment, working models and relationship quality in dating couples. *Journal of Personality and Social Psychology* 58:633–644.
Compton, A. (1981a). On the psychoanalytic theory of instinctual drives: Part III, the complications of libido and narcissism. *Psychoanalytic Quarterly* 50:345–562.
———. (1981b). On the psychoanalytic theory of instinctual drives: Part IV, instinctual drives and the ego-id-superego model. *Psychoanalytic Quarterly* 50:363–392.
Craik, K. (1943). *The Nature of Explanation*. Cambridge: Cambridge University Press.
Crews, F. (1995). *The Memory Wars: Freud's Legacy in Dispute*. London: Granta.
Crick, N. R., and Dodge, K. A. (1994). A review and reformulation of social information-processing mechanisms in children's social adjustment. *Psychological Bulletin* 115:74–101.
Crittenden, P. A. (1992). Quality of attachment in the preschool years. *Development and Psychopathology* 4:209–241.
Crittenden, P. M. (1985). Social networks, quality of child rearing and child development. *Child Development* 56:1299–1313.
———. (1990). Internal representational models of attachment relationships. *Infant Mental Health Journal* 11:259–277.
———. (1994). Peering into the black box: an exploratory treatise on the development of self in young children. In *Disorders and Dysfunctions of the Self. Rochester Symposium on Developmental Psychopathology, vol 5*, ed. D. Cicchetti and S. L. Toth, pp. 79–148. Rochester, NY: University of Rochester Press.
Crnic, K. A., Greenberg, M. T., Ragozin, A. S., Robinson, N. M., and Basham, R. B. (1983). Effects of stress and social support on mothers and premature and full-term infants. *Child Development* 54: 209–217.
Crnic, K. A., Greenberg, M. T., and Slough, N. M. (1986). Early stress

and social support influence on mothers' and high-risk infants' functioning in late infancy. *Infant Mental Health Journal* 7:19–33.

Crowell, J. A., Frayley, R. C., and Shaver, P. R. (1999). Measurement of individual differences in adolescent and adult attachment. In *Handbook of Attachment: Theory, Research and Clinical Applications*, ed. J. Cassidy and P. R. Shaver, pp. 434–465. New York: Guilford.

Crowell, J. A., and Owens, G. (1996). Current Relationship Interview and scoring system. State University of New York at Stony Brook, New York. Unpublished manuscript.

Crowell, J. A., Waters, E., Treboux, D., and O'Connor, E. (1996). Discriminant validity of the Adult Attachment Interview. *Child Development* 67:2584–2599.

Cutting, A. L., and Dunn, J. (1999). Theory of mind, emotion understanding, language, and family background: individual differences and interrelations. *Child Development* 70:853–865.

Davies, P. T., and Cummings, E. M. (1995). Marital conflict and child adjustment: An emotional security hypothesis. *Psychological Bulletin* 116:387–411.

———. (1998). Exploring children's security as a mediator of the link between marital relations and child adjustment. *Child Development* 69:124–139.

De Wolff, M. S., and van IJzendoorn, M. H. (1997). Sensitivity and attachment: a meta-analysis on parental antecedents of infant attachment. *Child Development* 68:571–591.

DeCasper, A. J., and Carstens, A. A. (1981). Contingencies of stimulation: effects on learning and emotion in neonates. *Infant Behavior and Development* 4:19–35.

Del Carmen, R., Pedersen, F., Huffman, L., and Bryan, Y. (1993). Dyadic distress management predicts security of attachment. *Infant Behavior and Development* 16:131–147.

Dishion, T. J., Andrews, D. W., and Crosby, L. (1995). Antisocial boys and their friends in early adolescence. *Child Development* 66:139–151.

Dozier, M. (1990). Attachment organization and treatment use for adults with serious psychopathological disorders. *Development and Psychopathology* 2:47–60.

Dozier, M., Cue, K., and Barnett, L. (1994). Clinicians as caregivers: the role of attachment organisation in treatment. *Journal of Con-*

sulting and Clinical Psychology 62:793–800.
Dozier, M., Stevenson, A. L., Lee, S. W., and Velligan, D. I. (1991). Attachment organization and familiar overinvolvement for adults with serious psychopathological disorders. *Development and Psychopathology* 3:475–489.
Dozier, M., Stovall, K. C., and Albus, K. E. (1999). Attachment and psychopathology in adulthood. In *Handbook of Attachment: Theory, Research and Clinical Applications*, ed. J. Cassidy and P. R. Shaver, pp. 497–519. New York: Guilford.
Dunn, J. (1996). Children's relationships: bridging the divide between cognitive and social development. *Journal of Child Psychology and Psychiatry* 37:507–518.
Eagle, M. (1995). The developmental perspectives of attachment and psychoanalytic theory. In *Attachment Theory: Social, Developmental and Clinical Perspectives*, ed. S. Goldberg, R. Muir, and J. Kerr, pp. 123–150. New York: Analytic Press.
———. (1996). Attachment research and psychoanalytic theory. In *Psychoanalytic Perspectives on Developmental Psychology: Empirical Studies of Psychoanalytic Theories*, ed. J. M. Masling, R. F. Bornstein, et al., vol. 6, pp. 105–149. Washington, DC: American Psychological Association.
———. (1997). Attachment and psychoanalysis. *British Journal of Medical Psychology* 70:217–229.
———. (1998). *The relationship between attachment theory and psychoanalysis*. Paper presented at the American Psychological Association Convention, Washington, DC.
———. (1999). *Attachment research and theory and psychoanalysis*. Paper presented at the Psychoanalytic Association of New York, November 15, 1999.
Eagle, M. N. (1984). *Recent Developments in Psychoanalysis: A Critical Evaluation*. Cambridge, MA: Harvard University Press.
Edelman, G. M. (1987). *Neural Darwinism: The Theory of Neuronal Group Selection*. New York: Basic Books.
Ehrenberg, D. (1993). *The Intimate Edge*. New York: Norton.
Eisenberg, N., and Fabes, R. A. (1992). Emotion, regulation and the development of social competence. In *Review of Personality and Social Psychology: Vol 14. Emotion and Social Behaviour*, ed. M. Clarke, pp. 119–150. Newbury Park, CA: Sage.
Elicker, J., Englund, M., and Sroufe, L. A. (1992). Predicting peer com-

petence and peer relationships in childhood from early parent–child relationships. In *Family-Peer Relationships: Modes of Linkage*, ed. R. Parke and G. Ladd, pp. 77–106. Hillsdale, NJ: Erlbaum.

Elkin, I. (1994). The NIMH treatment of depression collaborative research program: where we began and where we are. In *Handbook of Psychotherapy and Behavior Change*, ed. A. E. Bergin and S. L. Garfield, pp. 114–139. New York: Wiley.

Elman, J. L., Bates, A. E., Johnson, M. H., et al. (1996). *Rethinking Innateness: A Connectionist Perspective on Development*. Cambridge, MA: MIT Press.

Emde, R. N. (1980a). A developmental orientation in psychoanalysis: ways of thinking about new knowledge and further research. *Psychoanalysis and Contemporary Thought* 3:213–235.

———. (1980b). Toward a psychoanalytic theory of affect: Part 1, the organizational model and its propositions. In *The Course of Life: Infancy and Early Childhood*, ed. S. I. Greenspan and G. H. Pollock, pp. 63–83. Washington, DC: DHSS.

———. (1980c). Toward a psychoanalytic theory of affect: Part II, emerging models of emotional development in infancy. In *The Course of Life: Infancy and Early Childhood*, ed. S. I. Greenspan and G. H. Pollock, pp. 85–112. Washington, DC: DHSS.

———. (1981). Changing models of infancy and the nature of early development: remodelling the foundation. *Journal of the American Psychoanalytic Association* 29:179–219.

———. (1983). Pre-representational self and its affective core. *Psychoanalytic Study of the Child* 38:165–192. New Haven, CT: Yale University Press.

———. (1988a). Development terminable and interminable. II. Recent psychoanalytic theory and therapeutic considerations. *International Journal of Psycho-Analysis* 69:283–286.

———. (1988b). Development terminable and interminable. I. Innate and motivational factors from infancy. *International Journal of Psycho-Analysis* 69:23–42.

Engel, G. L. (1971). Attachment behaviour, object relations and the dynamic point of view. A critical review of Bowlby's *Attachment and Loss*. *International Journal of Psycho-Analysis* 52:183–196.

Erel, O., and Burman, B. (1995). Interrelatedness of marital relations and parent–child relations. *Psychological Bulletin* 118:108–132.

Erickson, M. F., Sroufe, L. A., and Egeland, B. (1985). The relation-

ship between quality of attachment and behavior problems in preschool in a high-risk sample. *Monographs of the Society for Research in Child Development* 50(1–2):147–166.
Erikson, E. H. (1950). *Childhood and Society.* New York: Norton.
——. (1956). The problem of ego identity. In *Identity and the Life Cycle*, pp. 104–164. New York: International Universities Press, 1959.
——. (1959). *Identity and the Life Cycle.* New York: International Universities Press.
——. (1964). *Insight and Responsibility.* New York: Norton.
——. (1968). *Identity, Youth and Crisis.* New York: Norton.
Fagot, B. I., and Kavanagh, K. (1990). The prediction of antisocial behavior from avoidant attachment classifications. *Child Development* 61:864–873.
Fairbairn, W. R. D. (1952a). *An Object-Relations Theory of the Personality.* New York: Basic Books, 1954.
——. (1952b). *Psychoanalytic Studies of the Personality.* London: Tavistock.
——. (1954). Observations on the nature of hysterical states. *British Journal of Medical Psychology* 29:112–127.
——. (1963). Synopsis of an object-relations theory of the personality. *International Journal of Psycho-Analysis* 44:224–225.
Feiring, C., and Lewis, M. (1996). Finality in the eye of the beholder: multiple sources, multiple time points, multiple paths. *Development and Psychopathology* 8:721–733.
Ferenczi, S. (1933). A confusion of tongues between adults and the child. In *Final Contributions to the Problems and Methods of Psychoanalysis*, pp. 156–167. London: Hogarth.
Fisher, L., Ames, E. W., Chisholm, K., and Savoie, L. (1997). Problems reported by parents of Romanian orphans adopted to British Columbia. *International Journal of Behavioral Development* 20:67–82.
Fonagy, I., and Fonagy, P. (1995). Communication with pretend actions in language, literature and psychoanalysis. *Psychoanalysis and Contemporary Thought* 18:363–418.
Fonagy, P. (1982). Psychoanalysis and empirical science. *International Review of Psycho-Analysis* 9:125–145.
——. (1991). Thinking about thinking: some clinical and theoretical considerations in the treatment of a borderline patient. *International Journal of Psycho-Analysis* 72:1–18.

———. (1997). Attachment and theory of mind: overlapping constructs? *Association for Child Psychology and Psychiatry Occasional Papers* 14:31–40.

———. (1999a). Male perpetrators of violence against women: an attachment theory perspective. *Journal of Applied Psychoanalytic Studies* 1:7–27.

———. (1999b). Memory and therapeutic action (guest editorial). *International Journal of Psycho-Analysis* 80:215–223.

Fonagy, P., and Cooper, A. (1999). Joseph Sandler's intellectual contributions to theoretical and clinical psychoanalysis. In *Psychoanalysis on the Move: The Work of Joseph Sandler*, ed. P. Fonagy, A. Cooper, and R. Wallerstein, pp. 1–29. London: Routledge.

Fonagy, P., Leigh, T., Kennedy, R., Mattoon, G., Steele, H., Target, M., Steele, M., and Higgitt, A. (1995a). Attachment, borderline states and the representation of emotions and cognitions in self and other. In *Emotion, cognition, and representation*, ed. D. Cicchetti and S. L. Toth, pp. 371-414. Rochester, NY: University of Rochester Press.

Fonagy, P., Leigh, T., Steele, M., Steele, H., Kennedy, R., Mattoon, G., Target, M. and Gerber, A. (1996). The relation of attachment status, psychiatric classification, and response to psychotherapy. *Journal of Consulting and Clinical Psychology* 64: 22-31.

Fonagy, P., Moran, G. S., and Target, M. (1993a). Aggression and the psychological self. *International Journal of psycho-Analysis* 74 : 471-485.

Fonagy, P., Redfern, S., and Charman, T.(1997a). The relationship beteween belief-desire reasoning and a projective measure of attachment security(SAT). *British Journal of Developmental Psychology* 15: 51-61.

Fonagy, P., Steele, H., Moran, G., Steele, M., and Higgitt, A. (1991a). The capacity for understanding mental states: the reflective self in parent and child and its significance for security of attachment. *Infant Mental Health Journal* 13: 200-217.

———. (1992). The integration of psychoanalytic theory and work on attachment: the issue of intergenerational psychic processes. In *Attaccamento E Psiconalis*, ed. D. Stern and M. Ammaniti, pp. 19-30. Bari, Italy: Laterza.

———. (1993b). Measuring the ghost in the nursery: An empirical study of the relation between parents' mental representations of childhood experiences and their infants' security of attachment. *Journal of the American Psychoanalytic Association* 41: 957-989.

Fonagy, P., Steele, H., and Steel, M. (1991b). Maternal representations of attachment during pregnancy predict the organization of infant-mother attachment at one year of age. *Child Development* 62: 891-905.

Fonagy, P., Steele, M., Steele, H., Higgitt, A., and Target, M. (1994). Theory and practice of resilience. *Journal of Child Psychology and Psychiatry* 35:231–257.

Fonagy, P., Steele, H., Steele, M., and Holder, J. (submitted). Quality of attachment to mother at 1 year predicts belief-desire reasoning at 5 *years. Child development.*

Fonagy, P., Steele, M., Steele, H., Leigh, T., Kennedy, R., Mattoon, G., and Target, M. (1995b). Attachment, the reflective self, and borderline states: the predictive specificity of the Adult Attachment Interview and pathological emotional development. In *Attachment Theory: Social, Developmental and Clinical Perspectives*, ed. S. Goldberg, R. Muir, and J. Kerr, pp. 233–278. Hillsdale, NJ: Analytic Press.

Fonagy, P., Steele, M., Steele, H. and Target, M. (1997b). *Reflective Functioning Manual, version 4.1, for Application to Adult Attachment Interviews.* London: University College of London.

Fonagy, P., and Target, M. (1995a). Towards understanding violence: the use of the body and the role of the father. *International Journal of Psycho-Analysis* 76:487–502.

———. (1995b). Understanding the violent patient. *International Journal of Psycho-Analysis* 76:487–502.

———. (1996). Playing with reality: I. Theory of mind and the normal development of psychic reality. *International Journal of Psycho-Analysis* 77:217–233.

———. (1997). Attachment and reflective function: their role in self-organization. *Development and Psychopathology* 9:679–700.

Fonagy, P., Target, M., Steele, M., and Steele, H.(1997c). The development of violence and crime as it relates to security of attachment. In *Children in a Violent Society*, ed. J. D. Osofsky, pp. 150-177. New York: Guilford.

Fonagy, P., Target, M., Steele, M., Steele, H., Leigh, T., Levinson, A., and Kennedy, R. (1997d). Morality, disruptive behavior, borderline personality disorder, crime, and their relationships to security of attachment. In *Attachment and Psychopathology*, ed. L. Atkinson and K. J. Zucker, pp. 223–274. New York: Guilford.

Fox, N. A. (1994). Dynamic cerebral processes underlying emotion regulation. *Monographs of the Society for Research in Child Development* 59:152–166.

Fraiberg, S. (1980). *Clinical Studies in Infant Mental Health.* New York: Basic Books.

———. (1982). Pathological defenses in infancy. *Psychoanalytic Quarterly* 51:612–635.

Fraiberg, S. H., Adelson, E., and Shapiro, V. (1975). Ghosts in the nursery: a psychoanalytic approach to the problem of impaired infant–mother relationships. *Journal of the American Academy Child Psychiatry* 14:387–422.

Franz, C. E., and White, K. M. (1985). Individuation and attachment in personality development. *Journal of Personality* 53:224–256.

Freud, A. (1926a). Four lectures on child analysis. In *The Writings of Anna Freud, Vol. 1,* pp. 3–69. New York: International Universities Press.

———. (1936). *The Ego and the Mechanisms of Defence.* New York: International Universities Press, 1946.

———. (1941–1945). Reports on the Hampstead Nurseries. In *The Writings of Anna Freud.* New York: International Universities Press, 1974.

———. (1954). The widening scope of indications for psychoanalysis: discussion. *Journal of the American Psychoanalytical Association* 2:607–620.

———. (1955). The concept of the rejecting mother. In *The Writings of Anna Freud,* pp. 586–602. New York: International Universities Press, 1968.

———. (1960). Discussion of Dr. Bowlby's paper, "Grief and mourning in infancy and early childhood." In *The Writings of Anna Freud,* pp. 167–186. New York: International Universities Press, 1969.

———. (1963). The concept of developmental lines. *Psychoanalytic Study of the Child* 18:245–265. New York: International Universities Press.

———. (1965). *Normality and pathology in childhood.* Harmondsworth: Penguin.

———. (1970). Child analysis as a subspecialty of psychoanalysis. In *The Writings of Anna Freud,* pp. 204–219. New York: International Universities Press, 1971.

Freud, A., and Burlingham, D. (1944). *Infants Without Families.* New

York: International Universities Press.
Freud, S. (1900). The interpretation of dreams. *Standard Edition* 4,5:1–715.
———. (1905). Three essays on the theory of sexuality. *Standard Edition* 7:123–230.
———. (1906). My views on the part played by sexuality in the aetiology of the neuroses. *Standard Edition* 7:269–280.
———. (1911). Formulations on the two principles of mental functioning. *Standard Edition* 12:213–226.
———. (1915). Mourning and melancholia. *Standard Edition* 14:237–258.
———. (1917). Introductory lectures on psycho-analysis: Part III, general theory of the neuroses. *Standard Edition* 16:243–463.
———. (1920). Beyond the pleasure principle. *Standard Edition* 18:1–64.
———. (1923). The ego and the id. *Standard Edition* 19:1–59.
———. (1926b). Inhibitions, symptoms and anxiety. *Standard Edition* 20:77–172.
———. (1931). Female sexuality. *Standard Edition* 21:221–246.
———. (1933). New introductory lectures on psychoanalysis. *Standard Edition* 22:1–182.
———. (1938). An outline of psychoanalysis. *Standard Edition* 23:139–208.
———. (1939). Moses and monotheism. *Standard Edition* 23:3–137.
Freud, S., and Breuer, J. (1895). Studies on hysteria. *Standard Edition* 2:1–305.
Frosch, A. (1995). The preconceptual organization of emotion. *Journal of the American Psychoanalytic Association* 43:423–447.
Garbarino, J. (1995). *Raising Children in a Socially Toxic Environment*. San Francisco: Jossey Bass.
Garmezy, N., and Masten, A. (1994). Chronic adversities. In *Child and Adolescent Psychiatry: Modern Approaches*, ed. M. Rutter, E. Taylor, and L. Hersov, pp. 191–208. Oxford: Blackwell Scientific Publications.
Garnham, A. (1987). *Mental Models as Representations of Discourse and Text*. Chichester: Ellis Horwood.
George, C., Kaplan, N., and Main, M. (1996). The Adult Attachment Interview Protocol, 3rd Edition. Department of Psychology, University of California at Berkeley. Unpublished manuscript.

George, C., and Solomon, J. (1996). Representational models of relationships: links between caregiving and attachment. In *Defining the Caregiving System (Infant Mental Health Journal Volume 17)*, ed. C. George and J. Solomon, pp. 198–216. New York: Wiley.

Gergely, G. (1991). Developmental reconstructions: infancy from the point of view of psychoanalysis and developmental psychology. *Psychoanalysis and Contemporary Thought* 14:3–55.

——— . (2000). Reapproaching Mahler: new perspectives on normal autism, normal symbiosis, splitting and libidinal object constancy from cognitive developmental theory. *Journal of the American Psychoanalytic Association* 48(4):1197–1228.

Gergely, G., and Watson, J. (1996). The social biofeedback model of parental affect-mirroring. *International Journal of Psycho-Analysis* 77:1181–1212.

Gianino, A. F., and Tronick, E. Z. (1988). The mutual regulation model: the infant's self and interactive regulation and coping and defensive capacities. In *Stress and Coping Across Development*, ed. T. M. Field, P. M. McCabe, and N. Schneiderman, pp. 47–68. Hillsdale, NJ: Erlbaum.

Gill, M. M. (1982). *Analysis of Transference, Vol I: Theory and Technique*. New York: International Universities Press.

Giovacchini, P. (1987). The 'unreasonable' patient and the psychotic transference. In *The Borderline Patient: Emerging Concepts in Diagnosis, Psychodynamics and Treatment*, ed. J. S. Grotstein and J. A. Lang, pp. 59–68. Hillsdale, NJ: Analytic Press.

Goldberg, S. (1995). Introduction. In *Attachment Theory: Social, Developmental and Clinical Perspectives*, ed. S. Goldberg, R. Muir, and J. Kerr, pp. 1–15. New York: Analytic Press.

Goldberg, S., Gotowiec, A., and Simmons, R. J. (1995). Infant–mother attachment and behavior problems in healthy and chronically ill pre-schoolers. *Development and Psychopathology* 7:267–282.

Goldberg, W. A., and Easterbrooks, M. A. (1984). The role of marital quality in toddler development. *Developmental Psychology* 20:504–514.

Goosens, F., and van IJzendoorn, M. (1990). Quality of infants' attachment to professional caregivers. *Child Development* 61:832–837.

Gopnik, A., and Slaughter, V. (1991). Young children's understanding of changes in their mental states. *Child Development* 62:98–110.

Green, A. (1975). The analyst, symbolisation and absence in the analytic setting: on changes in analytic practice and analytic experience. *International Journal of Psycho-Analysis* 56:1–22.

Green, J. (2000). A new method of evaluating attachment representations in young school-age children: the Manchester Child Evaluation Story Task. *Attachment and Human Development* 2(1):48–70.

Greenacre, P. (1952). Pregenital patterning. *International Journal of Psycho-Analysis* 33:410–415.

Greenberg, J. R., and Mitchell, S. A. (1983). *Object Relations in Psychoanalytic Theory*. Cambridge, MA: Harvard University Press.

Greenberg, M. T. (1999). Attachment and psychopathology in childhood. In *Handbook of Attachment: Theory, Research, and Clinical Applications*, ed. J. Cassidy and P. R. Shaver, pp. 469–496. New York: Guilford.

Greenberg, M. T., Speltz, M. L., DeKlyen, M., and Endriga, M. C. (1991). Attachment security in preschoolers with and without externalizing problems: a replication. *Development and Psychopathology* 3:413–430.

Grice, H. P. (1989). *Studies in the Way of Words*. Cambridge, MA: Harvard University Press.

Griffin, D. W., and Bartholomew, K. (1994). The metaphysics of measurement: the case of adult attachment. In *Advances in Personal Relationships: Vol 5. Attachment Processes in Adulthood*, ed. K. Bartholomew and D. Perlman, pp. 17–52. London: Jessica Kingsley.

Grosskruth, P. (1987). *Melanie Klein: Her World and her Work*. Cambridge, MA: Harvard University Press.

Grossman, K. E., and Grossman, K. (1991). Attachment quality as an organizer of emotional and behavioural responses in a longitudinal perspective. In *Attachment Across the Life Cycle*, ed. C. M. Parkes, J. Stevenson-Hinde, and J. Marris, pp. 93–114. London and New York: Routledge.

Grossman, K. E., Grossman, K., Winter, M., and Zimmerman, P. (2002). Attachment relationships and appraisal of partnership: from early experience of sensitive support to later relationship representation. In *Paths to Successful Development*, ed. L. Pulkkinen and A. Caspi, pp. 73–105. Cambridge: Cambridge University Press.

Grossman, K. E., Grossman, K., and Zimmermann, P. (1999). A wider view of attachment and exploration. In *Handbook of Attachment: Theory, Research and Clinical Applications*, ed. J. Cassidy and P. R. Shaver, pp. 760–786. New York: Guilford.

Gunderson, J. G. (1996). The borderline patient's intolerance of aloneness: Insecure attachments and therapist availability. *American Journal of Psychiatry* 153(6):752–758.

Guntrip, H. (1961). *Personality Structure and Human Interaction*. New York: International Universities Press.

———. (1969). *Schizoid Phenomena, Object Relations and the Self*. New York: International Universities Press.

Hamilton, C. E. (2000). Continuity and discontinuity of attachment from infancy through adolescence. *Child Development* 71: 690–694.

Hamilton, V. (1996). *The Analyst's Preconscious*. Hillsdale, NJ: Analytic Press.

Hanley, C. (1978). A critical consideration of Bowlby's ethological theory of anxiety. *Psychoanalytic Quarterly* 47:364–380.

Hann, D. M., Castino, R. J., Jarosinski, J., and Britton, H. (1991). *Relating mother-toddler negotiation patterns to infant attachment and maternal depression with an adolescent mother sample*. Paper presented at The Consequences of Adolescent Parenting: Predicting Behavior Problems in Toddlers and Preschoolers. Symposium conducted at the biennial meeting of the Society for Research in Child Development, Seattle, WA, April.

Harlow, H. F. (1958). The nature of love. *American Psychologist* 13:673–678.

Hart, J., Gunnar, M., and Cicchetti, D. (1995). Salivary cortisol in maltreated children: evidence of relations between neuroendocrine activity and social competence. Special issue: emotions in developmental psychopathology. *Development and Psychopathology* 7:11–26.

Hartmann, H. (1950). *Comments on the Psychoanalytic Theory of the Ego*. New York: International Universities Press, 1964.

———. (1952). The mutual influences in the development of ego and id. In *Essays on Ego Psychology*, pp. 155–182. New York: International Universities Press, 1964.

———. (1955). Notes on the theory of sublimation. In *Essays on Ego Psychology*, pp. 215–240. New York: International Universities Press, 1964.

Hartmann, H., Kris, E., and Loewenstein, R. (1946). Comments on the

formation of psychic structure. *Psychoanalytic Study of the Child* 2:11–38. New York International Universities Press.
Hazan, C., and Shaver, P. (1987). Romantic love conceptualized as an attachment process. *Journal of Personality and Social Psychology* 52:511–524.
———. (1990). Love and work: an attachment theoretical perspective. *Journal of Personality and Social Psychology* 59:270–280.
Hegel, G. (1807). *The Phenomenology of Spirit.* Oxford: Oxford University Press.
Heinicke, C., and Westheimer, I. J. (1966). *Brief Separations.* New York: International Universities Press.
Hermann, I. (1923). Zur Psychologie der Chimpanzen. *Internationale Zeitschrift fur Psychoanalyse* 9:80–87.
Hertsgaard, L., Gunnar, M., Erickson, M. F., and Nachmias, M. (1995). Adrenocortical response to the strange situation in infants with disorganized/disoriented attachment relationships. *Child Development* 66:1100–1106.
Hesse, E. (1999). The Adult Attachment Interview. In *Handbook of Attachment: Theory, Research and Clinical Applications,* ed. J. Cassidy and P. R. Shaver, pp. 395–433. New York: Guilford.
Hesse, E., and Main, M. (2000). Disorganized infant, child and adult attachment: collapse in behavioral and attentional strategies. *Journal of the American Psychoanalytic Association* 48: 1097–1127.
Hirschi, T. (1969). *Causes of Delinquency.* Berkeley, CA: University of California Press.
Hodges, J., and Tizard, B. (1989). Social and family relationships of exinstitutional adolescents. *Journal of Child Psychology and Psychiatry* 30:77–97.
Hofer, M. A. (1990). Early symbiotic processes: hard evidence from a soft place. In *Pleasure Beyond the Pleasure Principle,* ed. R. A. Glick and S. Bone, pp. 13–25. New Haven: Yale University Press.
———. (1995). Hidden regulators: implications for a new understanding of attachment, separation and loss. In *Attachment Theory: Social, Developmental, and Clinical Perspectives,* ed. S. Goldberg, R. Muir, and J. Kerr, pp. 203–230. Hillsdale, NJ: Analytic Press.
———. (1996). On the nature and consequences of early loss. *Psychosomatic Medicine* 58:570–581.
Hoffman, I. Z. (1994). Dialectic thinking and therapeutic action in the psychoanalytic process. *Psychoanalytic Quarterly* 63:187–218.

Holland, R. (1990). Scientificity and psychoanalysis: insights from the controversial discussions. *International Review of Psycho-Analysis* 17:133–158.

Holmes, J. (1993a). Attachment theory: a biological basis for psychotherapy? *British Journal of Psychiatry* 163:430–438.

———. (1993b). *John Bowlby and Attachment Theory*. London: Routledge.

———. (1995). Something there is that does not love a wall: John Bowlby, attachment theory and psychoanalysis. In *Attachment Theory: Social, Developmental and Clinical Perspectives*, ed. S. Goldberg, R. Muir, and J. Kerr, pp. 19–45. New York: Analytic Press.

———. (1996a). *Attachment, Intimacy, Autonomy: Using Attachment Theory in Adult Psychotherapy*. Northville, NJ: Jason Aronson.

———. (1996b). Psychotherapy and memory—an attachment perspective. *British Journal of Psychotherapy* 13(2):204–218.

———. (1997). Attachment, autonomy, intimacy: some clinical implications of attachment theory. *British Journal of Medical Psychology* 70:231–248.

———. (1998a). The changing aims of psychoanalytic psychotherapy: An integrative perspective. *International Journal of Psycho-Analysis* 79:227–240.

———. (1998b). Defensive and creative uses of narrative in psychotherapy: an attachment perspective. In *Narrative and Psychotherapy and Psychiatry*, ed. G. Roberts and J. Holmes, pp. 49–68. Oxford: Oxford University Press.

———. (2000a). Manual for Brief Attachment Based Intervention. Devon Health Authority. Unpublished manuscript.

———. (2000b). Attachment theory and psychoanalysis: a rapprochement. *British Journal of Psychotherapy* 17: 157–180.

Holtzworth-Munroe, A., Stuart, A., and Hutchison, G. (1997). Violent vs. non-violent husbands: differences in attachment patterns, dependency and jealousy. *Journal of Family Psychology* 11: 314–331.

Horowitz, L. M., Rosenberg, S. E., and Bartholomew, K. (1996). Interpersonal problems, attachment styles and outcome in brief dynamic psychotherapy. *Journal of Consulting and Clinical Psychology* 61:549–560.

Howes, C., Hamilton, C. E., and Matheson, C. C. (1994). Children's relationships with peers: differential associations with aspects of the teacher–child relationship. *Child Development* 65:253–263.

Hubbs-Tait, L., Osofsky, J., Hann, D., and Culp, A. (1994). Predicting behavior problems and social competence in children of adolescent mothers. *Family relations* 43: 439–446.

Hughes, C., Dunn, J., and White, A. (1998). Trick or treat? Uneven understanding of mind and emotion and executive dysfunction in "hard-to-manage" preschoolers. *Journal of Child Psychology and Psychiatry* 39:981–994.

Insel, T. (1997). A neurobiological basis of social attachment. *American Journal of Psychiatry* 154:726–735.

Isabella, R., and Belsky, J. (1991). Interactional synchrony and the origins of infant-mother attachment: a replication study. *Child Development* 62:373–384.

Jacobovitz, D., and Hazen, N. (1999). Developmental pathways from infant disorganization to childhood peer relationships. In *Attachment Disorganization*, ed. J. Solomon and C. George, pp. 127–159. New York: Guilford Press.

Jacobovitz, D., Hazen, N., and Riggs, S. (1997). *Disorganized mental processes in mothers, frightening/frightened caregiving and disoriented/disorganized behavior in infancy.* Paper presented at the Biennial Meeting of the Society for Research in Child Development, Washington, DC.

Jacobsen, T., Edelstein, W., and Hofmann, V. (1994). A longitudinal study of the relation between representations of attachment in childhood and cognitive functioning in childhood and adolescence. *Developmental Psychology* 30:112–124.

Jacobsen, T., Huss, M., Fendrich, M., Kruesi, M. J. P., and Ziegenhain, U. (1997). Children's ability to delay gratification: longitudinal relations to mother–child attachment. *Journal of Genetic Psychology* 158:411–426.

Jacobson, E. (1954a). Contribution to the metapsychology of psychotic identifications. *Journal of the American Psychoanalytic Association* 2:239–262.

———. (1954b). The self and the object world: vicissitudes of their infantile cathexes and their influence on ideational affective development. *Psychoanalytic Study of the Child* 9:75–127. New York: International Universities Press.

———. E. (1964). *The Self and the Object World.* New York: International Universities Press.

Johnson, J. G., Cohen, P., Brown, J., Smailes, E. M., and Bernstein, D. P. (1999). Childhood maltreatment increases risk for personality disorders during early adulthood. *Archives of General Psychiatry* 56:600–605.

Johnson-Laird, P. N. (1983). *Mental Models: Towards a Cognitive Science of Language, Inference and Consciousness.* Cambridge: Cambridge University Press.

———. (1990). The development of reasoning ability. In *Causes of Development: Interdisciplinary Perspectives,* ed. G. Butterworth and P. Bryant, pp. 85–110. Hillsdale, NJ: Erlbaum.

Johnson-Laird, P. N., and Byrne, R. M. (1991). *Deduction.* Hillsdale, NJ: Erlbaum.

———. (1993). Precis of deduction. *Behavioural and Brain Sciences* 16:323–380.

Joseph, B. (1989). *Psychic Equilibrium and Psychic Change.* London: Routledge.

Kahn, M. (1974). *The Privacy of the Self.* London: Hogarth.

———. (1978). Secret and potential space. In *Hidden Selves.* London: Hogarth, 1983.

Kandel, E. R. (1998). A new intellectual framework for psychiatry. *American Journal of Psychiatry* 155:457–469.

———. (1999). Biology and the future of psychoanalysis: a new intellectual framework for psychiatry revisited. *American Journal of Psychiatry* 156:505–524.

Kaplan, N. (1987). *Individual Differences in 6-Year-Olds' Thoughts about Separation: Predicted from Attachment to Mother at Age 1.* Berkeley: University of California.

Karen, R. (1994). *Becoming Attached.* New York: Warner.

Kellman, P. J., and Spelke, E. S. (1983). Perception of partly occluded objects in infancy. *Cognitive Psychology* 15:483–524.

Kennedy, H., and Moran, G. (1991). Reflections on the aims of child psychoanalysis. *Psychoanalytic Study of the Child* 46:181–198. New Haven, CT: Yale University Press.

Kennedy, H., and Yorke, C. (1980). Childhood neurosis v. developmental deviations: two clinical case histories. *Dialogue: A Journal of Psychoanalytic Perspectives* 4:20–33.

Kernberg, O. F. (1967). Borderline personality organization. *Journal of the American Psychoanalytic Association* 15:641–685.

———. (1975). *Borderline Conditions and Pathological Narcissism.* New York: Jason Aronson.

———. (1976a). *Object Relations Theory and Clinical Psychoanalysis.*

New York: Jason Aronson.

———. (1976b). Technical considerations in the treatment of borderline personality organization. *Journal of the American Psychoanalytic Association* 24:795–829.

———. (1977). The structural diagnosis of borderline personality organization. In *Borderline Personality Disorders: The Concept, the Syndrome, the Patient*, ed. P. Nartocollis, pp. 87–121. New York: International Universities Press.

———. (1980). *Internal World and External Reality: Object Relations Theory Applied.* New York: Jason Aronson.

———. (1982). Self, ego, affects and drives. *Journal of the American Psychoanalytic Association* 30:893–917.

———. (1984). *Severe Personality Disorders: Psychotherapeutic Strategies.* New Haven, CT: Yale University Press.

———. (1987). Borderline personality disorder: a psychodynamic approach. *Journal of Personality Disorders* 1:344–346.

———. (1988). Object relations theory in clinical practice. *Psychoanalytic Quarterly* LVII:481–504.

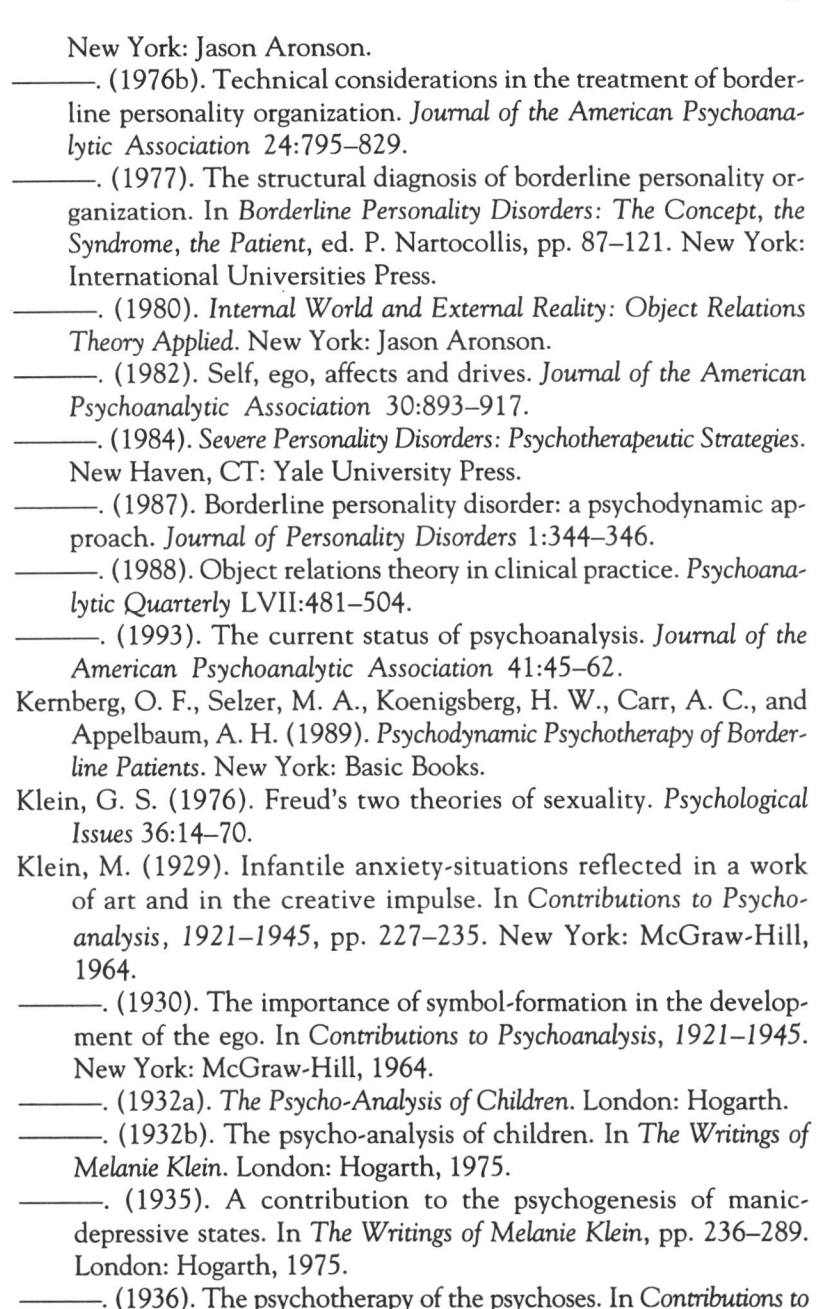

———. (1993). The current status of psychoanalysis. *Journal of the American Psychoanalytic Association* 41:45–62.

Kernberg, O. F., Selzer, M. A., Koenigsberg, H. W., Carr, A. C., and Appelbaum, A. H. (1989). *Psychodynamic Psychotherapy of Borderline Patients.* New York: Basic Books.

Klein, G. S. (1976). Freud's two theories of sexuality. *Psychological Issues* 36:14–70.

Klein, M. (1929). Infantile anxiety-situations reflected in a work of art and in the creative impulse. In *Contributions to Psychoanalysis, 1921–1945*, pp. 227–235. New York: McGraw-Hill, 1964.

———. (1930). The importance of symbol-formation in the development of the ego. In *Contributions to Psychoanalysis, 1921–1945.* New York: McGraw-Hill, 1964.

———. (1932a). *The Psycho-Analysis of Children.* London: Hogarth.

———. (1932b). The psycho-analysis of children. In *The Writings of Melanie Klein.* London: Hogarth, 1975.

———. (1935). A contribution to the psychogenesis of manic-depressive states. In *The Writings of Melanie Klein*, pp. 236–289. London: Hogarth, 1975.

———. (1936). The psychotherapy of the psychoses. In *Contributions to psychoanalysis, 1921–1945.* New York: McGraw-Hill, 1964.

——— . (1945). The Oedipus complex in the light of early anxieties. In *The Writings of Melanie Klein,* pp. 370–419. London: Hogarth, 1975.

——— . (1946). Notes on some schizoid mechanisms. In *Developments in Psychoanalysis,* ed. M. Klein, P. Heimann, S. Isaacs, and J. Riviere, pp. 292–320. London: Hogarth.

——— . (1957). Envy and gratitude. In *The Writings of Melanie Klein,* vol. 3, pp. 176–235. London: Hogarth.

——— . (1959). Our adult world and its roots in infancy. In *The Writings of Melanie Klein,* vol. 3, ed. R. Money-Kyrle, pp. 247–263. London: Hogarth, 1975.

——— . (1980). On Mahler's autistic and symbiotic phases: An exposition and evolution. *Psychoanalysis and Contemparary Thought* 4:69–105.

——— . (1981). On Mahler's autistic and symbiotic phases: an exposition and evaluation. *Psychoanalysis and Contemporary Thought* 4:69–105.

Kobak, R., and Sceery, A. (1988). Attachment in late adolescence: working models, affect regulation and perceptions of self and others. *Child Development* 59:135–146.

Kohut, H. (1971). *The Analysis of the Self.* New York: International Universities Press.

——— . (1972). Thoughts on narcissism and narcissistic rage. *Psychoanalytic Study of the Child* 27:360–400. New Haven, CT: Yale University Press.

——— . (1977). *The Restoration of the Self.* New York: International Universities Press.

——— . (1984). *How Does Analysis Cure?* Chicago: University of Chicago Press.

Kohut, H., and Wolf, E. S. (1978). The disorders of the self and their treatment: an outline. *International Journal of Psycho-Analysis* 59:413–426.

Kramer, S. (1979). The technical significance and application of Mahler's separation-individuation theory. *Journal of the American Psychoanalytic Association* 27:241–262.

Kramer, S., and Akhtar, S. (1988). The developmental context of internalized preoedipal object relations: clinical applications of Mahler's theory of symbiosis and separation-individuation. *Psychoanalytic*

Quarterly LVII:547–576.
Kris, E. (1952). *Psychoanalytic Explorations in Art.* New York: International Universities Press.
Kupersmidt, K. B., Coie, J. D., and Dodge, K. A. (1990). The role of poor peer relationships in the development of disorder. In *Peer Rejection in Childhood,* ed. S. R. Asher and J. D. Coie, pp. 274–305. Cambridge: Cambridge University Press.
Laible, D. J., and Thompson, R. A. (1998). Attachment and emotional understanding in pre-school children. *Developmental Psychology* 34:1038–1045.
Lamb, M. (1987). Predictive implications of individual differences in attachment. *Journal of Consulting Clinical Psychology* 55:817–824.
Lamb, M. E., Thompson, R. A., Gardner, W., and Charnov, E. (1985). *Infant–Mother Attachment: The Origins and Developmental Significance of Individual Differences in Strange Situation Behavior.* Hillsdale, NJ: Erlbaum.
Lecours, S., and Bouchard, M.-A. (1997). Dimensions of mentalisation: outlining levels of psychic transformation. *International Journal of Psycho-Analysis* 78:855–875.
LeDoux, J. E. (1995). Emotion: clues from the brain. *Annual Review of Psychology* 46:209–235.
Levenson, E. (1972). *The Fallacy of Understanding.* New York: Basic Books.
———. (1983). *The Ambiguity of Change.* New York: Basic Books.
———. (1990). *The Purloined Self.* New York: Contemporary Psychoanalysis Books.
Levinson, A., and Fonagy, P. (2004). Offending and attachment: the relationship between interpersonal awareness and offending in a prison population with psychiatric disorder. *Canadian Journal of Psychoanalysis* 12:225–251.
Lewin, K. (1952). *Field Theory and Social Science.* London: Tavistock Publications.
Lewis, M., and Feiring, C. (1989). Early predictor of childhood friendship. In *Peer Relationships in Child Development,* ed. T. J. Berndt and G. W. Ladd, pp. 246–273. New York: Wiley.
Lichtenberg, J. (1989). *Psychoanalysis and Motivation.* Hillsdale, NJ: Analytic Press.
Lichtenberg, J. D. (1995). Can empirical studies of development im-

pact on psychoanalytic theory and technique? In *Research in Psychoanalysis: Process, Development, Outcome*, ed. T. Shapiro and R. N. Emde, pp. 261–276. New York: International Universities Press.

Lichtenstein, H. (1961). Identity and sexuality: a study of their interrelationship in man. *Journal of the American Psychoanalytic Association* 9:179–260.

———. (1963). The dilemma of human identity. Notes on self-transformation, self-observation, and metamorphosis. *Journal of the American Psychoanalytic Association* 11:173–223.

Lieberman, A. F. (1991). Attachment theory and infant-parent psychotherapy: Some conceptual, clinical and research issues. In *Rochester Symposium on Developmental Psychopathology: Vol. 3. Models and Integrations*, ed. D. Cicchetti and S. Toth, pp. 261–288. Hillsdale, NJ: Erlbaum.

Lieberman, A. F., and Pawl, J. (1993). Infant-parent psychotherapy. In *Handbook of Infant Mental Health*, ed. C. H. Zeanah, pp. 427–442. New York: Guilford.

Lieberman, A. F., and Zeanah, C. H. (1999). Contributions of attachment theory to infant-parent psychotherapy and other interventions with infants and young children. In *Handbook of Attachment: Theory, Research and Clinical Applications*, ed. J. Cassidy and P. R. Shaver, pp. 555–574. New York: Guilford.

Lilleskov, R. (1992). Review of "Attachment in the Pre-school Years: Theory Research and Intervention." *International Review of Psycho-Analysis* 19:126–130.

Liotti, G. (1995). Disorganized/disorientated attachment in the psychotherapy of the dissociative disorders. In *Attachment Theory: Social, Developmental, and Clinical Perspectives*, ed. S. Goldberg, R. Muir, and J. Kerr, pp. 343–363. Hillsdale, NJ: Analytic Press.

Loeber, R. (1990). Development and risk factors of juvenile antisocial behaviour and delinquency. *Clinical Psychology Review* 10:1–42.

Lorenz, K. (1935). Der Kumpan in der Umvelt des Vogels [Companionship in Bird Life]. In *Instinctive Behavior*, ed. & trans. C. H. Schiller, pp. 83–128. New York: International Universities Press.

Luquet, P. (1981). Le changement dans la mentalisation. *Revue Francais de Psychoanalyse* 45:1023–1028.

———. (1987). Penser-Parler: un apport psychanalytique a la theorie du langage. In *La Parole Troublee*, ed. R. Christie, M. M. Christie-

Luterbacher, and P. Luquet, pp. 161–300. Paris: Presses Universitaire de France.
———. (1988). Langage, pensee et structure psychique. *Revue Francais de Psychoanalyse* 52:267–302.
Lyons-Ruth, K. (1991). Rapprochement or approchement: Mahler's theory reconsidered from the vantage point of recent research in early attachment relationships. *Psychoanalytic Psychology* 8:1–23.
———. (1995). Broadening our conceptual frameworks: can we reintroduce relational strategies and implicit representational systems to the study of psychopathology? *Developmental Psychology* 31:432–436.
———. (1996a). Attachment relationships among children with aggressive behavior problems: the role of disorganized early attachment patterns. *Journal of Consulting and Clinical Psychology* 64:32–40.
———. (1996b). Attachment relationships among children with aggressive behavior problems: the role of disorganized early attachment patterns. *Journal of Consulting and Clinical Psychology* 64:64–73.
———. (1999). The two person unconscious: intersubjective dialogue, enactive relational representation and the emergence of new forms of relational organization. *Psychoanalytic Inquiry* 19(4):576–617.
Lyons-Ruth, K., Alpern, L., and Repacholi, B. (1993). Disorganized infant attachment classification and maternal psychosocial problems as predictors of hostile-aggressive behavior in the preschool classroom. *Child Development* 64:572–585.
Lyons-Ruth, K., and Block, D. (1996). The disturbed caregiving system: relations among childhood trauma, maternal caregiving and infant affect and attachment. *Infant Mental Health Journal* 17:257–275.
Lyons-Ruth, K., Bronfman, E., and Atwood, G. (1999). A relational diathesis model of hostile-helpless states of mind: expressions in mother–infant interaction. In *Attachment Disorganization*, ed. J. Solomon and C. George, pp. 33–70. New York: Guilford.
Lyons-Ruth, K., Bronfman, E., and Parsons. (1999). Atypical attachment in infancy and early childhood among children at developmental risk. IV. Maternal frightened, frightening, or atypical behavior and disorganized infant attachment patterns. In *Typical Patterns of Infant Attachment: Theory, Research and Current Directions*, ed. J. Vondra and D. Barnett, pp. 67–96. Monographs of the Society for Research in Child Development, vol. 64.

Lyons-Ruth, K., Connell, D. B., and Grunebaum, H. U. (1990). Infants at social risk: maternal depression and family support services as mediators of infant development and security of attachment. *Child Development* 61:85–98.

Lyons-Ruth, K., Easterbrooks, A., and Cibelli, C. (1997). Infant attachment strategies, infant mental lag, and maternal depressive symptoms: predictors of internalizing and externalizing problems at age 7. *Developmental Psychology* 33:681–692.

Lyons-Ruth, K., and Jacobovitz, D. (1999). Attachment disorganization: unresolved loss, relational violence and lapses in behavioral and attentional strategies. In *Handbook of Attachment Theory and Research*, ed. J. Cassidy and P. R. Shaver, pp. 520–554. New York: Guilford.

Lyons-Ruth, K., Repacholi, B., McLeod, S., and Silver, E. (1991). Disorganized attachment behavior in infancy: short-term stability, maternal and infant correlates, and risk-related sub-types. *Development and Psychopathology* 3:377–396.

Lyons-Ruth, K., Zoll, D., Connell, D., and Grunebaum, H. U. (1986). The depressed mother and her one-year-old infant: environment, interaction, attachment, and infant development. In *Maternal Depression and Infant Disturbance*, ed. E. Z. Tronick and T. Field, pp. 61–82. San Francisco: Jossey-Bass.

———. (1989). Family deviance and family disruption in childhood: associations with maternal behavior and infant maltreatment during the first two years of life. *Development and Psychopathology* 1:219–216.

Maccoby, E. E. (2000). Parenting and its effects on children: on reading and misreading behaviour genetics. *Annual Review of Psychology* 51:1–27.

Mace, C., and Margison, R. (1997). Attachment and psychotherapy: an overview. *British Journal of Medical Psychology* 70:209–215.

Mahler, M. S. (1967). On human symbiosis and the vicissitudes of individuation. *Journal of the American Psychoanalytic Association* 15:740–763.

———. (1971). A study of separation-individuation process and its possible application to borderline phenomena in the psychoanalytic situation. *Psychoanalytic Study of the Child* 26:403–424. New Haven, CT: Yale University Press.

———. (1972a). On the first three subphases of the separation-individuation process. *International Journal of Psycho-Analysis* 53:333–338.

———. (1972b). Rapprochement subphase of the separation-individuation process. *Psychoanalytic Quarterly* 41:487–506.

———. (1975). On human symbiosis and the vicissitudes of individuation. *Journal of the American Psychoanalytic Association* 23:740–763.

Mahler, M. S., and Furer, M. (1968). *On human symbiosis and the vicissitudes of individuation. Vol. 1: Infantile psychosis*. New York: International Universities Press.

Mahler, M. S., and Kaplan, L. (1977). Developmental aspects in the assessment of narcissistic and so-called borderline personalities. In *Borderline Personality Disorders: The Concept, the Syndrome, the Patient*, ed. P. Hartocollis, pp. 71–86. New York: International Universities Press.

Mahler, M., and McDevitt, J. F. (1980). The separation-individuation process and identity formation. In *Infancy and Early Childhood, Vol. 1 of The Course of Life, Psychoanalytic Contributions toward Understanding Personality Development*, ed. S. I. Greenspan and G. H. Pollock, pp. 395–406. Washington, DC: Publication No. (ADM) 80-786. National Institute of Mental Health.

Mahler, M. S., Pine, F., and Bergman, A. (1975). *The Psychological Birth of the Human Infant: Symbiosis and Individuation*. New York: Basic Books.

Main, M. (1991). Metacognitive knowledge, metacognitive monitoring, and singular (coherent) vs. multiple (incoherent) model of attachment: Findings and directions for future research. In *Attachment Across the Life Cycle*, ed. C. M. Parkes, J. Stevenson-Hinde, and P. Marris, pp. 127–159. London: Tavistock/Routledge.

———. (1995). Recent studies in attachment: overview, with selected implications for clinical work. In *Attachment Theory: Social, Developmental, and Clinical Perspectives*, ed. S. Goldberg, R. Muir, and J. Kerr, pp. 407–474. Hillsdale, NJ: Analytic Press.

Main, M., and Cassidy, J. (1988). Categories of response to reunion with the parent at age 6: Predictable from infant attachment classifications and stable over a 1-month period. *Developmental Psychology* 24:415–426.

Main, M., and Goldwyn, R. (1995). Adult attachment classification system. In *Behavior and the Development of Representational Models of Attachment: Five Methods of Assessment*, ed. M. Main.

Cambridge University Press.

———. (1998). Adult attachment scoring and classification system. University of California at Berkeley. Unpublished Manuscript.

———. (1998a). Adult attachment scoring and classification systems. University of California at Berkeley. Unpublished manuscript.

———. (1998b). Interview-based adult attachment classifications: related to infant–mother and infant–father attachment. University of California at Berkeley. Unpublished manuscript.

———. (in press). Adult attachment rating and classification systems. In *A Typology of Human Attachment Organization Assessed in Discourse, Drawings and Interviews* (working title), ed. M. Main. New York: Cambridge University Press.

Main, M., and Hesse, E. (1990). Parents' unresolved traumatic experiences are related to infant disorganized attachment status: Is frightened and/or frightening parental behavior the linking mechanism? In *Attachment in the Preschool Years: Theory, Research and Intervention*, ed. M. Greenberg, D. Cicchetti, and E. M. Cummings, pp. 161–182. Chicago: University of Chicago Press.

———. (1992). Disorganized/disoriented infant behaviour in the Strange Situation, lapses in the monitoring of reasoning and discourse during the parent's Adult Attachment Interview, and dissociative states. In *Attachment and Psychoanalysis*, ed. M. Ammaniti and D. Stern, pp. 86–140. Rome: Gius, Latereza and Figli.

Main, M., Kaplan, N., and Cassidy, J. (1985a). Security in infancy, childhood and adulthood: a move to the level of representation. In *Growing Points of Attachment Theory and Research. Monographs of the Society for Research in Child Development*, vol. 50, ed. I. Bretherton and E. Waters, pp. 66–104. Chicago: University of Chicago Press.

———. (1985b). Security in infancy, childhood, and adulthood: a move to the level of representation. *Monographs of the Society for Research in Child Development* 50(1–2):66–104.

Main, M., and Solomon, J. (1986). Discovery of an insecure-disorganized/disoriented attachment pattern. In *Affective Development in Infancy*, ed. T. B. Brazelton and M. W. Yogman, pp. 95–124. Norwood, NJ: Ablex.

———. (1990). Procedures for identifying infants as disorganized/disoriented during the Ainsworth Strange Situation. In *Attachment During the Preschool Years: Theory, Research and Intervention*, ed. M. Greenberg, D. Cicchetti, and E. M. Cummings, pp. 121–160. Chicago: University of Chicago Press.

Main, T. (1957). The ailment. *British Journal of Medical Psychology* 30:129–145.

Malatesta, C. Z., Culver, C., Tesman, J. R., and Shepard, B. (1989). The development of emotion expression during the first two years of life. *Monographs of the Society for Research in Child Development* 54:1–104.

Malatesta, C. Z., Grigoryev, P., Lamb, C., Albin, M., and Culver, C. (1986). Emotional socialisation and expressive development in pre-term and full-term infants. *Child Development* 57:316–330.

Marcovitch, S., Goldberg, S., Gold, A., et al. (1997). Determinants of behavioral problems in Romanian children adopted in Ontario. *International Journal of Behavioral Development* 20:17–31.

Marr, D. (1982). *Vision: A Computational Investigation into the Human Representation and Processing of Visual Information*. San Francisco: W. H. Freeman.

Marrone, M. (1998). *Attachment and Interaction*. London: Jessica Kingsley.

Martin, C. S., Earleywine, M., Blackson, T. C., et al. (1994). Aggressivity, inattention, hyperactivity, and impulsivity in boys at high and low risk for substance abuse. *Journal of Abnormal Child Psychology* 22:177–203.

Marty, P. (1968). A major process of somatization: the progressive disorganization. *International Journal of Psycho-Analysis* 49:246–249.

———. (1990). *La Psychosomatique de l'Adulte*. Paris: Presses Universitaire de France.

———. (1991). *Mentalisation et Psychosomatique*. Paris: Laboratoire Delagrange.

Marvin, R. S., and Britner, P. A. (1999). Normative development: the ontogeny of attachment. In *Handbook of Attachment: Theory, Research and Clinical Applications*, ed. J. Cassidy and P. R. Shaver, pp. 44–67. New York: Guilford.

Maslin, C. A., and Bates, J. E. (1983). *Precursors of anxious and secure attachments: a multivariant model at age 6 months*. Paper presented at the Biennial meeting of the Society for Research in Child Development, Detroit, MI.

Masson, J. (1984). *The Assault on Truth: Freud's Suppression of the Seduction Theory*. New York: Farrar, Straus and Giroux.

Masterson, J. F. (1972). *Treatment of the Borderline Adolescent: A De-*

velopmental Approach. New York: Wiley Interscience.

———. (1976). Psychotherapy of the Borderline Adult: A Developmental Approach. New York: Brunner/Mazel.

Masterson, J. F., and Rinsley, D. (1975). The borderline syndrome: the role of the mother in the genesis and psychic structure of the borderline personality. International Journal of Psycho-Analysis 56: 63–177.

Matthys, W., Cuperus, J. M., and van Engeland, H. (1999). Deficient social problem-solving in boys with ODD/CD, with ADHD, and with both disorders. Journal of the American Academy of Child and Adolescent Psychiatry 38:311–321.

Mayes, L. C., and Spence, D. P. (1994). Understanding therapeutic action in the analytic situation: a second look at the developmental metaphor. Journal of the American Psychoanalytic Association 42:789–816.

McDougall, J. (1978). Plea for a Measure of Abnormality. New York: International Universities Press.

———. (1989). Theaters of the Body: A Psychoanalytic Approach to Psychosomatic Illness. New York: Norton.

McGinn, C. (1989). Mental Content. Basil Blackwell.

McLaughlin, J. (1991). Clinical and theoretical aspects of enactment. Journal of the American Psychoanalytic Association 39:595–614.

Meins, E., Fernyhough, C., Russel, J., and Clark-Carter, D. (1998). Security of attachment as a predictor of symbolic and mentalising abilities: a longitudinal study. Social Development 7:1–24.

Meltzer, D. (1974). Mutism in infantile autism, schizophrenia and manic-depressive states. International Journal of Psycho-Analysis 55:397–404.

Meltzoff, A. N. (1995). Understanding the intentions of others: re-enactment of intended acts by 18-month-old children. Developmental Psychology 31:838–850.

Meltzoff, A. N., and Moore, M. K. (1977). Imitation of facial and manual gestures by human neonates. Science 198:75–78.

———. (1983). Newborn infants imitate adult facial gestures. Child Development 54:702–709.

———. (1989). Imitation in newborn infants: exploring the range of gestures imitated and the underlying mechanisms. Developmental Psychology 25:954–962.

Migone, P., and Liotti, G. (1998). Psychoanalysis and cognitive-evolutionary psychology: an attempt at integration. International Jour-

nal of Psycho-Analysis 79:1071–1095.
Mitchell, S. (1998). Attachment theory and the psychoanalytic tradition: reflections on human relationality. *British Journal of Psychotherapy* 15:177–193.
Mitchell, S. A. (1986). The wings of Icarus: Illusion and the problem of narcissism. *Contemporary Psychoanalysis* 22:107–132.
———. (1988). *Relational Concepts in Psychoanalysis: An Integration*. Cambridge, MA: Harvard University Press.
———. (1993a). Aggression and the endangered self. *Psychoanalytic Quarterly* 62:351–382.
———. (1993b). *Hope and Dread in Psychoanalysis*. New York: Basic Books.
———. (1995). Interaction in the Kleinian and interpersonal traditions. *Contemporary Psychoanalysis* 31:65–91.
———. (1996). Merton Gill: in appreciation. *Contemporary Psychoanalysis* 32:177–190.
———. (1997). *Influence and Autonomy in Psychoanalysis*. Hillsdale, NJ: Analytic Press.
Mitchell, S. A., and Black, M. (1995). *Freud and Beyond*. New York: Basic Books.
Modell, A. (1963). Primitive object relationships and the predisposition to schizophrenia. *International Journal of Psycho-Analysis* 44:282–292.
———. (1968). *Object Love and Reality*. New York: International Universities Press.
———. (1975). A narcissistic defense against affects and the illusion of self-sufficiency. *International Journal of Psycho-Analysis* 56:275–282.
———. (1984). *Psychoanalysis in a New Context*. New York: International Universities Press.
———. (1985). Object relations theory. In *Models of the Mind: Their Relationships to Clinical Work*, ed. A. Rothstein, pp. 85–100. New York: International Universities Press.
Morgan, A. C. (1998). Moving along to things left undone. *Infant Mental Health Journal* 19:324–332.
Morton, J., and Frith, U. (1995). Causal modeling: a structural approach to developmental psychology. In *Developmental psychopathology. Vol. 1: Theory and methods*, ed. D. Cicchetti and D. J. Cohen, pp. 357–390. New York: Wiley.

Moss, E., Parent, S., and Gosselin, C. (1995). *Attachment and theory of mind: cognitive and metacognitive correlates of attachment during the preschool period.* Paper presented at the biennial meeting of the Society for Research in Child Development, Indianapolis, Indiana, March-April.

Moss, E., Parent, S., Gosselin, C., Rousseau, D., and St.-Laurent, D. (1996). Attachment and teacher-reported behavior problems during the preschool and early school-age period. *Development and Psychopathology* 8:511–525.

Moss, E., Rousseau, D., Parent, S., St.-Laurent, D., and Saintong, J. (1998). Correlates of attachment at school-age: maternal reported stress, mother–child interaction and behavior problems. *Child Development* 69:1390–1405.

Moss, E., and St. Laurent, D. (1999). Disorganized attachment and developmental risk at school age. In *Attachment Disorganization*, ed. J. Solomon and C. George, pp. 160–186. New York: Guilford.

Murphy, L. B., and Moriarty, A. E. (1976). *Vulnerability, Coping, and Growth: From Infancy to Adolescence.* New Haven, CT: Yale University Press.

Murray, L., and Cooper, P. J. (1997). The role of infant and maternal factors in postpartum depression, mother–infant interactions and infant outcome. In *Postpartum Depression and Child Development*, ed. L. Murray and P. J. Cooper, pp. 111–135. New York: Guilford.

Nesse, R. M. (1990). The evolutionary functions of repression and the ego defences. *Journal of the American Academy of Psychoanalysis* 18:260–285.

Nesse, R. M., and Lloyd, A. T. (1992). The evolution of psychodynamic mechanisms. In *The Adapted Mind*, ed. J. H. Barkow, L. Cosmides, and J. Tooby, pp. 601–624. New York: Oxford University Press.

NICHD Early Child Care Research Network (1997). The effects of infant child care on infant–mother attachment: security: results of the NICHD study of early child care. *Child Development* 68: 860–879.

O'Connor, M. J., Sigman, M., and Brill, N. (1987). Disorganization of attachment in relation to maternal alcohol consumption. *Journal of Consulting and Clinical Psychology* 55:831–836.

O'Connor, T. G., Rutter, M., and Kreppner, J. (2000). The effects of global severe privation of cognitive competence: extension and longitudinal follow-up. *Child Development* 71(2):376–390.

Ogawa, J. R., Sroufe, L. A., Weinfield, N. S., Carlson, E. A., and Egeland, B. (1997). Development and the fragmented self: longitudinal study of dissociative symptomatology in a nonclinical sample. *Development and Psychopathology* 9:855–879.

Ogden, T. (1994). The analytic third: working with intersubjective clinical facts. *International Journal of Psycho-Analysis* 75:3–19.

Ogden, T. H. (1989). *The Primitive Edge of Experience*. New York: Jason Aronson.

Oppenheim, D., Emde, R., and Warren, S. (1997). Children's narrative representations of mothers: their development and associations with child and mother adaptation. *Child Development* 68:127–138.

Orbach, S. (1978). *Fat is a Feminist Issue*. London: Paddington Press.

———. (1986). *Hunger Strike*. London: Faber and Faber.

O'Shaughnessy, E. (1989). The invisible Oedipus complex. In *The Oedipus Complex Today*, ed. J. Steiner, pp. 129–150. London: Karnac.

Owen, M. T., and Cox, M. J. (1997). Marital conflict and the development of infant-parent attachment relationships. *Journal of Family Psychology* 11:152–164.

Parens, H. (1979). *The Development of Aggression in Early Childhood*. New York: Jason Aronson.

———. (1980). An exploration of the relations of instinctual drives and the symbiosis/separation-individuation process. *Journal of the American Psychoanalytic Association* 28:89–114.

Patrick, M., Hobson, R. P., Castle, D., Howard, R., and Maughan, B. (1994). Personality disorder and the mental representation of early social experience. *Developmental Psychopathology* 6:375–388.

Pawl, J., and Lieberman, A. F. (1997). Infant–parent psychotherapy. In *Handbook of Child and Adolescent Psychiatry*, vol. 1, ed. J. Noshpitz, pp. 339–351. New York: Basic Books.

Pederson, D. R., Gleason, K. E., Moran, G., and GBento, S. (1998). Maternal attachment representations, maternal sensitivity and the infant–mother attachment relationship. *Developmental Psychology* 34:925–933.

Perry, B. (1997). Incubated in terror: neurodevelopmental factors in the "cycle of violence." In *Children in a Violent Society*, ed. J. Osofsky, pp. 124–149. New York: Guilford.

Perry, D. G., Perry, L. C., and Kennedy, E. (1992). Conflict and the development of antisocial behavior. In *Conflict in Child and Adolescent Development*, ed. C. U. Shantz and W. W. Hartup, pp. 301–329. Cambridge: Cambridge University Press.

Peterfreund, E. (1978). Some critical comments on psychoanalytic conceptualizations of infancy. *International Journal of Psycho-Analysis* 59:427–441.

Polan, H. J., and Hofer, M. (1999). Psychobiological origins of infant attachment and separation responses. In *Handbook of Attachment: Theory, Research and Clinical Applications*, ed. J. Cassidy and P. R. Shaver, pp. 162–180. New York: Guilford.

Pope, A. W., and Bierman, K. L. (1999). Predicting adolescent peer problems and antisocial activities: the relative roles of aggression and dysregulation. *Developmental Psychology* 35:335–346.

Posada, G., Gao, Y., Wu, F., et al. (1995). The secure based phenomenon across cultures: children's behavior, mothers' preferences and experts' concepts. *Monographs of the Society for Research in Child Development* 60:27–48.

Pottharst, K. (1990). *Explorations in Adult Attachment*. New York: Peter Lang.

Quinodoz, J. M. (1991). Accepting fusion to get over it. *Review Francais de Psychoanalyse* 55:1697–1700.

Radke-Yarrow, M., Cummings, E. M., Kuczynski, L., and Chapman, M. (1985). Patterns of attachment in two- and three-year-olds in normal families and families with parental depression. *Child Development* 56:884–893.

Rajecki, D. W., Lamb, M., and Obmascher, P. (1978). Toward a general theory of infantile attachment: a comparative review of aspects of the social bond. *Behavioral and Brain Sciences* 3:417–464.

Rapaport, D., and Gill, M. M. (1959). The points of view and assumptions of metapsychology. *International Journal of Psycho-Analysis* 40:153–162.

Rayner, E. (1991). *The Independent Mind in British Psychoanalysis*. London: Free Association Books.

Reiss, D., Hetherington, E. M., Plomin, R., et al. (1995). Genetic questions for environmental studies: differential parenting and psychopathology in adolescence. *Archives of General Psychiatry* 52:925–936.

Renik, O. (1993). Analytic interaction: conceptualizing technique in the light of the analyst's irreducible subjectivity. *Psychoanalytic Quarterly* 62:553–571.

Richters, J., and Walters, E. (1991). Attachment and socialization: the positive side of social influence. In *Social influences and socialization in infancy*, ed. M. Lewis and S. Feinman, pp. 185-213. New York: Plenum.

Rinsley, D. B. (1977). An object relations view of borderline personality. In *Borderline Personality Disorders: The Concept, the Syndrome, the Patient*, ed. P. Hartocollis, pp. 47-70. New York: International Universities Press.

——. (1978). Borderline psychopathology: a review of etiology dynamics and treatment. *International Review of Psycho-Analysis* 5:45-54.

——. (1982). *Borderline and Other Self Disorders: A Developmental and Object Relations Perspective*. New York: Jason Aronson.

Riviere, J. (1927). Contribution to symposium on child analysis. *International Journal of Psycho-Analysis* 8:373-377.

Robertson, J. (1962). *Hospitals and Children: A Parent's Eye View*. New York: Gollancz.

Rochlin, G. (1971). Review of Bowlby, J., *Attachment and Loss: Attachment*. *Psychoanalytic Quarterly* 50:504-506.

Rodning, C., Beckwith, L., and Howard, J. (1991). Quality of attachment and home environment in children prenatally exposed to PCP and cocaine. *Development and Psychopathology* 3:351-366.

Rogers, J. H., Widiger, T., and Krupp, A. (1995). Aspects of depression associated with borderline personality disorder. *American Journal of Psychiatry* 152:168-270.

Roiphe, H. (1976). Review of J. Bowlby, *Attachment and Loss. II: Separation, Anxiety and Anger*. *Psychoanalytic Quarterly* 65:307-309.

Rosenblatt, A. D., and Thickstun, J. T. (1977). *Modern Psychoanalytic Concepts in a General Psychology. Part 1: General Concepts and Principles. Part 2: Motivation*. New York: International Universities Press.

Rosenblum and Coplan. (1994). Adverse early experiences, affect, noradrenergic and serotonergic functioning in adult primates. *Biological Psychiatry* 3:221-227.

Rosenfeld, H. (1964). On the psychopathology of narcissism: a clinical approach. *International Journal of Psycho-Analysis* 45:332-337.

——. (1965). *Psychotic States: A Psychoanalytic Approach*. New York: International Universities Press.

——. (1971a). A clinical approach to the psychoanalytic theory of the life and death instincts: an investigation into to the aggressive aspects of narcissism. *International Journal of Psycho-Analysis* 52:169–178.

——. (1971b). Contribution to the psychopathology of psychotic states: the importance of projective identification in the ego structure and object relations of the psychotic patient. In *Melanie Klein Today*, ed. E. B. Spillius, pp. 117–137. London: Routledge, 1988.

Roy, P. R., Rutter, M., and Pickles, A. (2000). Institutional care: risk from family background or pattern of rearing? *Journal of Child Psychology and Psychiatry* 41: 139–149.

Rumelhart, D. E., and McClelland, J. L. (1986). *Parallel Distributed Processing.* Cambridge, Mass: MIT Press.

Rutter, M. (1971). *Maternal Deprivation Reassessed.* Harmondsworth, Middlesex: Penguin.

——. (1999). Psychosocial adversity and child psychopathology. *British Journal of Psychiatry* 174:480–493.

Rutter, M., and O'Connor, T. (1999). Implications of attachment theory for child care policies. In *Handbook of Attachment*, ed. J. Cassidy and P. R. Shaver, pp. 823–844. New York: Guilford.

Sagi, A., van IJzendoorn, M. H., Scharf, M., et al. (1994). Stability and discriminant validity of the Adult Attachment Interview: a psychometric study in young Israeli adults. *Developmental Psychology* 30:771–777.

Sander, L. (2000). Where are we going in the field of infant mental health? *Infant Mental Health Journal* 21:5–20.

Sander, L. W. (1962). Issues in early mother–child interaction. *Journal of the American Academy of Child Psychiatry* 1:141–166.

Sandler, J. (1960a). The background of safety. In *From Safety to Superego: Selected Papers of Joseph Sandler*, pp. 1–8. London: Karnac, 1987.

——. (1960b). The background of safety. In *From Safety to Superego: Selected Papers of Joseph Sandler*. London: Karnac, 1975.

——. (1960c). On the concept of superego. *Psychoanalytic Study of the Child* 15:128–162. New York: International Universities Press.

——. (1962). The Hampstead Index as an Instrument of Psychoanalytic Research. *International Journal of Psycho-Analysis* 43:287–291.

——. (1974). Psychological conflict and the structural model: some clinical and theoretical implications. *International Journal of Psycho-Analysis* 55:53–72.

——. (1976a). Actualization and object relationships. *Journal of the Philadelphia Association of Psychoanalysis* 3:59–70.

———. (1976b). Countertransference and role-responsiveness. *International Review of Psycho-Analysis* 3:43–47.

———. (1981). Character traits and object relationships. *Psychoanalytic Quarterly* 50:694–708.

———. (1983). Reflections on some relations between psychoanalytic concepts and psychoanalytic practice. *International Journal of Psycho-Analysis* 64:35–45.

———. (1985). Towards a reconsideration of the psychoanalytic theory of motivation. *Bulletin of the Anna Freud Centre* 8:223–243.

———. (1987a). The concept of projective identification. In *Projection, Identification, Projection Identification*, pp. 13–26. Madison, CT: International Universities Press.

———. (1987b). *From Safety to Superego: Selected Papers of Joseph Sandler*. New York: Guilford.

———. (1987c). *Projection, Identification, Projective Identification*. London: Karnac.

———. (1990). On the structure of internal objects and internal object relationships. *Psychoanalytic Inquiry* 10(2):163–181.

———. (1992). Reflections on developments in the theory of psychoanalytic technique. 37th Congress of the International Psychoanalytical Association: Psychic change: Developments in the theory of psychoanalytic technique (1991, Buenos Aires, Argentina). *International Journal of Psycho-Analysis* 73(2):189–198.

———. (1993). Communication from patient to analyst: not everything is projective identification. *British Psycho-Analytical Society Bulletin* 29:8–16.

Sandler, J., Holder, A., Dare, C., and Dreher, A. U. (1997). *Freud's Models of the Mind: An Introduction*. London: Karnac.

Sandler, J., and Rosenblatt, B. (1962). The representational world. In *From Safety to Superego: Selected Papers of Joseph Sandler*, pp. 58–72. London: Karnac, 1987.

Sandler, J., and Sandler, A.-M. (1978). On the development of object relationships and affects. *International Journal of Psycho-Analysis* 59:285–296.

——— (1998). *Object Relations Theory and Role Responsiveness*. London: Karnac.

Sapolsky, R. M. (1996). Why stress is bad for your brain. *Science* 273:749–750.

Schachter, D. L. (1992). Understanding implicit memory: a cognitive neuroscience approach. *American Psychologist* 47:559–569.

Schafer, R. (1974). Problems in Freud's psychology of women. *Journal of the American Psychoanalytic Association* 22:459–485.

———. (1983). *The Analytic Attitude.* New York: Basic Books.

Schore, A. N. (1997). Early organization of the nonlinear right brain and development of a predisposition to psychiatric disorders. *Development and Psychopathology* 9:595–631.

Schuengel, C., Bakermans-Kranenburg, M., and van IJzendoorn, M. (1999a). Frightening maternal behaviour linking unresolved loss and disorganised infant attachment. *Journal of Consulting and Clinical Psychology* 67:54–63.

Schuengel, C., Bakermans-Kranenburg, M. J., van IJzendoorn, M. H., and Blom, M. (1999b). Unresolved loss and infant disorganisation: links to frightening maternal behavior. In *Attachment Disorganization,* ed. J. Solomon and C. George, pp. 71–94. New York: Guilford.

Schur, M. (1960). Discussion of Dr. John Bowlby's paper. *Psychoanalytic Study of the Child* 15:63–84. New York: International Universities Press.

Searles, H. F. (1986). *My Work with Borderline Patients.* Northvale, NJ: Jason Aronson.

Segal, H. (1957). Notes on symbol formation. *International Journal of Psycho-Analysis* 38:391–397.

Settlage, C. F. (1977). The psychoanalytic understanding of narcissistic and borderline personality disorders: advances in developmental theory. *Journal of the American Psychoanalytic Association* 25:805–833.

———. (1980). The psychoanalytic theory and understanding of psychic development during the second and third years of life. In *The Course of Life,* ed. S. I. Greenspan and G. H. Pollock, pp. 523–539. Washington, D.C.: NIMH.

Shane, M., Shane, E., and Gales, M. (1997). *Intimate Attachments: Toward a New Self Psychology.* New York: Guilford.

Shaw, D., and Bell, R. Q. (1993). Developmental theories of parental contributors to antisocial behavior. *Journal of Abnormal Child Psychology* 21: 493–518.

Shaw, D. S., Owens, E. B., Vondra, J. I., Keenan, K., and Winslow, E. B. (1996). Early risk factors and pathways in the development of early disruptive behavior problems. *Development and Psycho-*

pathology 8:679–699.

———. (1997). Early risk factors and pathways in the development of early disruptive behavior problems. *Development and Psychopathology* 8:679–700.

Shaw, D. S., and Vondra, J. I. (1995). Infant attachment security and maternal predictors of early behavior problems: a longitudinal study of low-income families. *Journal of Abnormal Child Psychology* 23:335–357.

Shelton, T. L., Barkley, R. A., Crosswait, C., et al. (1998). Psychiatric and psychological morbidity as a function of adaptive disability in preschool children with aggressive and hyperactive-impulsive-inattentive behavior. *Journal of Abnormal Child Psychology* 26: 475–494.

Silverman, R., Lieberman, A. F., and Pekarsky, J. H. (1997). Anxiety disorders. In *Casebook of the Zero to Three Diagnostic Classification of Mental Health and Developmental Disorders of Infancy and Early Childhood*, ed. A. F. Lieberman, S. Wieder, and E. Fenichel, pp. 47–59. Arlington, VA: Zero to Three.

Simpson, J. A., Rholes, W. S., and Nelligan, J. S. (1992). Support seeking and support giving within couples in an anxiety provoking situation: the role of attachment styles. *Journal of Personality and Social Psychology* 60:434–446.

Slade, A. (1987). Quality of attachment and early symbolic play. *Developmental Psychology* 17:326–335.

———. (1996). A view from attachment theory and research. *Journal of Clinical Psychoanalysis* 5:112–123.

———. (1999a). Attachment theory and research: implications for the theory and practice of individual psychotherapy with adults. In *Handbook of Attachment: Theory, Research and Clinical Applications*, ed. J. Cassidy and P. R. Shaver, pp. 575–594. New York: Guilford.

———. (1999b). Representation, symbolization and affect regulation in the concomitant treatment of a mother and child: attachment theory and child psychotherapy. *Psychoanalytic Inquiry* 19:824–857.

———. (2000). The development and organisation of attachment: implications for psychoanalysis. *Journal of the American Psychoanalytic Association* 48: 1147–1174.

Slade, A., Belsky, J., Aber, J. L., and Phelps, J. L. (1999a). Mothers' representation of their relationships with their toddlers links to adult attachment and observed mothering. *Developmental Psychology* 35:611–619.

——— (1999b). Maternal representations of their toddlers: links to adult attachment and observed mothering. *Developmental Psychology* 35:611–619.

Slough, N. M., and Greenberg, M. T. (1990). 5-year-olds' representations of separations from parents: responses from the perspective of self and other. *New Directions for Child Development* 48:67–84.

Solomon, J., and George, C. (1999a). *Attachment Disorganization.* New York: Guilford.

———. (1999b). The measurement of attachment security in infancy and childhood. In *Handbook of Attachment: Theory, Research and Clinical Applications*, ed. J. Cassidy and P. R. Shaver, pp. 287–316. New York: Guilford.

Solomon, J., George, C., and Dejong, A. (1995). Children classified as controlling at age six: evidence of disorganized representational strategies and aggression at home and at school. *Development and Psychopathology* 7:447–463.

Spangler, G., and Grossman, K. E. (1993). Biobehavioral organization in securely and insecurely attached infants. *Child Development* 64:1439–1450.

Spangler, G., and Schieche, M. (1998). Emotional and adrenocortical responses of infants to the strange situation: the differential function of emotional expression. *International Journal of Behavioral Development* 22:681–706.

Spelke, E. S. (1985). Preferential looking methods as tools for the study of cognition in infancy. In *Measurement of Audition and Vision in the First Year of Post-Natal Life*, ed. G. Gottlieb and N. Krasnegor, pp. 323–363. Hillsdale, NJ: Erlbaum.

———. (1990). Principles of object perception. *Cognitive Science* 14:29–56.

Speltz, M. L., Greenberg, M. T., and DeKlyen, M. (1990). Attachment in preschoolers with disruptive behavior: a comparison of clinic-referred and non-problem children. *Development and Psychopathology* 2:31–46.

Spemann, H. (1938). *Embryonic Development and Induction.* New Haven: Yale University Press.

Spillius, E. B. (1992). *Discussion of "Aggression and the Psychologi-*

cal Self." Given at scientific meeting 'Psychoanalytic Ideas & Developmental Observation' in honour of George S. Moran, London, June.

———. (1994). Developments in Kleinian thought: overview and personal view. *Psychoanalytic Inquiry* 14:324–364.

Spitz, R. (1945). Hospitalism: an inquiry into the genesis of psychiatric conditions in early childhood. *Psychoanalytic Study of the Child* 1:53–73. New York: International Universities Press.

———. (1959). *A Genetic Field Theory of Ego Formation: Its Implications for Pathology*. New York: International Universities Press.

———. (1960). Discussion of Dr. John Bowlby's paper. *Psychoanalytic Study of the Child* 15:85–94. New York: International Universities Press.

———. (1965). *The First Year of Life*. New York: International Universities Press.

Sroufe, L. A. (1986). Bowlby's contribution to psychoanalytic theory and developmental psychopathology. *Journal of Child Psychology and Psychiatry* 27:841–849.

———. (1990). An organizational perspective on the self. In *The Self in Transition: Infancy to Childhood*, ed. D. Cicchetti and M. Beeghly, pp. 281–307. Chicago: University of Chicago Press.

———. (1996). *Emotional Development: The Organization of Emotional Life in the Early Years*. New York: Cambridge University Press.

Sroufe, L. A., and Waters, E. (1977a). Attachment as an organizational construct. *Child Development* 48:1184–1199.

———. (1977b). Heart rate as a convergent measure in clinical and developmental research. *Merrill-Palmer Quarterly* 23:3–28.

Stalker, C., and Davies, F. (1995). Attachment organization and adaptation in sexually abused women. *Canadian Journal of Psychiatry* 40:234–240.

Steele, H., Steele, M., and Fonagy, P. (1996a). Associations among attachment classifications of mothers, fathers, and their infants. *Child Development* 67:541–555.

———. (1996b). Associations among attachment classifications of mothers, fathers, and their infants: evidence for a relationship-specific perspective. *Child Development* 67:541–555.

Stein, H., Jacobs, N. J., Ferguson, K. S., Allen, J. G., and Fonagy, P. (1998). What do adult attachment scales measure? *Bulletin of The Menninger Clinic* 62(1):33–82.

Steiner, J. (1992). The equilibrium between the paranoid-schizoid and the depressive positions. In *Clinical Lectures on Klein and Bion*, ed. R. Anderson, pp. 46–58. London: Routledge.

Stern, D. N. (1977). *The First Relationship: Mother and Infant.* Cambridge: Harvard University Press.

———. (1985). *The Interpersonal World of the Infant: A View from Psychoanalysis and Developmental Psychology.* New York: Basic Books.

———. (1994). One way to build a clinically relevant baby. *Infant Mental Health Journal* 15:36–54.

———. (1998). The process of therapeutic change involving implicit knowledge: some implications of developmental observations for adult psychotherapy. *Infant Mental Health Journal* 19:300–308.

Stern, D. N., Barnett, R. K., and Spieker, S. (1983). Early transmission of affect: some research issues. In *Frontiers of Infant Psychiatry*, ed. J. D. Call and R. L. Tyson, pp. 74–85. New York: Basic Books.

Stolorow, R., and Atwood, G. (1991). The mind and the body. *Psychoanalytic Dialogues* 1:190–202.

Stolorow, R., Brandchaft, B., and Atwood, G. (1987). *Psychoanalytic treatment: an intersubjective approach.* Hillsdale, NJ: Analytic Press.

Sullivan, H. S. (1953). *The Interpersonal Theory of Psychiatry.* New York: Norton.

———. (1964). *The Fusion of Psychiatry and Social Science.* New York: Norton.

Suomi, S. J. (1999). Attachment in rhesus monkeys. In *Handbook of Attachment: Theory, Research and Clinical Applications*, ed. J. Cassidy and P. R. Shaver, pp. 181–197. New York: Guilford.

Susman-Stillman, A., Kalkoske, M., Egeland, B., and Waldman, I. (1996). Infant temperament and maternal sensitivity as predictors of attachment security. *Infant Behavior and Development* 19:33–47.

Target, M., and Fonagy, P. (1996). Playing with reality II: the development of psychic reality from a theoretical perspective. *International Journal of Psycho-Analysis* 77:459–479.

Target, M., Shmueli-Goetz, Y., Fonagy, P., and Datta, A. (in preparation). Attachment representations in school-age children: the development and validity of the Child Attachment Interview (CAI). London: University College. Unpublished manuscript.

Teti, D. M., and Ablard, K. E. (1989). Security of attachment and infant–sibling relationships: a laboratory study. *Child Development*

60:1519–1528.

Teti, D. M., Gelfand, D., and Isabella, R. (1995). Maternal depression and the quality of early attachment: an examination of infants, preschoolers and their mothers. *Developmental Psychology* 31:364–376.

Thompson, C. (1964). Transference and character analysis. In *Interpersonal Psychoanalysis*, ed. M. Green, pp. 22–31. New York: Basic Books.

Thompson, R. A. (1994). Emotion regulation: a theme in search of definition. *Monographs of the Society for Research in Child Development* 59:25–52.

———. (1999). Early attachment and later development. In *Handbook of Attachment: Theory, Research and Clinical Applications*, ed. J. Cassidy and P. R. Shaver, pp. 265–286. New York: Guilford.

Trevarthen, C. (1984). Emotions in infancy: regulators of contacts and relationships with Persons. In *Approaches to Emotion*, ed. K. Scherer and P. Elkman, pp. 129–157. Hillsdale, NJ: Erlbaum.

Trivers, R. L. (1974). Parental–offspring conflict. *American Zoologist* 14:249–264.

Tronick, E. Z. (1998). Dyadically expanded states of consciousness and the process of therapeutic change. *Infant Mental Health Journal* 19:290–299.

Vaillant, G. E. (1992). *Ego Mechanisms of Defense: A Guide for Clinicians and Researchers*. Washington, DC: American Psychiatric Association Press.

van den Boom, D. C. (1994). The influence of temperament and mothering on attachment and exploration: an experimental manipulation of sensitive responsiveness among lower-class mothers with irritable infants. *Child Development* 65:1449–1469.

van IJzendoorn, M. H. (1995). Adult attachment representations, parental responsiveness, and infant attachment: a meta-analysis on the predictive validity of the Adult Attachment Interview. *Psychological Bulletin* 117:387–403.

van IJzendoorn, M. H., and DeWolff, M. (1997). In search of the absent father: meta-analysis of infant–father attachment. *Child Development* 68:604–609.

van IJzendoorn, M. H., Goldberg, S., Kroonenberg, P. M., and Frenkel, O. J. (1992). The relative effects of maternal and child problems on the quality of attachment: a meta-analysis of attachment in clinical samples. *Child Development* 59:147–156.

van IJzendoorn, M. H., Juffer, F., and Duyvesteyn, M. G. C. (1995). Breaking the intergenerational cycle of insecure attachment: a review of the effects of attachment-based interventions on maternal sensitivity and infant security. *Journal of Child Psychology and Psychiatry* 36:225–248.

van IJzendoorn, M. H., Scheungel, C., and Bakermanns-Kranenburg, M. J. (1999). Disorganized attachment in early childhood: Meta-analysis of precursors, concomitants and sequelae. *Development and Psychopathology* 11: 225–249.

van IJzendoorn, M. H., Vereijken, C. M. and Riksen-Walraven, M. J. (in press). Is the Attachment Q-Sort a valid measure of attachment security in young children? In *Patterns of Secure-base Behavior: Q-sort Perspectives on Attachment and Caregiving*, ed. E. Waters, B. Vaughn, and D. Teti. Mahwah, NJ: Erlbaum.

Vaughn, B. E., and Bost, K. K. (1999). Attachment and temperament. In *Handbook of Attachment: Theory, Research and Clinical Applications*, ed. J. Cassidy and P. R. Shaver, pp. 198–225. New York: Guilford.

Vinamäki, H., Kuikka, J., Tiihonen, J., and Lehtonen, J. (1998). Change in monoamine transporter density related to clinical recovery: a case-control study. *Nordic Journal of Psychiatry* 52:39–44.

Volling, B. L., and Belsky, J. (1992). The contribution of mother–child and father–child relationships to the quality of sibling interaction: a longitudinal study. *Child Development* 63:1209–1222.

Vondra, J. I., Hommerding, K. D., and Shaw, D. S. (1999). A typical attachment in infancy and early childhood among children at developmental risk. VI. Stability and change in infant attachment in a low income sample. *Monographs of the Society for Research in Child Development* 64:119–144. Chicago: University of Chicago Press.

Waddington, C. H. (1966). *Principles of Development and Differentiation*. New York: Macmillan.

Warren, S. L., Huston, L., Egeland, B., and Sroufe, L. A. (1997). Child and adolescent anxiety disorders and early attachment. *Journal of the American Academy of Child and Adolescent Psychiatry* 36:637–644.

Wartner, U. G., Grossman, K., Fremmer-Bombrik, E., and Suess, G. (1994). Attachment patterns at age six in South Germany: predictability from infancy and implications for pre-school behaviour. *Child Development* 65:1014–1027.

Waters, E. (1995). The attachment Q-Set. *Monographs of the Society for Research in Child Development* 60:247–254.

Waters, E., and Deane, K. E. (1985). Defining and assessing individual differences in attachment relationships: Q-methodology and organization of behavior in infancy and early childhood. *Monographs of the Society for Research in Child Development* 50:41–65.

Waters, E., Merrick, S. K., Treboux, D., Crowell, J., and Albersheim, L. (2000). Attachment security from infancy to early adulthood; a 20-year longitudinal study. *Child Development* 71:684–689.

Watson, J. S. (1994). Detection of self: the perfect algorithm. In *Self-Awareness in Animals and Humans: Developmental Perspectives*, ed. S. Parker, R. Mitchell, and M. Boccia, pp. 131–149. Cambridge: Cambridge University Press.

Weil, A. P. (1970). The basic core. *Psychoanalytic Study of the Child* 25:442–460. New York: International Universities Press.

———. (1978). Maturational variations and genetic-dynamic issues. *Journal of the American Psychoanalytic Association* 26:461–491.

Weinfield, N., Sroufe, L. A., and Egeland, B. (2000). Attachment from infancy to early adulthood in a high risk sample: continuity, discontinuity and their correlates. *Child Development* 71: 695–702.

Weinfield, N. S., Sroufe, L. A., Egeland, B., and Carlson, A. E. (1999). The nature of individual differences in infant-caregiver attachment. In *Handbook of Attachment: Theory, Research and Clinical Applications*, ed. J. Cassidy and P. R. Shaver, pp. 68–88. New York: Guilford.

Weiss, B., Dodge, K. A., Bates, J. E., and Pettit, G. S. (1992). Some consequences of early harsh discipline: child aggression and a maladapative social information processing style. *Child Development* 63:1321–1335.

Weiss, J., Sampson, H., and the Mount Zion Psychotherapy Research Group (1986). *The Psychoanalytic Process: Theory, Clinical Observation, and Empirical Research*. New York: Guilford.

West, M., and George, C. (1999). Abuse and violence in intimate adult relationships: new perspectives from attachment theory. *Attachment and Human Development* 1:137–156.

West, M. L., and Seldon-Keller, A. E. (1994). *Patterns of Relating: An Adult Attachment Perspective*. New York: Guilford.

Westen, D. (1991). Social cognition and object relations. *Psychological Bulletin* 109:429–455.

Westen, D., Moses, M. J., Silk, K. R., et al. (1992). Quality of depressive experience in borderline personality disorder and major depression: when depression is not just depression. *Journal of Personality Disorders* 6:383–392.

Whittle, P. (2000). Experimental psychology and psychoanalysis: What we can learn from a century of misunderstanding. *Neuropsychoanalysis* 2:259–264.

Winnicott, D. W. (1948). Paediatrics and psychiatry. In *Collected Papers*, pp. 157–173. New York: Basic Books, 1958.

———. (1953). Transitional objects and transitional phenomena. *International Journal of Psycho-Analysis* 34:1–9.

———. (1956). Mirror role of mother and family in child development. In *Playing and Reality*, pp. 111–118. London: Tavistock.

———. (1958a). The capacity to be alone. In *The Maturational Processes and the Facilitating Environment*, pp. 29–36. New York: International Universities Press, 1965.

———. (1958b). *Collected Papers: Through Paediatrics to Psychoanalysis*. London: Tavistock.

———. (1960a). The theory of the parent–infant relationship. *International Journal of Psycho-Analysis* 41:585–595.

———. (1960b). The theory of the parent–infant relationship. In *The Maturational Process and the Facilitating Environment*, pp. 37–55. New York: International Universities Press.

———. (1962a). Ego integration in child development. In *The Maturational Processes and the Facilitating Environment*, pp. 56–63. London: Hogarth, 1965.

———. (1962b). The theory of the parent–infant relationship—further remarks. *International Journal of Psycho-Analysis* 43:238–245.

———. (1963a). Communicating and not communicating leading to a study of certain opposites. In *The Maturational Processes and the Facilitating Environment*, pp. 179–192. New York: International Universities Press, 1965.

———. (1963b). Morals and education. In *The Maturational Processes and the Facilitating Environment*, pp. 93–105. New York: International Universities Press, 1965.

———. (1963c). Psychotherapy of character disorders. In *The Matu-*

rational Processes and the Facilitating Environment, pp. 203–216. London: Hogarth Press, 1965.

———. (1965a). Ego distortion in terms of true and false self. In *The Maturational Processes and the Facilitating Environment*, pp. 140–152. New York: International Universities Press.

———. (1965b). *The Maturational Processes and the Facilitating Environment*. London: Hogarth.

———. (1967). Mirror-role of the mother and family in child development. In *The Predicament of the Family: A Psycho-Analytical Symposium*, ed. P. Lomas, pp. 26–33. London: Hogarth.

———. (1971a). *Playing and Reality*. London: Tavistock.

———. (1971b). Playing: creative activity and the search for the self. In *Playing and Reality*, pp. 62–75. London: Penguin.

Wolf, E. (1988). *Treating the Self*. New York: Guilford.

Wolstein, B. (1977). Psychology, metapsychology, and the evolving American school. *Contemporary Psychoanalysis* 13:128–154.

———. (1994). The evolving newness of interpersonal psychoanalysis—from the vantage point of immediate experience. *Contemporary Psychoanalysis* 30:473–498.

Yehuda, R. (1998). Psychoneuroendocrinology of post-traumatic stress disorder. *Psychiatric Clinics of North America* 21(2):359–379.

Yorke, C. (1971). Some suggestions for a critique of Kleinian psychology. *Psychoanalytic Study of the Child* 26:129–155. New Haven, CT: Yale University Press.

Young, J. E. (1990). *Cognitive Therapy for Personality Disorders: A Schema-Focused Approach*. Sarasota, FL: Professional Resource Exchange.

Youngblade, L. M., and Belsky, J. (1992). Parent–child antecedents of 5-year-olds' close friendships: a longitudinal analysis. *Developmental Psychology* 28:700–713.

解題：愛着理論と精神分析──対立から対話へ

遠藤 利彦

1. ボウルビィとフロイトが夢見たもの

　心を許した人に思いがけずに拒絶され，深く傷つくことがある。そして，その傷心は時に理不尽な怒りに転じ，昨日の友を今日の敵に回してしまう。ボウルビィの生涯を俯瞰するに，彼の精神分析への思いには，きっとこうした感情の移ろいがあったのかもしれない。今からおよそ四半世紀前にもなるが，筆者が初めて愛着理論にふれたときに，ボウルビィが，なぜかくも精神分析を忌み嫌うのか，また，精神分析の論者がかくも愛着理論に対して頑なに黙しているのか，筆者にはほとんど理解することができなかった。というよりも，両者の間に深い溝があることを知ってもなお，筆者のなかで，愛着理論はあくまでも精神分析の一分派であり続けていたのである。

　私的な話になるが，筆者は，ウィニコットの「移行対象」に対する関心から発達心理学の世界へと入ってきた。実体として捉え得る移行対象に科学の対象としての魅力を覚え，その経験の有無に，子どもと養育者の何が関わっているのかを実証的に調べ上げようとしたのである（遠藤，1990，1991）。具体的な知見は措くとして，筆者がそれを通して確認することになったのは，ウィニコットが指摘したごとく，移行対象が親子関係の機微を凝縮して映す一枚の鏡であるということであった。実のところ，筆者がボウルビィの名前を初めて知ることになったのも，こうした研究の文脈においてであったのである。幼い子どもが時に特別の愛着をもって持ち続けることになる毛布やタオルやぬいぐるみなどについて，ウィニコットはそれらを移行対象と呼び，その子どもの経験世界における主観性から客観性への，あるいは一者関係から二者関係への「移行」を促す健全な機能を強調したのに対し，ボウルビィは，それらを「代理対象」と称し，子どもの養育者に対する愛着欲求が十全に充足されない事態において，あくまでも養育者の「代理」としての意

味を持つ，どちらかと言えば悪しき関係性の証であるとしていたのである。

　この点に関して言えば，両者の見解はまさに明確に対立していた訳である。しかし，ボウルビィの理論の全貌を徐々に知るにつれて，筆者の目は，ウィニコットとボウルビィとの，あるいは精神分析（殊にプレエディパルな関係性を重視する対象関係論や一部のクライン学派の理論）と愛着理論との，ずれよりはむしろ重なりの大きさに目を奪われていった。その後も，筆者なりに，いくつかの解説書を読み，それぞれの論者が「決定的」だと説く両者の齟齬を頭では理解してきたつもりであったが，筆者の直感するところでは，それらは必ずしも「決定的」な理論的相違点などではなく，多分に同族嫌悪的な感情の行き違いとしか感じられないものであった。確かに，ボウルビィが，比較行動学との邂逅を通して，「臨床的に仮構された乳児」（clinical infant）ではなく「現実に観察された乳児」（observed infant）（Stern, 1985）に絶対的な重きを置き，そして精神分析のメタ理論たる動因理論を完全に放逐したことは，それ自体が，彼にとって精神分析への訣別宣言の意味を持ったに違いない（Brisch, 2002）。また，現に，それを境に，ボウルビィは英国精神分析学会から事実上の破門宣告を受けることになるのである。

　しかしながら，乳児の口唇におけるリビドー充足という根本的な欲動に対する前提を捨てないまでも，プレエディパルな母子関係を重視する精神分析論者の多くは，ボウルビィと同様に，対象あるいは関係性そのものに対する子どもの本源的な欲求を半ば公然と認めているように筆者には読めた。そして，ごく素朴に，ボウルビィは，その対象や関係に対する一次的な希求性とも言えるものに対して，比較行動学的観点から明確な生物学的根拠を付与し，その妥当性を証明する実証的知見を数多く見出したという点において，その精神分析に対する貢献を認められこそすれ，決して論難の標的にはされ得ないように，当時の筆者には思えたのである。そうでありながら，なぜ，両者はここまで相互にいがみ合わなくてはならなかったのか，筆者のもやもやは決して消えることはなかったが，やがて，その根源を突き止めたいという筆者の希いも，日常の忙殺の彼方に消えることとなっていった。また，エインズワースの開発によるストレンジ・シチュエーション法が愛着研究の標準的パラダイムとなり，それに従った主に健常な子どもを対象とする愛着の

研究が量産されるなか，元来，ボウルビィ自身が有していた臨床的な方向性（例えば，Bowlby, 1988）にもいつの間にか無頓着になっていったのである。

そうした忘却の途上でふと手にしたのが，本書，ピーター・フォナギーの『愛着理論と精神分析』であった。最初，文体の難渋さも手伝って，かつて少しばかりかじったはずの精神分析の諸理論を思い出すのにいささか時を要したが，やがて，本書が，筆者が過去に覚えたあのもやもや感を一気に霧散させてくれそうなことを予感した。そして，読了後には，実際に，愛着理論と精神分析の共通基盤といくつかの本質的な相違点およびこれからの両者間における実り多い架橋の可能性に関して，かなり確かな手応えを感じ取れたように思える。特に本書第12章に詳述されるように，どこかで近似性を感じつつ十分につかみきれずにもどかしい思いをしてきたバリントの一次的愛やフェアベーンの対象希求性あるいはエリクソンの基本的信頼やビオンの包容といった諸概念と愛着概念との異同に関する疑問の一部がまさに氷解していくような快感を覚えることができたのである。

フォナギーが英国あるいは世界の精神分析の現況において，いかに重要な位置づけにあるかについては，北山氏のまえがきに委ねることにするが，その仕事の全貌を鳥瞰するときに，彼の研究や臨床のスタンスが基本的にエヴィデンス・ベースであることがよくわかる。彼は，旧来の精神分析的なアプローチに彼が言うところの「ギルド化」の弊害を見て取り（Fonagy, 2004），精神分析も広くさまざまな学問領域に対して開かれ，またそうした他領域との有機的な連携を図らなくてはならないことを強調している（Fonagy, 1996）。現に，彼の論文には，精神分析理論と脳神経学や進化生物学あるいは行動遺伝学等における最新の成果との接点を見出そうとしたものが複数，認められる（例えば，Fonagy, 2001, 2004 ; Fonagy, Roth, & Higgitt, 2005）。そうした実証的な方向性があったからこそ，彼には，長く対立的関係にあった愛着理論との溝を埋め，その和解に向けた第一歩を本書のような形で結実させることが可能だったのであろう。特に，彼は，有効な治療のためには，観察に基づいた実証的な知見およびそれを基礎とする発達論が必須不可欠であるという認識から，ボウルビィの愛着理論に親和性を覚え，また，これからの精神分析的な治療が，どのような対象にいかなるアプロー

チが有効であるかを明確な証左に基づいて示していかなくてはならないという視座から，ストレンジ・シチュエーション法や成人愛着面接などの愛着研究の測定ツールおよび方法論に一定の期待を寄せているようなのである。それと同時に本書の第13章にも示されるように，愛着の理論や研究が，精神分析理論に再び目を向けることによって，さらなる展開が可能になることも予見している。そして，こうしたフォナギーの動きに共感し，また連動するかのように，まだまだ少数派であるとはしても，一部の精神分析家は着実に愛着理論との密なる対話を再開させようと準備を始めているようである（それは例えば，ここ10年の間に *Psychoanalytic Inquiry* 誌に3回にわたって愛着研究と精神分析に関する特集が組まれていることからも窺えよう：19/4 [1999]，19/5 [1999]，23/1 [2003]）。

　もっとも，こうした融和の動きを，専ら精神分析側から愛着理論側への再接近と見なすことは不当であろう。ここに来て，愛着理論および愛着研究は，にわかに種々の臨床領域との接点を深め，最期まで精神分析家としてのアイデンティティと矜恃とを保持し，境界性障害，自己愛性障害，反社会性障害といった難しい事例とも一貫して向き合い続けたボウルビィ本来の臨床的志向性へと確実に回帰し始めていると言える（Atkinson & Goldberg, 2004；Greenberg, 1999；数井・遠藤，2007）。そこには，愛着の研究者が，愛着の基本原理をさらに精細に見究めるために，虐待やネグレクトあるいはそれらと密接に関係する各種の愛着障害など，逸脱した臨床事例への注視を先鋭化させてきているという側面と，そうした臨床事例への実践的なケアを進めていくうえで，従来の愛着理論だけでは足りない要素を，精神分析を始めとする臨床の諸理論に積極的に求めに行っているという側面がある。そして，その両側面において，極めて重要な役割を果たしているのが，リオンズ=ラス，イーグル，ホームズ，スレイド，リーバーマンといった，本書第11章でも紹介される精神分析的な愛着理論家であることは言うまでもない。また，第9章で取り上げられるスターンが，両者の歩み寄りに果たした役割も実に甚大なものがあると言えるのだろう。

　おそらく，現今のこうした状況は，精神分析と愛着理論の両陣営がそれぞれの長短を認識し，相互補完の必要性を痛感したうえで意識的な歩み寄りを始めたと解すのが妥当な見方なのだろう。しかし，より高所から見れば，両

者が再び合流するのは，ある意味，歴史の必然であったのかもしれない。フロイト自身は，元来，エヴィデンス・ベースの志向性や幅広い学際性を有し，神経科学や生物学などの実証科学との接点を強く求めていたと言われる (Solms & Turnbull, 2002)。しかし，彼が存命であった当時，それらは心やその病理の理解を支えるほどに十分な進展を遂げてはおらず，彼は泣く泣く，自身ではその実証的基盤を探ることなく，ほぼ純粋に心のモデルのみを打ち立てなければならなかったのだろう。しかし，時は移り，今や心を成り立たせている脳神経・生理的，遺伝的，生物学・進化論的あるいは認知科学的な基盤など，心に関わるさまざまな仕組みが厳密な方法論に従って解明されつつある。フロイトがこの今に蘇るならば，きっと彼は躍起になって，そうした実証的な知見と自らが打ち立てた心のモデルとの照合を図ったのではないだろうか。今，少しずつではあるが，精神分析は原点に立ち返り，フロイトがかつて抱いた実証科学に対する淡い期待を具現しようとし始めているのかもしれない。フロイトが遣り残した，ある意味，最後の難題に対する取り組みがようやく開始されてきているのである（それは例えば，ノーベル賞学者のカンデルを筆頭にダマシオ，ルドゥー，ラマチャンドランなど，錚々たる脳神経学者が編集委員に名を連ねる *Neuro-Psychoanalysis* 誌の発刊に象徴されよう）。

　そうした意味からすれば，ボウルビィのエヴィデンス・ベースの仕事は，そのような動きの少しばかり先を行っていたのだと見ることもできる。そして，その先見性が誤って異端と捉えられ，思わぬ冷視を招いてしまったのだろう。もっとも，ボウルビィの英国精神分析学会からの追放は確かに忌み悔いるべき出来事ではあったが，これを通して皮肉にも，ボウルビィが他の実証科学とのインターフェースをますます深め，愛着理論を独自の理論へと仕立て上げることができたのだから，この今に在る私たちは，こうしたボウルビィのほんのちょっとのフライングをむしろ肯定的に受け止めるべきなのかもしれない。

2. 愛着研究が精神分析に潜在的に寄与するところ

　それでは，なぜこの今に，愛着研究は，まだまだごく一部であるとはい

え，精神分析あるいは広く臨床心理学や精神医学の研究者および実践家の関心を引き寄せ始めていると言えるのだろうか。それは，ほぼ間違いなく，世界各地で，ハイリスク群も含め，さまざまな人種・文化・階層のサンプルにおいて，乳幼児期に現実にいかなる関係性の下に置かれていた子どもがその後，生涯にわたって，実際にいかなるパーソナリティ発達を遂げ得るのかを膨大な縦断的データをもって実証的に明らかにしているということであろう。それは，無論，ボウルビィが掲げた愛着理論の直接的な検証を目的にしているのではあるが，同時に，パーソナリティや精神病理の原基形成，またパーソナリティの同一性や連続性，あるいはまた関係性の世代間伝達など，精神分析における重要な諸仮説の部分的な検証に適うものでもあるのである。特に，未だ揺りかごから墓場までの全生涯を追うには至っていないが，誕生から約30年にもわたって同一のサンプルを追跡し続けて得られたいくつかの貴重なデータ（例えば，Grossmann, Grossmann, & Kindler, 2005；Main, Hesse, & Kaplan, 2005；Sroufe, Egeland, Carlson, & Collins, 2005）には，どんなに辛辣な批評家をもしばし黙らせてしまうほどの説得力がある。

　パーソナリティの形成あるいは精神病理や障害の発生因という視点から，近年，とみに注目を集めているのが，本書でも頻繁に取り上げられる無秩序・無方向型（disorganized/disoriented）の愛着である。すでにふれたように，愛着の個人差の解明に関しては，エインズワースによるストレンジ・シチュエーション法の果たした役割が極めて大きい。その子どもにとって新奇な実験室状況における養育者との分離および再会の場面に顕著に現れる子どもの反応の個人差を体系的にA：回避型，B：安定型，C：抵抗／アンビヴァレント型の3タイプに振り分ける方法・手続きは，瞬く間に愛着の研究領域を席巻し，それぞれの先行要因（養育者の感受性など）や発達的帰結（さまざまな対人関係の質や社会情緒的特性など）に関する膨大な知見がこれまでに生み出されてきている。かつてはAタイプやCタイプと心理社会的不適応との関連が問われ，それらがBタイプの「正常」に対して「異常」というレッテルを貼られたこともある。しかし，最近のより一般的な認識によれば，AタイプもCタイプも不安定（insecure）とカテゴライズされるにせよ（すなわち子どもの側からすれば確かに相対的にあまり容易には安心

感を得られないにせよ），Bタイプと同様，「特定の養育環境に対する特異的な適応方略」(Sroufe, 1988) と見ることができ，少なくとも近接関係の確立・維持という究極のゴールからすれば，それぞれが明確に「組織化されている」(organized)，そして現に一定程度，有効に機能している可能性が高いのだという（例えば，Main, 1991）。むしろ，多くの研究者はここに来て，その関心を一気に，そうした組織化された愛着の対極にある「組織化されていない」(disorganized) 愛着，すなわちD：無秩序／無方向型の愛着に注ぎ始めているのである。殊に臨床的に瞠目すべきは，愛着が安定しているか否か (secure/insecure) の軸というよりも，組織化されているか否か (organized/disorganized) の軸だというのである (Green & Goldwyn, 2002)。

　筆者が思うに，この愛着研究におけるDタイプ概念の創出とその同定基準の案出，そしてその実態の精細な解明とが，精神分析家にとっての愛着理論の親和性を一気に高め得た駆動力の一つになっていることはほぼ確かなことと言える。なぜならば，まさに本書各所の記述からも窺えるように，このタイプの子どもが示す特異な行動特徴およびそれを生み出す多分に歪曲した養育環境が，これまで多くの精神分析家が鋭い眼光を向けてきた臨床像とかなりのところ合致するからである。本文中の記述からもわかるように，このDタイプの子どもの養育者については，精神的に極度に不安定だったり，また日頃から子どもを虐待したりするなどの危険な徴候が多く認められることが報告されているし，また，養育者による極端なネグレクトとの関連が強く疑われる「発育不全」(failure to thrive) 児においてこのDタイプの比率がかなり高率になるという指摘もある。そして，こうした養育者に共通する特徴の一つとして仮定されているのが本書でも取り上げられる，子どもに対する自己中心的で敵対的・攻撃的な言行，すなわち「おびえ／おびえさせる」(frightened/frightening) ふるまいなのである。何か危機が生じたときに本来逃げ込むべき安全な避難所・基地であるはずの養育者が，子どもに危機や恐怖を与える張本人でもあるという，ある意味，極めてパラドクシカルな状況において，子どもは，養育者に近づくこともまた養育者から遠退くこともできず，さらには自らネガティヴな情動を制御する有効な対処方略を学習することもできずに，結果的に，呆然とうつろにその場をやり過ごすしか

ないということになってしまうのである（詳細は数井・遠藤，2005，2007）。

　また，最近では，ごく一般的なサンプルを中心に，一見，安定型のような様相を呈しながら本質的には無秩序・無方向の特徴を有するDタイプの亜型が一定割合（15％程度）存在することが明らかになってきている（van IJzendoorn, Schuengel, & Bakermans-Kranenburgvan, 1999）が，このタイプの子どもの養育者に共通した，通常はおとなしく穏やかであるが，極めて無力感（helplessness）が強く，少しのストレスで動揺し情緒的に引きこもってしまうという傾向（例えば，Lyons-Ruth, Bronfman, & Atwood, 1999）もまた，それこそウィニコットやコフートの照らし出し／映し出しという点からして，それに多分に失敗する確率の高い関わりであると言い得る。そうした養育者の時にうつろで無反応な状態は子どもの心的状態を映す鏡としての機能をまったく果たさない場合があると同時に，その同じ養育者の時に極度に不安や恐れにとりつかれた状態は，子ども自らが潜在的に抱える不安や恐れの感情を，何ら調整することなく，あるいは増幅さえもして，子どもに返してしまう場合もあると考えられる。

　おそらく，愛着研究の知見が，精神分析にとって潜在的に大きな意味を持ち得るもう一つの理由は，上述したDタイプも含め，乳幼児期における愛着の特質が，その後の人生の各発達期において（現在，少なくとも成人期前期くらいまでに），それぞれ特異的にどのような様相を呈するかを，現に縦断的に明らかにしているということであろう。そして，この縦断研究の進展に極めて重要な役割を果たしたのが，本文中でもしばしば言及されるメインらによる成人愛着面接の開発である。この方法は，両親（やそれに代わる主要な養育者）との関係について子ども時代のことを想起し語ってもらうなかで，個人の愛着システムの活性化を促すよう工夫されており，「無意識を驚かす」（George, Kaplan, & Main, 1996）ことで，被面接者自身も通常，意識化し得ない愛着に関する情報処理過程の個人的特性を抽出するよう仕組まれている。乳幼児期におけるストレンジ・シチュエーション法が現にそこにいる養育者に対する「物理的な」近接の仕方を問題にするものであるとすれば，この成人愛着面接は，記憶空間に想起された過去の養育者に対する「表象的な」近接のあり方を問題にする手法であると言え，両者は同じく養育者に対する近接可能性やそこに伴う葛藤や不安等の感情を巧みに掬い上げると

いう意味において，その間には明確な理論的対応性が仮定されるのである（子どもの回避型と成人の愛着軽視型：子どもの安定型と成人の自律型：子どものアンビヴァレント型と成人のとらわれ型：子どもの無秩序型と成人の未解決型）（遠藤，2006）。ちなみに，この成人愛着面接には，それを用いた研究知見ということのみならず，それ自体が，精神分析のプロセスを語り（narrative）の構成という観点から再概念化しようとする近年の精神分析内の動きと通底するものがあるという意味においても，また，精神分析的治療による変化や効果を実証的に測定し得る可能性があるという意味においても，大いに着目されていることをここで付言しておくことにしたい（例えば，Diamond & Blatt, 1999）。

　さて，研究によって多少のばらつきはあるのだが，乳幼児期にストレンジ・シチュエーション法によって測定された愛着タイプは，成人になった同一個人の成人愛着面接による愛着タイプを理論的に想定される通りに有意に予測するようであり（例えば，Waters, Merrick, Treboux, Crowell, & Albersheim, 2000；Hamilton, 2000），子ども期にその後の生涯を貫くパーソナリティの原基が形成されるというフロイト以来の仮定を一定程度，裏付けていると言える。また，養育者の成人愛着面接による愛着分類と，その子どものストレンジ・シチュエーション法における愛着分類との間にも有意な連関が数多くの研究で見出されており（van IJzendoorn, 1995），多くの精神分析家が仮定してきたように関係性の特質は世代を超えて繰り返される傾向があるようである。Dタイプをめぐっても複数の縦断研究がすでに行われ，自らトラウマを抱えそれを心理的に未解決な養育者の子どもに圧倒的にDタイプの比率が高いこと，またDタイプの子どもは，発達とともに徐々に養育者に対して過度に思いやったり逆に懲罰的にふるまったりする統制型へと変じ，そして，やがてさまざまな認知・行動上の問題や精神病理へと通じる確率が，他の愛着タイプに比して際立って高いこと，などの知見が得られている（例えば，Carlson, 1998；Lyons-Ruth, 1996；Moss, St-Laurent, & Parent, 1999）。殊に，元来，Dタイプ的な特徴を有する個人は，心理的な歪曲のみならず，HPA（視床下部-下垂体-副腎皮質）などの身体システムにも少なからず深刻なダメージを被り（例えば，Schusder & Lyons-Ruth, 2004），その後の人生において何らかの不遇な状況にさらされたとき

に極めて脆弱になることが知られており（Liotti, 1999），特にそれは解離性の諸症状（Carlson, 1998 ; Ogawa, Sroufe, Weinfield, Carlson, & Egeland, 1997）あるいは本書でフォナギーが強調するように境界性の諸特徴となって現れやすいらしい。

　もっとも，愛着研究の価値は，このように精神分析の諸仮定を部分的に証明し得たということと同時に，逆に，それらの仮定に従わなかった事例にも相応の光を当てている点にも在ると考えられる。すなわち，「犠牲者」（victim）だけではなく「生存者」（survivor）にも，より具体的には，不遇な過去を有し乳幼児期には不安定な愛着の特質を有しながら成人期には安定した愛着を獲得するに至った個人や，養育者が不安定な愛着を有しながらも自らは安定した愛着を発達させた子どもにも着目することで，人生途上のいかなる要因がその悪しき連続性や世代間連鎖を断ち得るかについて貴重なデータを蓄積しつつあり（例えば，Roisman, Padron, Sroufe, & Egeland, 2002），それらが有する臨床的示唆には今後，精神分析の側からもますます注目が集まる可能性があると考えられる（数井・遠藤，2007）。

　そして，さらにもう一つ愛着理論が精神分析に潜在的に寄与し得るものとして挙げておくべきは，やはり，ボウルビィが愛着関係やパーソナリティの生涯にわたる連続性および世代間伝達などの基本的メカニズムとして据えた内的作業モデルという概念であろう。本書でも詳述されるように，その発想の源泉は，精神分析，殊に対象関係論やクライン理論などのなかにあり，それは一見，精神分析における内在化された養育者像，すなわち「内的対象」と見紛うほどに近似している。しかし，内的作業モデルという言葉は，ただ古いワインを新しいボトルに注ぎ換えただけのものではない。それは，元来，クレイク（Craik, 1943）に始まる認知心理学の術語であり，ボウルビィの真の思惑が，関係性の記憶がいかに構成され，また後続の事象経験の情報処理プロセスにどのようなバイアスをもたらし得るか，またそうした特異な情報処理の様式がトラウマや対人関係パターンなどのいわゆる反復強迫をいかに引き起こし得るのか，といったことの科学的な説明にあったことを度外視してはならないだろう（遠藤，1992）。これに倣い，多くの愛着研究者は，こうした愛着に関する記憶構造に矛盾や解離がなく適切に組織化されており，現在の対人的状況に合わせて防衛なく，柔軟なシミュレーションが

可能である場合に，その個人は適応的である確率が高いのに対し，逆に記憶構造の矛盾や解離に起因して現在の状況のなかに潜む特定情報を選択的に排除したり，強引に自分の思い込みに合致するよう情報を歪めて認知したり，あるいは一つのことに相容れない複数の記憶を思い起こしてしまうような場合に，その個人は相対的に不適応に陥る可能性が高いと考えるに至っているようである（例えば，Main, 1991）。

現今の殊に臨床的志向性を有する研究のなかには，内的作業モデルを精神分析における内的対象とほぼ同義に用いているものが少なからず散見されるが，内的作業モデルという術語が意味するものが決してこれに止まるものではなく，本来，その強調点が，個々人に固有の対人的情報処理プロセスにあるのだということを，私たちはここで銘記しておいて然るべきかもしれない。ボウルビィの重要な貢献は，この内的作業モデル概念に象徴されるように，もともと精神分析のなかに在ったさまざまな心的表象にまつわる発想を，認知科学の知見に沿ってより実証的なものに発展させたところにある。それは，例えば，著名な認知科学者であるミンスキー（Minsky, 2006）が彼の最近の著書 *The Emotion Machine* でまるまる一章を愛着の説明に割いていることからも窺えよう。

3. これからの愛着研究に求められるもの

上述したように，愛着の理論や研究には，現代の精神分析のさらなる発展に十分に寄与し得る下地がある。その一方で，少なくともそのままの形では精神分析の考え方や臨床実践にそぐわないところも多々あるのだろう。それは本書第13章で，フォナギーが六つの視点から批判的かつ説得的に論じていることからも明らかであり，それらをここで繰り返すことはしない。しかし，そこに挙げられていること以外にも，例えば，従来から精神分析の論者が指摘してきたように，愛着理論には，子ども個々人の体質的要因の相対的な軽視が確かにあったのかもしれない。もっとも，これについては，愛着研究がまったくそれに無関心ではなかったということをいささか弁明しておくことが必要かもしれない。ひところ，愛着研究の枠内において，愛着形成に子どもの生得的個性あるいは気質が関与する可能性が盛んに議論・検討され

たことがあるし，現在でも，子どもの発達に関して，親の養育と子どもの気質との相互規定的作用を仮定するのが常である（数井・遠藤，2005）。ただし，近年，親の感受性を始めとする養育の特性と子どもの気質の両方を扱った数多くの研究結果から，総じて前者の愛着形成に対する影響力の方が強いことが明らかになってきている（van IJzendoorn & Bakermans-Kranenburg, 2004）ということも度外視してはならないだろう。また，一卵性双生児や二卵性双生児におけるきょうだい間の愛着の質の近似性を扱ったいくつかの行動遺伝学的な研究は，分離場面での苦痛の表出や養育者への近接など，個々の愛着行動に関しては多少とも遺伝的要因の関与が否定できないまでも（例えば，Ricciuti, 1992），全般的な愛着の安定／不安定の別および個々の分類の個人差に関しては，遺伝的規定性が極めて低く，むしろ環境的な要因，すなわち養育者の特性や個々の子どもが特異的に経験する家庭内外の要因などによって説明されるところが大きいということを示している（Bokhorst, Bakermans-Kranenburg, Fearon, van IJzendoorn, Fonagy, & Schuengel, 2003 ; O'Conner & Croft, 2001）。

　もちろん，そうであるとはいえ，例えばニュージーランドのダニーディンにおける発達精神病学的縦断研究が如実に示しているように，子ども期に同じく被虐待やストレスフルなライフイベントの経験を多く有していても，そうしたことが一様に青年期・成人期における暴力・犯罪などの問題行動や抑うつなどの精神病理の素地を形成する訳ではなく，そこには遺伝的な体質的要因（モノアミン酸化酵素Aやセロトニンなどの脳内化学物質）が危険因子や防御因子として介在する可能性が高い（Caspi, McClay, Moffitt, Mill, Martin, Craig, Taylor, & Poulton, 2002 ; Caspi, Sugden, Moffit, Taylor, Craig, Harrington, McClay, Mill, Martin, Braithwaite, & Poulton, 2003）。今後，愛着研究は，こうしたストレスに対する体質的な敏感性やおそらくそれにも関係した子ども期からの個人特有の知覚・反応的バイアスなどに，今以上に，より微視的な分析の目を向けていく必要があるのだと言えよう。

　また，愛着研究が世界的にこれだけ隆盛を極め，さまざまな研究を量産することができた背景には，既述したように，子ども期にしても成人期にしても，愛着の質を体系的に測定し，それを3〜4のカテゴリーという形で簡潔に表現するという研究パラダイムをしっかりと確立・維持してきたというこ

とが挙げられる。それによって，愛着の生涯にわたる連続性や世代間伝達の実証的解明が可能となり，そのことが精神分析家にとっても潜在的に大きな魅力であり得ることはすでにふれた通りである。しかし，それは強みであると同時に弱みでもあるという両刃の剣なのかもしれない。それというのは，愛着研究が，ある意味，そのカテゴリー化に徹底的に拘泥してきたが故に，逆にその3〜4のカテゴリーという要約的な情報には必ずしも十分に盛り込まれない微妙な関係性の綾や病理の核などに関わる情報に対して相対的に無頓着であった可能性が否めないということである。また，異なる発達期の間における愛着カテゴリーの一致・連続性に執着するあまり，その時間経過のなかで生じた可能性のある微細な変化や，逆に不一致が生じたケースについては，そこに潜んでいたかもしれない頑強な連続性を等閑視してきたとも言い得るだろう。

　確かに，例えば子どもにおける無秩序型や統制型，あるいは大人における未解決型などは，相当に高確率で「何らかの」不適応事態や精神病理を予測し得る。しかし，それはあくまで強力な危険因子の一つではあっても，その「何らかの」中身を弁別的に明らかにするものではさらさらない。それに対して，これまで多くの精神分析論者は，特定の精神病理に罹患した少数ケースに徹底的に微視的なメスを入れることを通して，大概はリトロスペクティヴであるとは言え，ある病理に通じ得る発達経路について特化した理論を構成しようとしてきたのだと言える。おそらく，愛着理論に許容的な精神分析家ならば，愛着研究がかくも大規模な縦断研究をプロスペクティヴな形で進めてきながら，愛着カテゴリーおよび養育者の感受性などを除いては，病理発生に絡む情報を十分には拾い上げてこなかったということを極めて口惜しく思っているに違いない。今後，愛着研究が，ボウルビィに原点回帰し臨床的方向性をより強く打ち出していくのだとすれば，望むらくは，愛着研究者と精神分析家が共同で知恵を持ち寄り，精神病理の発生機序の解明に向けた新たな研究プロジェクトを真摯に模索し立ち上げて行くということだろう。

4. ピーター・フォナギーの立ち位置：特に心理化をめぐって

　実を言うと筆者がフォナギーを知ったのは，今回の書が初めてではない。

筆者は，彼の名前をいわゆる「心の理論」(Theory of Mind) 研究の文脈において知った。ひところの熱は冷め始めたものの，発達心理学の領域では，ここ20年ばかりの間，この心の理論の起源と発達をめぐる議論や実験的研究が隆盛を極めてきたと言える。心の理論とは，自己や他者の心の存在およびその性質や機能に関する私たちの素朴な暗黙知を意味する術語であり，それは本書で頻繁に取り上げられる自他の心的状態の理解や推測，すなわちフォナギーが言うところの「心理化」(mentalization) に極めて密接に関わるものである（一部に心の理論を心理化の能力とほぼ同義に用いる向きもある）。

　今でこそ，この心の理論や心理化の発達に対して養育環境が有する意味を緻密に問おうとする流れが生じてきているが，筆者が初めてフォナギーの論文を目にした15年ほど前は，多くの研究者が暗黙裡に心の理論の進化論的基盤を前提視し，その発達は予め仕組まれた遺伝的あるいは神経学的なプログラムに従ってほぼ一様に展開するものと把捉されていた。逆に，自閉症のように心の理論の課題に難を示す子どもは，それに関わる生得的なモジュールを端から欠いているのだと論じられていたのである（例えば，Baron-Cohen, 1995）。そうした「生まれ」(nature) 重視の風潮のなかで，「心の理論」の発達に「育ち」(nurture)，すなわち養育環境の要因が不可避的に絡むことを仮定し，子どもが発達早期に経験した愛着の質がその後の子どもの心の理論課題のスコアにいかなる影響を及ぼすかを実証的に検証しようと試みた彼のスタンスは特異であり，大いに筆者の関心を引いたのであった（遠藤，1998）。少なくとも当初，筆者はフォナギーを新進の心の理論研究者あるいは愛着研究者と受け止めていた訳である。しかし，次つぎと産み出される彼のペーパーを読むうちに，彼が英国で活躍するハンガリー出身の卓抜な精神分析家であるということと同時に，彼の心理化への注視が長い精神分析の系譜を引き継いだものであり，その発達のプロセスやメカニズムを精緻化するうえで，半ば必然的に，それらを解き明かす鍵概念としての愛着という考え方およびそれをめぐっての夥しい実証的知見に辿り着いたのだろうことを悟るに至ったのである。

　もっとも，筆者が見るにフォナギーの心理化および内省機能に関する論考は，従来の精神分析の諸概念を超えて余りあるものである。それはまた，愛

着概念にも新たな光を当てるものと言っても過言ではない。実のところ，ボウルビィにおける愛着とは，元来，厳密な意味では，個体が何らかの危機的状況に遭遇し，あるいはまたそうした危機を予知し，恐れや不安などのネガティヴな感情が喚起された際に，特定の他個体への近接を通して「主観的な安全の感覚」(felt security) を回復・維持しようとする傾性のことである（数井・遠藤，2005）。換言するならば，それは「一者の情動状態の崩れを二者の関係性によって制御するシステム」(dyadic regulation system：Schore, 2001) とも言い得るものであり，そこにあるのは基本的に，養育者の豊かな感受性によって子どもの放った愛着のシグナルが的確に捉えられ，その近接欲求が適切に充足されることによって，子どもは，自らが確実に保護してもらえるということに対する信頼感 (confidence in protection：Goldberg, Grusec, & Jenkins, 1999) を固め，それを核として自他に対する安定した内的作業モデルを構成し得るようになるという前提である。

　これに対して，フォナギーが強調する愛着の機能は，養育者の制御による恐れや不安といったネガティヴな感情の低減およびそれを通した自他への基本的信頼感の醸成というよりは，そうした感情を子どもに対して耐えられる形に和らげ適切に映し出し照らし返す（子どもの内的状態を，それと等質であって，しかし決して完全に同じではない形でフィードバックする）ということであり，それを通して子どもが自他の心的状態をオープンに防衛なく理解する力，すなわち（メタ表象——心的表象の心的表象——を中核とする）心理化の能力や内省機能を徐々に十全に発達させることができるよう促すということなのである。これは，見方によっては，早期の愛着経験が，ボウルビィが仮定した従来のパスとは，相互に関連しながらも独立した，もう一本のパスを通しても，その後の社会情緒的発達および精神病理や障害の形成に関与する可能性を示したものとも解せる。こうしたフォナギーの立場は，本書でも精細に議論されるように，ウィニコットやコフートの論は元より，多分にビオンにおけるアルファ機能や包容の概念などを下敷きにしたものと言えるが，それらを愛着という概念に沿って再定式化し，現に実証的に，乳幼児期における愛着の質とその後，子どもが4～5歳になった際における心の理論の発達との関連性を突き止めようとしたという点で実に画期的であると考えられる。

彼によれば，B：安定型の子どもは，感受性豊かな養育者による映し出しや包容の下で，自己と他者双方の心的状態をしかと覚知し，その世界を自由にオープンに探索することができるようになる。しかし，A：回避型の子どもは，その心的苦痛を映し出すことに頻繁に失敗する養育者の下で，他者の心的状態を防衛的に排除するようにふるまうようになり，C：アンビヴァレント型の子どもは，気まぐれでありながら時に子どもの心的状態をあまりにも明瞭に映し出してしまうようなこともある養育者の下で，他者の心的状態に過剰にとらわれ巻き込まれてしまうことになる。そしてまた，D：無秩序型の子どもに至っては，突発的に子どもに極度の恐れをもたらす養育者の不可解な言行の下で，他者の心的状態に過敏なまでに調律する一方で，自己の心的状態についてはそれを徹底的に無視してふるまうようになるのだという（例えば，虐待行為に結びついた危険信号およびその背後にある養育者の意図や感情については極めて敏感になるが，それを可能にする心的表象能力が，子ども自身の心に対しては向けられないというアンバランスさを有する）。実のところ，これらの記述は，成人愛着面接における大人の自律型，拒絶型，とらわれ型，未解決型の語りおよびその様式や構造に現れるそれぞれの特異的な特徴と大きく重なるものと言える。ボウルビィおよびエインズワースは，乳幼児の愛着に関しては，主観的な安全の感覚までは言及するものの，基本的には物理的な近接のあり方を中心にその特徴を可能な限り客観的に記述しようとしたのに対し，フォナギーはある意味，精神分析の王道を行くかのように，子どもの精神内界にまで踏み込んで，その特徴の抽出を行っているのである。
　そして，そうした微妙な精神内界の動きを精細に描き出すための重要な仮定としてあるのが，「心的等価性」と「ふり」という概念装置であり，フォナギーは，それらの健常な発達における重要性を実証的な心の理論研究に拠りながら強調し，虐待やネグレクトといった不適切な養育の下，それらが統合されないままに，別の言い方をすれば，心的状態の一次的表象が二次的表象にうまく結びつけられないままに，それぞれ個別の様式をなして個人のなかに存在し続ける事態を，先にも見たD：無秩序型やその発達的帰結としての精神病理，殊に境界性パーソナリティ障害と結びつけて議論するのである。それに関しては特に本書第12章に詳しいが，フォナギーは，そうした

未統合と全般的な心理化の失敗に由来して，境界性パーソナリティ障害に特有の投影的同一化やスプリッティングあるいは種々の解離症状などが生み出されると仮定するのである。また，彼によればトラウマと心理化は双方向的な影響関係にあり，すでに見たように発達早期の養育環境に潜むトラウマが心理化の発達を阻害するばかりではなく，心理化の乏しさが個人を新たなトラウマに対して脆弱にする，あるいは時に個人に自ら新たなトラウマを呼び込ませてしまうようなことがあるのだという（Fonagy, Gergely, Jurist, & Target, 2002）。フォナギーに言わせれば，本来，心理化の力は自身の心の傷を自ら修復する能力と言い換えることができ，そうした自己修復能力を欠いていることもまた，境界性パーソナリティ障害の個人における脆弱性の素地をなしているらしい。そして，彼は，一般的に極めて困難と言われるこうした患者の治療に，心理化を促す働きかけをもって臨むアプローチをより有効な方途として提唱しているのである（例えば，Fonagy & Bateman, 2006）。

　心理療法についてまったくの門外漢である筆者に，こうしたフォナギーのスタンスがどれだけ有効であるかについては，正直，何も判じられない。しかし，その基礎にある発達論については首肯できるところが多いし，大いに学ぶべきところもあると考えられる。ただし，フォナギーにおいては，養育者の感受性や映し出しあるいはふり遊びといった発達的に重要な要素と愛着とがあまりにも一つに括られて議論されているのではないかという印象も拭えない。養育者の感受性が豊かなことと映し出しが適切なことあるいは子どものふり遊びに積極的に参加することは本質的にすべて斉一に連動した形で（すなわち一つのことに成功する親は他のすべてにも成功して）愛着の安定性と関係するものなのだろうか。もしかすると，本来，それらは個々独立した個人的特性として把捉されるべきものであり，愛着の質は特にその内のある一つの要素によって規定されていたり，あるいはその総和や相乗の帰結として在ったりする可能性も否めないのではないだろうか。いずれにしても，この問題は，今後，実証的に検討されるべき重要な課題であり，その結果を受けて，さらに慎重に理論化されることが望まれよう。

　これに関連して言うならば，フォナギーの論の基底をなす愛着と心理化との連関性についても多少とも訝しいところがあるかもしれない。というのは，フォナギーと同様に愛着の質と心の理論との関連性を問題にした研究の

なかには，その検証に失敗しているものも複数，存在しているのである（例えば，Meins et al., 2002；Ontai & Thopmson, 2002；Symons & Clark, 2000）。それどころか，この領域の研究を概括したある論者（Symons, 2004）は，心の理論も含めた子どもの心理社会的理解の発達に，より直接的で本質的な役割を果たす要因は，実のところ，養育者の心的状態に絡む発話やそれを用いた相互作用のパターンであり，愛着の安定性は確率的に多少それらと関連しやすいという意味において，いわば間接的にかなり微弱な形で心の理論の発達に関与しているに過ぎないと論じている。別の言い方をすれば，自ら心理化の能力にすぐれ子どもの心的状態に焦点化した関わりをする親は確かに子どもの心理化の発達を促すが，その親が必ずしも子どもとの間に安定した愛着を築くとは限らないということである。こうした知見によって，フォナギーの心理化をめぐる仮説が根幹から揺るがされることはない訳であるが，少なくとも，その発達については愛着という観点からばかりではない別角度からのアプローチも必要なのだろう。

　この他にも，実証的な発達心理学の視点からすれば，乳児の認知的コンピテンスのフォナギーの評価にはやや過大なところが少なからずあり，特に小さい子どもの意識や自己意識の存在や状態については多分に「擬大人化」の匂いを感じない訳ではない。また，例えば，ヒトの乳児の苦痛の経験や表出を相互主観性の獲得という適応価に結びつけて論じる進化論的考究（第13章）を始め，実証的知見の解釈についてはやや牽強付会的なものを感じるところもある（乳児の苦痛の表出，すなわち泣きの進化については，むしろその運動としての意味，すなわち体温維持という適応価を考えるのが穏当かもしれない）。しかし，その大胆な仮説設定は，実証研究の流儀に頑なに従うあまり慎重になり過ぎていた感のある愛着研究に大きな風穴を開けてくれる可能性を豊かに秘めており，今後，愛着研究は，フォナギーが本書で示したさまざまな問題提起に対して真摯に向き合って然るべきなのだろう。

　本書の翻訳には，企画からまるまる6年の月日を費やしたことになる。それは，北山氏の発案によって主に九州大学の大学院生を中心に始められたが，今や筆者も含め，その半数以上が福岡の地を離れることとなっている。これだけの時間を要してしまったのは，ひとえに監訳者である筆者の怠慢に

よるものであり，個々の翻訳者の責ではない。また，フォナギーの英文は極めて難解であり，今回の翻訳が，読者にとって了解可能な日本語になっているかどうかについては，正直，心許ないところもある。文意が十分に伝わらないところがあるとすれば，それはすべて監訳者たる筆者の力量不足によるものとして，ご寛恕いただければ幸いである。最後に，本書の刊行にあたり，誠信書房の児島雅弘氏には大変にお世話になった。常識をはるかに逸脱して遅々として作業が進まないなか，氏の辛抱強い励ましがなければ，この書は決して日の目を見なかったであろう。この場を借りて心より感謝の意を表したい。

引用文献

Atkinson, L. & Goldberg, S. (2004). Applications of attachment: The integration of developmental and clinical traditions. In L. Atkinson & S. Goldberg (Eds), Attachment issues in psychopathology and intervention (pp. 3-25). Mahwah, NJ: Lawrence Erlbaum.

Baron-Cohen, S. (1995). *Mindblindness: An essay on autism and theory of mind*. Cambridge, MA: MIT Press.

Bokhorst, C. L., Bakermans-Kranenburg, M. J., Fearon, R. M. P., van IJzendoorn, M. H., Fonagy, P., & Schuengel, C. (2003). The importance of shared environment in mother-infant attachment security: A behavioral genetic study. *Child Development*, **74**, 1769-1782.

Bowlby, J. (1988). *A secure base: Parent-child attachment and healthy human development*. New York: Basic Books.

Brisch, K. H. (2002). *Treating attachment disorders: From theory to therapy*. New York: Guilford. 数井みゆき・遠藤利彦・北川恵（監訳）(2008). アタッチメント障害とその治療——理論から実践へ. 誠信書房.

Carlson, E. A. (1998). A prospective longitudinal study of attachment disorganization/disorientation. *Child Development*, **69**, 1107-1128.

Caspi, A., McClay, J., Moffitt, T., Mill, J., Martin, J., Craig, I. W., Taylor, A., & Poulton, R. (2002). Role of genotype in the cycle of violence in maltreated children. *Science*, **297**, 851-854.

Caspi, A., Sugden, K., Moffit, T. E., Taylor, A., Craig, I. W., Harrington, H., McClay, J., Mill, J., Martin, J., Braithwaite, A., & Poulton, R. (2003). Influence of life stress on depression: Moderation by a polymorphism in the 5 HTT gene. *Science*, **301**, 386-389.

Craik, K. (1943). *The nature of explanation*. Cambridge: Cambridge Univer-

sity Press.
Diamond, D. & Blatt, S. J. (1999). Prologue. *Psychoanlytic Inquiry*, **19**, 424-447.
遠藤利彦 (1990). 移行対象の発生因的解明：移行対象と母子間ストレス．発達心理学研究, **1**, 59-69.
遠藤利彦 (1991). 移行対象と母子間ストレス．教育心理学研究, **39**, 243-252.
遠藤利彦 (1992). 愛着と表象――愛着研究の最近の動向：内的作業モデル概念とそれをめぐる実証研究の概観．心理学評論, **35**, 201-233.
遠藤利彦 (1998). 乳幼児期における親子の心のつながり：心の発達を支える関係性．丸野俊一・子安増生（編），子どもがこころに気づくとき（pp. 1-31）．ミネルヴァ書房．
遠藤利彦 (2006). 語りにおける自己と他者，そして時間：アダルト・アタッチメント・インタビューから逆照射して見る心理学における語りの特質．心理学評論, **49**, 470-491.
Fonagy, P. (1996). The future of empirical psychoanalysis. *British Journal of Psychotherapy*, **13**, 106-118.
Fonagy, P. (2001). The human genome and the representational world: The role of early mother-infant interaction in creating an interpersonal interpretive mechanism. *Bulletin of the Menninger Clinic*, **65**, 427-448.
Fonagy, P. (2004). Psychotherapy meets neuroscience: A more focused future for psychotherapy research. *Psychiatric Bulletin*, **28**, 357-359.
Fonagy, P. & Bateman, A. W. (2006). Mechanisms of change in mentalization-based treatment of BPO. *Journal of Clinical Psychology*, **62**, 411-430.
Fonagy, P., Gergely, G., Jurist, E., & Target, M. (2002). *Affect regulation, mentalization, and the development of the self*. New York: Other Press.
Fonagy, P., Roth, A., & Higgitt, A. (2005). Psychodynamic psychotherapies: Evidence-based practice and clinical wisdom. *Bulletin of the Menninger Clinic*, **69**, 1-58.
George, C., Kaplan, N., & Main, M. (1996). *Adult Attachment Interview Protocol* (3rd ed.). Unpublished manuscript, Department of Psychology, University of California, Berkley, CA.
Goldberg, S., Grusec, J., & Jenkins, J. (1999). Confidence in protection: Arguments for a narrow definition of attachment. *Journal of Family Psychology*, **13**, 475-483.
Green, J. & Goldwyn, R. (2002). Annotation: Attachment disorganisation and psychopathology: New findings in attachment research and their potential implications for developmental psychopathology in childhood. *Journal of Child Psychology and Psychiatry*, **43**, 835-846.
Greenberg, M. (1999). Attachment and psychopathology in childhood. In J. Cassidy & P. R. Shaver (Eds.), *Handbook of attachment : Theory,*

research, and clinical applications (pp. 469-496). New York: Guilford Press.

Grossmann, K., Grossmann, K. E., & Kindler, H. (2005). Early care and the roots of attachment and partnership representations: The Bielefeld and Regensburg longitudinal studies. In K. E. Grossmann, K. Grossmann, & E. Waters (Eds.), *Attachment from infancy to adulthood : The major longitudinal studies* (pp. 98-136). New York: Guilford.

Hamilton, C. E. (2000). Continuity and discontinuity of attachment from infancy through adolescence. *Child Development*, **71**, 690-694.

数井みゆき・遠藤利彦（編）(2005). アタッチメント：生涯にわたる絆. ミネルヴァ書房.

数井みゆき・遠藤利彦（編）(2007). アタッチメントと臨床領域. ミネルヴァ書房.

Liotti, G. (1999). Disorganization of attachment as a model for understanding dissociative psychopathology. In J. Solomon & C. George (Eds), *Attachment disorganization* (pp. 291-317). New York: Guilford Press.

Lyons-Ruth, K. (1996). Attachment relationships among children with aggressive behavior problems: The role of disorganized early attachment patterns. *Journal of Consulting and Clinical Psychology*, **64**, 64-73.

Lyons-Ruth, K., Bronfman, E., & Atwood, G. (1999). A relational diathesis model of hostile-helpless states of mind: Expressions in mother-infant interaction. In J. Solomon & C. George (Eds), *Attachment disorganization* (pp. 33-70). New York: Guilford Press.

Main, M. (1991). Metacognitive knowledge, metacognitive monitoring, and singular (coherent) vs. multiple (incoherent) models of attachment: Findings and directions for future research. In C. M. Parkes, J. Stevenson-Hinde, & P. Marris (Eds.), *Attachment across the life cycle* (pp. 127-159). New York: Routledge.

Main, M., Hesse, E., & Kaplan, N. (2005). Predictability of attachment behavior and representational processes at 1, 6, and 19 years of age: The Berkeley longitudinal study. In K. E. Grossmann, K. Grossmann, & E. Waters (Eds.), *Attachment from infancy to adulthood : The major longitudinal studies* (pp. 245-304). New York: Guilford.

Meins, E., Fernyhough, C., Wainwright, R., Gupta, M. D., Fradley, E., & Tuckey, M. (2002). Maternal mind-mindedness and attachment security as predictors of theory of mind understanding. *Child Development*, **73**, 1715-1726.

Minsky, M. (2006). *The emotion machine*. New York: Simon & Schuster.

Moss, E., St-Laurent, D., & Parent, S. (1999). Disorganized attachment and developmental risk at school age. In J. Solomon & C. George (Eds), *Attachment disorganization* (pp. 160-186). New York : Guilford Press.

O'Connor, T. G. & Croft, C. M. (2001). A twin study of attachment in preschool children. *Child Development*, **72**, 1501-1511.

Ogawa, J., Sroufe, L. A., Weinfield, N. S., Carlson, E. A., & Egeland, B. (1997). Development and the fragmented self : Longitudinal study of dissociative symptomatology in a nonclinical sample. *Development and Psychopathology*, **9**, 855-879.

Ontai, L. L. & Thompson, R. A. (2002). Patterns of attachment and maternal discourse effects on children's emotion understanding from 3 to 5 years of age. *Social Development*, **11**, 433-450.

Ricciuti, A. E. (1992) *Child-mother attachment : A twin study*. Unpublished doctoral dissertation. Virginia, VA : University of Virginia.

Roisman, G. I., Padron, E., Sroufe, L. A., & Egeland, B. (2002). Earned-secure attachment status in retrospect and prospect. *Child Development*, **73**, 1204-1219.

Schore, A. N. (2001). Effects of a secure attachment relationship on right brain development, affect regulation, and infant mental health. *Infant Mental Health Journal*, **22**, 7-66.

Schuder, M. R., & Lyons-Ruth, K. (2004). "Hidden trauma" in infancy : Attachment, fearful arousal, and early dysfunction of the stress response system. In J. D. Osofsky (Ed.), *Young children and trauma : Intervention and treatment* (pp. 69-104). New York : Guilford Press.

Solms, M. & Turnbull, O. (2002). *The brain and the inner world : An introduction to the neuroscience of subjective experience*. New York : Other Press.

Sroufe, L. A. (1988). The role of infant-caregiver attachment in development. In J. Belsky & T. Nezworsky (Eds.), *Clinical implications of attachment* (pp. 18-38). Hillsdale, NJ : Erlbaum.

Sroufe, L. A., Egeland, B., Carlson, E. A., & Collins, W. A. (2005). *The development of the person : The Minnesota study of risk and adaptation from birth to adulthood*. New York : Guilford Press.

Stern, D. (1985). *The interpersonal world of the infant*. New York : Basic Books.

Symons, D. K. (2004). Mental state discourse, theory of mind, and the internalization of self-other understanding. *Developmental Review*, **24**, 159-188.

Symons, D. K. & Clark, S. E. (2000). A longitudinal study of mother-child relationships and theory of mind in the preschool period. *Social Development*, **9**, 3-23.

van IJzendoorn, M. H. (1995). Adult attachment representations, parental responsiveness and infant attachment : A meta-analysis on the predictive validity of the Adult Attachment Interview. *Psychological Bulletin*, **117**, 387-403.

van IJzendoorn, M. H. & Bakermans-Kranenburg, M. (2004). Maternal sensitivity and infant temperament in the formation of attachment. In G. Bremner & S. Alan (Eds.), *Theories of infant development* (pp. 233-257). Malden, MA : Blackwell.

van IJzendoorn, M. H., Schuengel, C., & Bakermans-Kranenburg, M. J. (1999). Disorganized attachment in early childhood : Meta-analysis of precursors, concomitants, and sequelae. *Development and Psychopathology*, **11**, 225-249.

Waters, E., Merrick, S. K., Treboux, D., Crowell, J., & Albersheim, L. (2000). Attachment security in infancy and adulthood : A twenty-year longitudinal study. *Child Development*, **71**, 684-689.

人名索引

ア 行

アクター (Akhtar, S.) 89
アトウッド (Atwood, G.) 139
アレン (Allen, J. G.) ix, 17
アーロン (Aron, L.) 136
イーグル (Eagle, M.) ix, 34, 99, 105, 155, 156, 157, 158, 159, 160
ヴィトゲンシュタイン (Wittgenstein, L.) 139
ウィトル (Whittle, P.) 1
ウィニコット (Winnicott, D. W.) 103, 104, 105, 106, 107, 108, 109, 110, 112, 113, 114, 115, 116, 120, 132, 156, 176, 179, 181, 184, 186, 190
ウェイル (Weil, A. P.) 77
ウェストハイマー (Westheimer, I. J.) 3
ウォーターズ (Waters, E.) 11
ウォディントン (Waddington, C. H.) vii
ウォルシュテイン (Wolstein, B.) 137
ヴォーン (Vaughn, B. E.) 24
エインズワース (Ainsworth, M. D. S.) 8, 9, 12, 18, 24, 29, 35, 65, 76, 78, 173, 174
エデルマン (Edelman, G. M.) 133
エムプ (Emde, R. N.) 86
エリクソン (Erikson, E.) vii, 62, 63, 64, 65, 66, 67, 69, 176, 179, 180, 181, 202, 203
エレンバーグ (Ehrenberg, D.) 148, 149
エンジェル (Engel, G. L.) v
オウエルバッハ (Auerbach, J. S.) 187
オグデン (Ogden, T.) 136
オコナー (O'Connor, T. G.) 47
オッペンハイム (Oppenheim, D.) 20

カ 行

ガージェリー (Gergely, G.) 83, 190
カールソン, E. (Carlsson, E.) 76
カールソン, E. A. (Carlson, E. A.) 45
カレン (Karen, R.) 99
カーン (Kahn, M.) 103
ガンダーソン (Gunderson, J.) 35
ガントリップ (Guntrip, H.) 104, 105, 181
カーンバーグ (Kernberg, O. F.) 90, 116, 123, 124, 125, 126, 127, 128, 181, 210, 211
ギオバッチーニ (Giovacchini, P.) 118
キャヴェル (Cavell, M.) 139
キャシディ (Cassidy, J.) 17, 19
ギル (Gill, M.) 15, 136, 157
グライス (Grice, H. P.) 22
クライン (Klein, M.) v, 90, 91, 92, 93, 94, 95, 96, 100, 108, 114, 155, 177, 186, 203, 204
クリス (Kris, E.) 58
クリッテンデン (Crittenden, P. M.) 19, 177
グリフィン (Griffin, D. W.) 24
グリーン (Green, A.) 187
グリーン (Green, J.) 20
グリーンバーグ, J. R. (Greenberg, J. R.) 129, 136
グリーンバーグ, M. T. (Greenberg, M. T.) 33, 49
クルーズ (Crews, F.) 52
クレイク (Craik, K.) 9, 134
クレップナー (Kreppner, J.) 47
クロウエル (Crowell, J. A.) 24
ゲーテ (Goethe, J. W. von) 89
ゲント (Ghent, E.) 137
コフート (Kohut, H.) 90, 116, 119, 120, 121, 122, 179, 190
ゴールドウィン (Goldwyn, R.) 93, 168

サ 行

サムソン (Sampson, H.) 157
サリヴァン (Sullivan, H. S.) 137, 140, 141,

142, 143, 144, 147, 148
サールズ（Searles, H. F.） 118
サンドラー, A. M.（Sandler, A. M.） 86
サンドラー, J.（Sandler, J.） 70, 72, 85, 86, 87, 88, 122, 133, 157, 182, 194, 203
ジェイコブソン（Jacobson, E.） 60, 61, 67, 182, 206
シェイファー（Schafer, R.） 68
シェーバー（Shaver, P. R.） 17
シーガル（Segal, H.） 94, 187
ジャコボヴィッツ（Jacobovitz, D.） 39, 41
シュエンゲル（Schuengel, C.） 40
ショー（Shaw, D.） 33, 128
ジョージ（George, C.） 20, 41
ジョセフ（Joseph, B.） 157
ジョンソン=レアード（Johnson-Laird, P. N.） 134
スタイン（Stein, H.） 24
スターン（Stern, D. N.） ix, 64, 83, 110, 130, 131, 132, 133, 134, 135, 136, 157, 158, 183
スティーヴンソン=ハインド（Stevenson-Hinde, J.） vii
ストロロー（Stolorow, R.） 139
スピッツ（Spitz, R.） 59, 60, 67, 69, 130, 176, 183
スピリウス（Spillius, E. B.） 94, 96
スルーフ（Sroufe, A.） 11, 76, 98, 105, 183
スレイド（Slade, A.） 26, 167, 168, 169, 170, 171
セットレージ（Settlage, C. F.） 79
ソロモン（Solomon, J.） 41

タ 行

ダヴィッドソン（Davidson, D.） 139
ダーウィン（Darwin, C.） 129, 146
デカルト（Descartes, R.） 140
ドジャー（Dozier, M.） 34, 170
ドッジ（Dodge, K. A.） 49
トレヴァーセン（Trevarthen, C.） 132
トローウェル（Trowell, J.） 21
トンプソン, C.（Thompson, C.） 137, 141, 142
トンプソン, R. A.（Thompson, R. A.） 47

ナ 行

ネシー（Nesse, R. M.） 163

ハ 行

パイザー（Pizer, S.） 136
ハイゼンベルク（Heisenberg, W. K.） 147, 148
ハイニッケ（Heinicke, C.） 2, 3
パークス（Parkes, C. M.） vii
バーソロミュー（Bartholomew, K.） 24
バーリック（Bahrick, L. R.） 83
バーリンガム（Burlingham, D.） vii, 73
バリント（Balint, M.） 103, 105, 106, 181, 205
ハルトマン（Hartmann, H.） 57, 76
パレンス（Parens, H.） 85
ハーロウ（Harlow, H. F.） vii
バーン（Byrne, R. M.） 134
ハンリー（Hanley, C.） v, 68
ピアジェ（Piaget, J.） 134, 141
ビアーマン（Bierman, K. L.） 43
ビオン（Bion, W. R.） 92, 97, 98, 108, 114, 178, 181, 184, 186, 190
ビービー（Beebe, B.） 135
ファーラー（Furer, M.） 77
ファン・アイゼンドーン（van IJzendoorn, M. H.） 46
フェアベーン（Fairbairn, W. R. D.） 103, 104, 105, 114, 144, 158, 181
フェレンツィ（Ferenczi, S.） 53, 137, 176
ブッシュ（Busch, F.） 187
フライバーグ（Fraiberg, S.） 74, 153, 171, 172, 173, 174
ブラス（Blass, R. B.） 84
ブラゼルトン（Brazelton, T. B.） 38
ブラット（Blatt, S.） 35, 36, 84, 159
フランツ（Franz, C. E.） 69
ブリットナー（Britner, P. A.） 48
ブレザートン（Bretherton, I.） ix, 181, 183
フロイト, A.（Freud, A.） v, vii, 63, 69, 70, 71, 72, 73, 74, 75, 76, 176, 177, 203
フロイト, S.（Frued, S.） ix, 27, 51, 52, 53,

54, 55, 56, 57, 63, 70, 85, 91, 129, 132, 134, 137, 141, 142, 144, 146, 152, 157, 162, 163, 175, 176, 177, 186, 208
フロッシュ（Frosch, A.）187
フロム（Fromm, E.）137
フロム＝ライヒマン（Fromm-Reichmann, F.）137
ブロンバーグ（Bromberg, P. M.）136
ヘイゼン（Hazen, N.）41
ヘーゲル（Hegel, G.）110
ヘッセ（Hesse, E.）23, 37, 46, 54, 118, 196
ペリー（Perry, B.）209
ベルスキィ（Belsky, J.）19, 25, 27, 47
ヘルマン（Hermann, I.）vii
ボウルビィ（Bowlby, J.）v, vi, vii, viii, ix, 1, 2, 3, 4, 5, 6, 7, 8, 9, 10, 11, 12, 13, 15, 18, 24, 28, 29, 30, 35, 42, 51, 52, 53, 54, 56, 59, 60, 61, 63, 65, 67, 69, 74, 77, 80, 81, 83, 85, 87, 90, 92, 93, 95, 99, 105, 111, 114, 115, 117, 119, 120, 123, 124, 127, 128, 129, 134, 135, 140, 141, 143, 144, 145, 146, 147, 152, 153, 154, 155, 156, 158, 159, 164, 167, 175, 176, 177, 180, 181, 182, 184, 185, 203, 204, 209, 210
ボスト（Bost, K. K.）24
ポープ（Pope, A. W.）43
ホファー（Hofer, M.）14, 161
ホフマン（Hoffman, I. Z.）136
ホームズ（Holmes, J.）viii, ix, 105, 132, 160, 161, 162, 163, 164, 165, 166, 169, 171
ボラス（Bollas, C.）103
ホーランド（Holland, R.）92
ホワイト（White, K. M.）69

マ 行

マーヴィン（Marvin, R. S.）19, 48
マクドゥーガル（McDougal, J.）187, 190
マクローリン（McLaughlin, J.）136
マスターソン（Masterson, J. F.）72, 81, 82
マッソン（Masson, J.）52
マーティ（Marty, P.）187
マーラー（Mahler, M.）69, 70, 71, 72, 76, 77, 78, 79, 81, 82, 83, 84, 85, 130, 161, 177, 178
マレー（Murray, L.）192
マローネ（Marrone, M.）ix
ミッチェル（Mitchell, S. A.）129, 136, 137, 138, 139, 142, 144, 145, 146, 147, 160
メイン（Main, M.）19, 22, 35, 37, 54, 66, 93, 118, 168, 181, 182, 183, 196
モデル（Modell, A.）90, 116, 117, 118, 120, 122, 180, 205
モラン（Moran, G.）194

ラ 行

ラパポート（Rapaport, D.）15
ラム（Lamb, M.）47
リヴィエール（Riviere, J.）99
リオッティ（Liotti, G.）45
リオンズ＝ラス（Lyons-Ruth, K.）32, 40, 77, 150, 151, 152, 153, 154, 159
リーバーマン（Lieberman, A.）171, 172, 173, 174
リヒテンシュタイン（Lichtenstein, H.）77
リヒテンバーグ（Lichtenberg, J. D.）120
リュケ（Luquet, P.）187
リレスコヴ（Lilleskov, R.）vi
リンズレー（Rinsley, D. B.）82
ルソー（Rousseau, J.-J.）89
レヴェンソン（Levenson, E.）137, 138, 148
レニック（Renik, O.）136
レビン（Lewin, K.）59
ロイ（Roy, P. R.）48
ロイフェ（Roiphe, H.）v
ロジャーズ（Rogers, C. R.）166
ローゼンフェルド（Rosenfeld, H.）98, 99, 204, 205
ロックリン（Rochlin, G.）v
ロバートソン（Robertson, J.）2

ワ 行

ワイス（Weiss, J.）157
ワトソン（Watson, J. S.）83, 190

事項索引

ア 行

愛情欠損（affectionless） 2
愛情撤収的な関係単位 82
愛情の絆 7, 152
　――あるいは結びつき（affectional bonds or ties） 6
IWM →内的作業モデル
愛着関係（attachment relationships） 7
　――の多層性 7
愛着Qソート法（AQS） 21
愛着軽視型 22, 23, 24, 26, 34, 35, 36, 93, 98, 99, 106, 108, 112, 145, 159, 165, 169, 170, 185, 205
愛着行動 4, 7, 17, 20, 129, 202, 203
愛着史尺度（Attachment History Questionnaire） 23
愛着システム 5, 6, 7, 8, 9, 11, 13, 18, 20, 22, 60, 77, 80, 144, 159, 169, 173, 209, 210
愛着スタイル尺度（Attachment Style Questionnaire） 24
愛着
　――と児童期の精神病理 32
　――と成人期の精神病理 33
　――とその後の発達の関連性 28
　――に基づいた簡易的介入（brief attachment based intervention：BABI） 166
　――の安定性（attachment security） 17, 24, 25, 26, 27, 28, 33, 48, 65, 94, 96, 111, 159, 185, 202, 203, 204, 209
　――の安定性の規定因 24
　――の絆 6, 80, 81
　――の障害 47
　――の世代間伝達 26, 27
　――の測度 17
　――の無秩序性 37, 38, 39, 40, 44, 46, 118, 151

愛着パターン 74
愛着分類 17, 18, 19, 26, 28, 31, 34, 35, 37, 48, 67, 75, 95, 101, 169, 177, 208
　――の不連続性 208
愛着理論療法 160
アイデンティティ 35, 36, 62, 66, 69, 81, 127
アイデンティティ拡散 66
アイデンティティ・テーマ 77
アンビヴァレント型 20
悪しき共生 81
アメリカ国立精神保健研究所（Nationa Institute of Mental Health：NIMH） 36
あやすこと 104
アルコール乱用 39
アルファ機能 98, 186
安心感・安全感 108, 145, 155, 184, 185, 186, 195, 203
安全基地（secure base） 3, 5, 76, 78, 87, 145, 161, 164, 184, 203
安全基地行動 23
安全性（safety） 87, 132
安全性（security） 7
安全性の背景（background of safety） 87, 190, 203
安定型（secure） 5, 9, 11, 18, 19, 20, 23, 24, 25, 27, 28, 29, 30, 31, 32, 33, 48, 65, 93, 101, 108, 111, 145, 152, 158, 160, 170, 186, 187, 203, 204
アンビヴァレンス 73, 79, 80, 94, 108, 152, 156
アンビヴァレント/抵抗型 11, 13, 18, 19, 22, 25, 26, 30, 32, 65, 74, 78, 106, 160, 161, 164, 166, 177, 186, 202
怒り-憤慨型（angry-resentful） 99, 205
移行関係性（transitional relatedness） 117, 118
移行空間 184
移行対象 118
依存性 35, 205

事項索引　293

依託型　36
依託型病理　35, 36
一次過程　55, 170
I軸障害　34
一次的愛　105, 180
一次的自己愛　83
一次的心理化　187
一次的対象　176
一次的対象関係　105
一次的動因　vii
一次的な同一化　194
一次的表象　190
一次的欲求　54, 181
一般システム論　59
偽りの自己　112, 113, 115, 161
偽りの昇華　156
遺伝学　156
遺伝子　156
遺伝子型　156
遺伝子コード　209
遺伝的素因　101
イド　53, 83, 116, 123
イド衝動　92
イド本能　116
意図性（intentionality）　100, 113, 186
意味記憶　93, 182, 203
意味システム　168
意味論　134
イメージ　60
いや（No）　59
いらだちやすさ（irritability）　25, 44
ウィーン精神分析学会　59
内側に位置する分析家　138
映し出し（mirroring）　98, 120, 121, 122, 123, 165, 166, 178, 179, 190, 191
映し出し機能の変容性内在化　119
英国精神分析協会　92, 117
英国対象関係学派　180, 181
英国対象関係論　104, 116
英国対象関係論者　118
英国独立学派　90, 103, 105, 115
栄養摂取　4, 54
AAI　→成人愛着面接
エディプス　v

エディプス葛藤　95, 156
エディプス期　55, 120
エディプス・コンプレックス　95, 120
エディプス理論　82
エピソード記憶　93, 142, 182, 183, 203
演繹　135
演繹的推論　134
演技性　35
遠近法主義（perspectivism）　138
応答性（responsiveness）　8, 12, 25
オープン・コミュニケーション　12
オールグッド
完全によい母親　81
オクノフィリックな（ocnophilic）態度　106, 205
恐れ型（fearful）　24
恐れシステム（fear system）　5, 6
恐れの条件づけ　49
脅し　12
大人扱い（adultmorphization）　95
脅え/脅えさせる愛着経験　45
脅え脅かすような（養育）行動　13, 37, 39, 40, 118, 151, 152
思いやり　108
親の非侵入性　180
親・友人愛着目録（Inventory of Parent and Peer Attachment）　23

カ　行

快感　v, 103, 104, 156
外在的問題行動　33
外傷体験　52　→トラウマ
解体（disintegration）　107
外的現実　176, 177, 188, 189, 192, 198
外的世界　194
外的対象　103
回避型　11, 13, 18, 19, 20, 22, 25, 26, 30, 32, 33, 34, 65, 74, 106, 109, 117, 145, 159, 160, 164, 165, 166, 177, 186, 202, 208
快楽原則　83
解離　13, 32, 40, 42, 45, 46, 170, 192, 194
抱える環境　108, 109, 112, 114, 115
抱えること　104
学習プロセス　133

学習理論　2
確立期　72
語りの失敗　167
語りの整合一貫性　94, 158, 159, 160, 164, 166
語りの内容　182
語りの能力　165
語りの様式　182
語りを通した治癒　166
カタルシス　175
カタルシス的リアリズム　52
葛藤　71, 80, 81, 89, 90, 94, 120, 125, 128, 155, 162, 171, 203, 207
カテゴリー的測定　96
感覚運動　104
環境についての学習　4
環境・有機体モデル　128
関係性（relatedness）　104, 108, 148
関係性（relationship）　131, 181, 188
関係性尺度（Relationship Questionnaire）　24
関係性障害　42
関係素因モデル（relational diasthesis model）　151, 153, 154
関係の表象　82, 182
関係パターンの硬直性　198
関係保持感覚への欲求　35
関係論　72, 73, 136, 138, 140, 142, 143, 144, 146, 148, 155, 160
関係論的・相互主観的アプローチ　137
観察　201, 202
観察自我　159
観察法　177
感受性（sensitivity）　23, 24, 25, 26, 27, 29, 40, 41, 65, 79, 90, 100, 101, 104, 106, 107, 108, 110, 112, 114, 120, 121, 144, 145, 176, 178, 179, 202, 208, 210
感情　v
　　——の形状（feeling shape）　131
感情-外傷モデル　51, 52, 53, 56
感情状態　132
感情制御　33, 43, 126, 169, 183, 184, 186, 211
　　→情動制御
完全剥奪　3
カント派哲学　89

観念主義　52
願望　158
緘黙的無反応　3
記憶システム　142
機械論的欲動論　63
器官様式（organic mode）　62
疑似種分化（pseudospeciation）　62
気質　21, 24, 26, 33, 38, 128, 155
気質の扱いにくさ（temperamental difficulty）　24-25
犠牲化（victimization）　196
帰属バイアス　49
基底核（basic core）　77
基底欠損　105
機能のモード　62
基本的信頼（basic trust）　63, 64, 65, 66, 67, 80, 179, 202
基本的不信　64, 66, 67, 202
欺瞞　3
虐待　13, 21, 22, 34, 38, 39, 87, 160, 194, 195, 196, 197, 203, 206
虐待的な養育者　4, 54
逆転移　138, 148, 170
キャシディとマーヴィンのシステム　19
境界状態　128
境界性　193, 194, 198, 199
境界性パーソナリティ構造　46, 210, 211
境界性パーソナリティ障害（BPD）　35, 36, 72, 81, 82, 118, 126, 127, 161, 162, 194, 210
共感　92, 168, 179
　　——の欠如　126
共感的身振り　194
共生　77, 80
共生期　71, 77, 82, 84, 161
共生的なしがみつき　81
強迫的世話焼き　152, 166
強迫的盗癖　3
恐怖症　81
恐怖逃走反応　209
局所論モデル　51, 52, 56
拒食　85
去勢　58
去勢不安　120
近接可能性（accessibility）　8, 12

事項索引　295

空虚感　36, 82
具体的操作スキル　41
曇りなき知覚　148
クライン派　90, 91, 92, 95, 98, 99, 100, 101, 116, 126, 139, 160, 174, 178
クリッテンデンの愛着の就学前査定　19
グループ・ホーム〔集団生活施設〕　48
経験に対する近さ（experience-nearness）　102
経済的な観点　15
形式的規則　134
形式的操作スキル　41
結合（Bindung）　186
幻影的な人格化　141
幻影としての他者　141
健康なパーソナリティ　64
言語的自己感　130
現在関係性面接（CRI: Current Relationship Interview）　23
現実　144
　　——と遊び戯れる（play with reality）　200
原始的理想化　128
現代クライン派　204, 213
原プロット（proto-plot）　132
原物語封筒（proto-narrative envelope）　131
行為障害（Conduct Disorder: CD）　43, 44, 85
効果量　25, 26
攻撃　81, 105
攻撃性　32, 33, 42, 43, 44, 45, 61, 85, 90, 100, 108, 112, 117, 120, 123, 126, 128, 139, 143, 161, 162, 191
攻撃的本能　3
攻撃欲動　91
高次制御メカニズム　14
恒常性　187
口唇　vii
口唇期　68
口唇段階　63
口唇的攻撃性　62
口唇的満足　202
口唇欲求　2
構造的な観点　15
構造論　58, 59, 67, 68, 72, 86, 116, 119

構造論的対象関係論　123
構造論モデル　51, 53, 57, 68, 70, 72, 76, 122, 132, 176
硬直性（rigidity）　198, 199, 200
行動遺伝学　75, 209
行動化　193
行動システム（behavioral system）　4, 6, 14, 68, 164
行動主義的還元主義　7
行動的無意識　162, 163
合理的会話の協調性原理　22
コーピング　45
互恵性　180, 202
互恵的・回避的愛着尺度（Reciprocal and Avoidant Attachment Questionnaire）　24
心の計算論的仕組み　135
心の理論（theory of mind）　31, 45, 111
誤信念課題　111
個体化　69, 71, 85, 181
誇大自己　120, 121
個体性（individuality）　139
誇大性　122
誇大的なファンタジー　121
固着　vi, 58, 62, 71, 80
孤独感　36
子ども部屋の幽霊　171
個別性（distinctness）　139
コルチゾール　38, 49, 209
容器（コンテイナー）　97
包容・包容（コンテイン・コンテインメント）　97, 98, 108, 115, 184, 185, 186, 190, 191, 210
有能性（コンピテンス）　29, 31, 41, 42, 44, 48, 94, 158
　　免疫的——　165

サ　行

罪悪感　3, 36, 58, 91, 94, 100, 114, 158, 204
再会　18, 20, 78, 79, 205
再接近期　72, 79, 80, 81
錯覚　105
サディズム　196
産後抑うつ　192
三層構造モデル　57, 58　→構造論モデル

参与観察　144, 147
自愛（self-love）　119
自我（ego）　v, 53, 56, 58, 69, 74, 75, 82, 83, 87, 92, 100, 106, 107, 112, 123, 177, 203, 205
自我核（ego nuclei）　107
自我関係性　105, 180
視覚システム　162
自我構造　128
自我心理学　57, 58, 59, 60, 68, 69, 76, 86, 104, 119, 122, 142, 174, 176
自我弾力性（ego-resilience）　30, 33
自我同一性　124, 181　→アイデンティティ
自我防衛　74
自我本能　116, 119
しがみつき　vii
自我理想　61, 91
自己（self）　56, 61, 69, 71, 80, 84, 91, 92, 97, 103, 104, 105, 106, 107, 110, 111, 112, 114, 115, 120, 121, 122, 124, 127, 130, 131, 164, 181, 203, 208
　　――の解体　122
　　――の凝集性　119, 120, 122
　　――の心的境界　194
　異質な――　206
　弱体化された（an enfeebled）――　120
　統合的な――　163
自己愛（narcissism）　98, 106, 119, 121, 179
自己愛的パターン
　厚皮の（thick skinned）――　98, 99, 205
　薄皮の（thin skinned）――　98, 99, 204
自己愛的備給　54
自己愛パーソナリティ障害　205
自己意識（self-consciousness）　106
自己イメージ　118, 196
自己概念　120, 127
自己覚知（self-awareness）　106, 147, 148
自己感　63, 103, 110, 131, 158, 165, 166, 170, 180, 187
自己欺瞞　163
自己経験の不連続性　198
自己構造　130
自己高揚　3
自己修復能力　198
自己主張　59

自己心理学　120, 158, 178
自己性（selfhood）　119
自己制御　11, 60, 84, 183
自己対象（selfobjects）　119
自己-対象関係　123, 126
自己-対象-感情の三つ組　126
自己-対象システム　104
自己-探索　109
自己中心性　162
自己内省　158
自己破壊的行為　157
自己発動性（self-agency）　110, 184
自己評価　122, 179
自己表象　61, 77, 78, 79, 81, 85, 86, 114, 118, 120, 121, 123, 124, 125, 179, 194
自己モニタリング　184
自己理解　113
支持的治療　172
自傷　85, 191, 199
システム自我　61
システム理論　145
自然選択　163, 209
シゾイド　137
自尊感情　30, 48
自尊心（self-esteem）　54, 119, 132, 179
実演（enactment）　199
失見当識（disorientation）　107
　幻覚に満ちた失見当状態（hallucinatory disorientation）　82
実行機能（executive function）　45
実証主義　212
自伝的語り　158, 164, 168
　　――のコンピテンス有能性　166
自伝的記憶　10, 23
　　――のコンピテンス有能性　165
児童愛着面接（CAI: Child Attachment Interview）　21
自動思考　162
『児童精神分析研究』（Psychoanalytic Study of the Child）　v, 60
児童分析　70, 72
死の本能　56, 91, 100, 157
自発性　89
社会化　v, 4

社会-情緒的欠陥　44
社会生物学　15, 209
社会的環境の影響　176
社会的環境の連続性　47
社会的相互作用　2, 4
社会的認知　43, 44
社会的望ましさ　23
社会的微笑　59
修正情動体験（corrective emotional experience）　148, 170
修正的な愛着経験　149
自由連想　201
主観性　136, 138, 139
主観的自己感　130
主観的な安全感（felt security）　11, 12
熟達の知識（expertise）　197
種の保存　209
昇華　94
衝撃性　199
象徴　189
象徴化　94, 186, 191, 192, 204
　　──された自己の発達　210
象徴機能　vi, 183, 184
象徴的遊び　192
象徴的思考　111
象徴的等価性（symbolic equation）　189
象徴的表象　20, 192
　　──に基づいた測度　20
象徴的連結（symbolic link）　194
象徴能力　204
情緒の対象恒常性　72
情緒の燃料補給　76, 77
情緒の利用可能性　80, 84　→利用可能性
衝動　106, 110, 128
情動性（emotionality）　25, 44
衝動　126
情動制御　11, 44, 49, 60, 98, 100, 101, 118　→感情制御
情動制御方略　118
情動調律　132
衝動統制　184
情動の下方制御（down-regulate）　11
情動の上方制御（up-regulate）　11
生得的解発機構　209

初期経験　74
『女性の性愛について』　52, 54
自律　36, 80
　　──へと向かう苦闘　89
自律型　22, 26, 94
自律神経系（autonomic nervous system：ANS）　38, 156
自律性　78, 104, 117, 161
自律的自我　57
自律的同一性感覚への欲求　35
知ること（knowing）　107, 108
侵害　112, 115
侵害的な行動　39
人格化　104, 141
進化論的発達モデル　166
神経学的ダーウィニズム　133
神経症　51, 52, 157
神経症的パーソナリティ　126
神経症的病理　124, 125
真実性　89
心身症　33
新生自己感　130
新生モーメント（emergent moment）　131, 133
身体表象　84
心的オーガナイザー　59
心的機能の様式　204
心的現実　176, 177, 188, 189, 192, 194, 198, 199, 200
心的構造の連続性　47
心的再描出（refiguration）　133
心的審級（psychic agency）　53, 56, 127
　　──間の葛藤　122
心的操作　134, 135
心的等価性（psychic equivalence）　188, 192, 193, 194, 195, 196, 199
心的表象の心的表象　194
心的分離　204
信念-欲求に関する推論　185
親密さへの恐れ　160, 161
親密の極み（intimate edge）　148, 149
信頼感　78
心理化（mentalization）　94, 111, 113, 159, 167, 184, 186, 187, 188, 190, 192, 193, 197

過度の—— 197
心理学的な自己 187
心理生理的制御システム 161
心理的虐待 196
心理的免疫システム 161
心理療法 22, 35, 36, 67, 124, 147, 159, 164, 165, 166, 167, 172, 174, 197
随伴性 83, 84
スキーマ 10
スキーマ的表象 131
スクリプト 131
ストレンジ・シチュエーション法（Strange Situation） 8, 13, 18, 19, 21, 23, 26, 37, 38, 39, 76, 79, 95, 154, 156, 182, 212
分裂（スプリッティング） 80, 81, 82, 91, 93, 104, 126, 128, 160, 162
SPECT 分析 162
性格（character） 142
性感帯 62
性感帯モデル 62
性器的性欲 68
性行動システム 143
性衝動 162
正常な自閉期 71
成人愛着の自己報告式測度 23
成人愛着の分類 204, 205
成人愛着面接（AAI：Adult Attachment Interview） 20, 21, 22, 23, 26, 27, 28, 39, 46, 93, 94, 95, 108, 126, 145, 152, 158, 159, 211, 212
精神・性的発達 54, 63, 68
精神的遅滞 38
精神病理 13, 27, 28, 31, 32, 33, 34, 35, 36, 46, 47, 68, 70, 75, 89, 104, 116, 125, 210
精神分析の政治的グルーピング 137
生存価 4, 14
性的興奮 63
性的固着 120
生物学的決定論 3
『性欲論三篇』 52
生理システム 14
生理的無意識 162
セクシャリティ 7, 68, 115, 117, 123, 126, 138, 142, 143, 156

世代間伝達 64, 152, 173, 177, 202
世代継承性（generativity） 62
摂食障害 199
セロトニン 161, 162
前意識 162, 187, 194
潜在記憶 185
前性器的な欲動理論 82
全体対象 93, 203
全体対象関係 82
全体転移（total transference） 157
前頭前野 49
羨望 91, 100, 115
双極自己（bipolar self） 119
双極性障害 39
相互主観性 138, 139
相互主観的（intersubjective）アプローチ 136
相互主観的関係性 130
相互主観的な絆 132
相互的な手がかり提示行動（mutual cueing） 77
相互同期性（interactional synchrony） 66, 180, 202
喪失 vi, 3, 14, 22, 39, 45, 46, 53, 54, 58, 80, 118, 151, 152, 154, 159, 160, 166, 170
想像 144
創造的な身振り 106, 110, 112, 184
躁的償い 94
ソーシャル・サポート 27, 66
ソーシャル・ワーク 174
相互規定的の作用 128
外側に位置する分析家 137

タ行

ダーウィニズム 129
大うつ病 36, 39
待機中（marking time） 156
退行 vii, 58, 71
退行モデル 79
体質 155, 156
体質的素因 114
代謝 97, 178, 191
対象 208

──との関係性　132
──の統合性　209
──を差し出すこと　104
対象関係　71, 84, 98, 101, 105, 115, 116, 117, 119, 124, 126, 128, 129, 143, 178, 183, 190, 208
対象関係本能　116, 180
対象関係論　5, 10, 89, 90, 105, 114, 117, 118, 155, 160, 174
対象希求性　105, 180
対象恒常性　81, 83
対象世界　90, 142
対象喪失　53, 58, 122, 176
対象表象　81, 85, 86, 114, 118, 123, 125, 126
対人関係学派　137, 147, 160
対人関係的（interpersonal）アプローチ　136, 137
対人関係論　129, 137, 138, 139, 142, 144, 145, 146, 147, 148, 149
対人関係論的精神医学　137
対人関係論的精神分析　138
対人経験の連続性　47
対人的適所(ニッチ)　140
体内化　202
大脳辺縁系　49
他者とともに在る誤ったあり方　133
他者とともに在るあり方　65, 132
──のスキーマ（schema of a-way-of-being-with）　131, 133, 134, 135, 183
他者とともに在る自己（self-with-other）　131
脱構築　146
多動　47, 48
WHO　117
短期記憶システム　83
短期危機介入　172
探索　3, 5, 6, 110, 145, 166
探索行動システム（exploratory behavioral system）　5, 77
知覚的防衛　15
知覚の歪曲　207
乳房の幻覚　55
注意散漫　44, 47, 48
注意資源　183

中核自己　109, 119
中核自己感　130, 195
中核的関係性　130
超自我　53, 58, 82, 91, 92, 123, 124
挑発（provocation）　199
超様相的不変性　83
治療関係　148
つかんで放さずにいる　63
償い　100
出会い（encounter）　136, 138, 141
DSM-IV　34, 36
抵抗（protest）　3
敵対性　32, 154
手続き記憶　142, 147, 182, 183
照らし出し（mirroring）　108, 109, 165, 166, 178, 179, 190, 210
転移　138, 141, 142, 157, 172, 201
転移関係　200
転移-逆転移関係　87
転移対象　172, 173
同一化　85, 92, 124, 126, 181, 185
同一性（sameness）　138
投影　62, 85, 92, 133, 195, 199
投影性同一化　92, 96, 97, 98, 133, 199, 205, 206
　誘発的な──　96
投影法　21
動機づけシステム　87
統合失調症　35, 137
統語論　134
洞察　141, 147, 158, 168, 172, 183, 197
統制型（controlling）　152
統制的な愛着行動　41, 49, 96, 154, 205
道徳性　53
盗癖児　1, 2
ドールハウス物語完成課題（doll house story completion task）　20
ドールプレイ　20, 41
ドメスティック・バイオレンス　12
トラウマ　vi, 45, 46, 53, 97, 118, 151, 152, 153, 154, 161, 170, 175, 194, 195, 197, 198, 206
　未解決の──　13
とらわれ型（preoccupied）　22, 23, 24, 26, 35, 36, 46, 98, 99, 106, 109, 112, 159, 165, 169, 185, 205

トランス 39
取り入れ 124, 181
取り入れ型病理 35, 36

ナ 行

内観（introspection） 188
内在化 181, 210
内在的徴候 33
内省 183, 191, 197, 199
内省機能（reflective function） 27, 107, 166, 184, 185, 186, 211
内省能力 198
内的経験 198
内的現実 188, 189, 194, 195
内的作業モデル（IWM: Internal Working Models） 9, 10, 11, 18, 20, 41, 44, 48, 49, 53, 61, 64, 75, 82, 86, 101, 106, 113, 114, 120, 121, 125, 126, 127, 128, 131, 134, 135, 141, 143, 147, 149, 153, 154, 155, 156, 157, 166, 168, 172, 173, 182, 183, 185, 207, 208, 210, 211
　　多重的な―― 158
内的世界 109, 127, 128, 145, 181, 195
内的対象 90, 103
内的対象関係 86, 92
仲間関係 29, 32, 41, 43, 44, 47
　　――の障害 47
泣き 4, 5
ナルシシズム 139　→自己愛
二元本能論 51
二次的（象徴的）心理化 187
二次的（象徴的）表象 190, 191, 193, 210
二次的自律性 57
二次的動因説 vii
二次的欲求 2, 181
乳児観察 130, 135
乳児の心理学的誕生 178
乳児の精神病理から成人の精神病理への道筋 47
乳児-（母）親心理療法 171, 172, 173, 174
ニューヨーク精神分析協会（the New York Psychoanalytic） 137
人間主義者 137

人間主義的精神分析 137
『人間モーゼと一神教』 52
認識論 147, 148
認知行動療法 162
ネガティヴな反応性 25
ネグレクト 195, 197, 209
熱線追尾ミサイル（heat-seeking missile） 5
涅槃 91
呑み込み（incorporation） 62, 63
ノルアドレナリン 161

ハ 行

パーソナリティ構造 141
　　マゾヒズム的な―― 125
パーソナリティ障害 14, 84, 212
パーソナルな関係 105, 180
パートナーシップ 7, 29, 71
這い 5
剥奪 27, 47, 48, 51, 52, 74, 97, 100, 111, 172, 175, 206
発生的な観点 15
発生論的な誤謬 57
発達精神病理学 79
発達遅滞 3
発達的ガイダンス 172
母親中心主義 115
母親の原初的没頭 104
母親非難 115
ハムステッド・クリニック 72, 76
ハムステッド戦争孤児院 73
破滅の感覚 107
パラタクシック的歪曲（parataxic distortion） 141
場理論 59, 145
ハル学派 2
ハンガリー学派 105
反抗挑戦性障害（Oppositional Defiant Disorder: ODD） 44
犯罪行動 34
反社会性 35
反社会的行動 112
反社会的パーソナリティ障害 34
万能感 201

万能性　80, 91, 119, 123, 132
万能的な対象　128
反発的・衝動的行動　43
反復強迫　56, 156
悲哀（mourning）　3, 26, 45, 152
ピアジェ学派　9
ビーレフェルト縦断研究　29
比較行動学　4, 15, 59, 127
引きこもり　81, 107
非共有環境　75, 207
非行　85
悲惨なジレンマ（harrowing dilemma）　118
『ヒステリーの病因論』　52
一人遊び　109
評価（appraisal）　8
表現型　156
表象　viii, 10, 15, 21, 29, 31, 37, 48, 52, 58, 61, 64, 72, 77, 85, 86, 87, 93, 96, 108, 109, 121, 122, 123, 124, 126, 127, 131, 132, 133, 134, 135, 142, 154, 157, 158, 165, 170, 176, 177, 178, 179, 182, 185, 187, 188, 189, 192, 197, 198, 202, 203, 208, 210, 211
表象システム　9, 10, 141, 168, 181, 198, 208, 209
　——の石化　198
表象操作　134
表象的無意識　157, 158
表象能力　31
表象モデル　9, 12, 208
不安（anxiety）　6, 53, 58, 74, 75, 78, 91, 99, 100, 101, 103, 106, 122, 125, 162, 176, 191, 205
不安障害　32
ファンタジー　v, 11, 12, 41, 51, 56, 86, 90, 91, 96, 101, 128, 133, 138, 144, 155, 158, 159, 168, 189, 193, 207
不安定型（insecure）　9, 22, 25, 27, 28, 30, 31, 32, 33, 42, 49, 50, 79, 93, 94, 95, 101, 108, 152, 170, 202, 203, 204
不安定・無秩序型　42, 49
フィロバティックな（philobatic）態度　106, 205
孵化期〔分化期〕　71
侮辱型（denigrating）（Ds 2）　205
物質乱用　39

不当な演繹　134
部分対象　91, 94, 126
部分対象関係　82
部分剥奪　3
プラグマティズム　138
ブラゼルトンの新生児行動評価尺度　38
ふり　188, 189, 192, 193, 194, 195, 197
ふり遊び（pretend play）　186, 191
プロトタイプ　95, 133, 147
分析家の客観性　149
分離　vi, 2, 3, 6, 8, 11, 14, 18, 20, 36, 46, 71, 72, 78, 79, 84, 85, 95, 104, 109, 131, 203, 205
　——の罪悪感（separation guilt）　117
分離-個体化　ix, 69, 76, 84, 150
分離-個体化期　71, 85
分離不安　72, 79
分離不安テスト（SAT：Separation Anxiety Test）　20
分類不能型　46, 99, 126
分離理論（separation theory）　131
分類不能不安定型　19
ベイリー乳幼児発達尺度　38
並列分散処理モデル　133
ベータ要素　186
ペニス羨望　120
ペプチド　162
扁桃体　49
変容性内在化　179
防衛　53, 58, 71, 80, 87, 100, 101, 108, 109, 117, 125, 128, 158, 168, 173, 174, 177, 181, 191, 211
防衛機制　74, 75, 162, 163, 177
防衛的探索活動　156
防衛的排除　159
防衛様式　209
放出（discharge）　116, 180
暴力　42
『母子関係の理論』（Attachment and Loss）　7
ポジション　101
　——間の行き来　101
母子相互作用　86, 184
ポスト・クライン派　100
ポスト・コフート派　120
ポストモダン　146

ボストン精神分析協会　183
母性的世話　115
母性的養育の剥奪（maternal deprivation）　2, 8
欲すること（willing）　107, 108
ほどよい（good-enough）　65, 107, 111, 115, 172, 179
ホメオスタシス　60
本当の自己（true self）　106, 107, 109, 110, 112, 187
ボンネットモンキー　161
本能　vii, 54, 57, 69, 71, 72, 75, 76, 87, 115, 117, 128
本能的欲動　56

マ　行

マーラー学派　104
魔術的な統制　96
魔術的万能性（magical omnipotence）　71, 105
未解決・安定型　40
未解決型　22, 26, 39, 40, 165
未解決の恐怖　152
未解決の心的状態　34, 41
未解決・不安定型　40
ミネアポリス・プロジェクト　29
無意識　v, 22, 104, 158, 162, 163
無意識的罪悪感　157
無意識的衝動　173
無意識的忠誠　158
無意識的懲罰　157
無意識的ファンタジー　125, 187
無時間性（timelessness）　157
無生物対象　118
無秩序・安定型　40
無秩序型　13, 18, 19, 20, 22, 26, 30, 32, 33, 37, 38, 39, 41, 42, 43, 44, 45, 46, 48, 49, 54, 65, 74, 79, 96, 97, 118, 150, 151, 152, 153, 154, 166, 169, 170, 186, 205
無秩序型愛着
　──と解離　45
　──と児童期の攻撃性　42
　──と親密な関係のなかにおける暴力　46
　──の原因とその発達経路　39
無秩序型統制的愛着　42
無秩序・不安定型　40, 41
無力感　41, 153, 154, 205
メインとキャシディの幼稚園児を対象とした愛着分類　19
メタ心理学　vii
メタ認知　94, 111
メタ認知能力　185, 211
メタ分析　25, 37, 39, 41
メランコリー　152
面接者効果　23
メンタルモデル　134, 135
妄想的な心身の融合　71
妄想-分裂　101, 126
妄想-分裂的様式　209
妄想-分裂ポジション　91, 93, 95, 160, 203, 204
目標修正的（goal-corrected）　5
もの想い（reverie）　98
物語（story）　164, 169
模倣　83
問題焦点型コーピング　44

ヤ　行

薬物乱用　34, 206
役割　87, 94
役割応答性（role responsiveness）　86, 157
役割逆転　166
唯一性（uniqueness）　138
誘惑仮説（seduction theory）　52, 144, 175
良い対象　91, 100, 160
養育-愛着システム　153
養育システム（caregiving system）　6, 173
『幼児期と社会』　65, 179
幼児的快感の粘着性（adhesiveness of infantile pleasures）　157
幼児的誇大感　119
幼児的自己愛　121
幼児的万能性　119, 121, 123
抑圧　80, 104, 162, 163
抑うつ　3, 27, 32, 36, 39, 58, 61, 82, 97, 101, 132, 161, 162, 206
　依存型（依託的）──　36

事項索引　303

自己批判型（取り入れ的）――　36
抑うつ的償い　94, 204
抑うつ的不安　91
抑うつポジション　91, 93, 94, 95, 100, 108, 160, 186, 203, 204
欲動　v, 4, 58, 62, 69, 76, 86, 87, 107, 119, 120, 123, 127, 142
欲動興奮　187
欲動モデル　62, 63
欲動論　vi, 181, 202
欲求不満　105, 119
欲求不満耐性　44

ラ 行

ライフサイクル　84
『理解の誤謬』　148
力動的な観点　15
RIGs〔一般化された相互作用に関する表象〕　64
リスク・モデル　50
理性による支配　89
理想化　93, 94, 119, 122
リビドー　54, 63, 76, 120, 137
――の固着性　54
リビドー対象　59
リビドー段階　71
リビドー的本能　3, 68
リビドー発達段階　57, 58
流動性　187
両価的行動傾向（ambitendency）　78
利用可能性（availability）　8, 9, 10, 12, 18, 110
　→情緒的利用可能性
臨界期　127
ルーマニアの孤児　38, 48
恋愛的愛着　24
連結（linking）　186
練習期　71, 76, 84
連続尺度的測定　96
ロマン主義　89, 90
ロンドン親子プロジェクト（London Parent-Child Project）　66

ワ 行

ワーキングスルー　149
私と私でないものの区別　106, 107
悪い対象　91, 144, 160

訳者紹介〔分担箇所〕

工藤晋平（くどう・しんぺい）　〔8・11・12章〕
2003年　九州大学大学院人間環境学府博士後期課程単位取得退学　博士（心理学）
現　在　名古屋大学学生支援センター特任准教授

中尾達馬（なかお・たつま）　〔1・2章〕
2004年　九州大学大学院人間環境学府博士後期課程単位取得退学　博士（心理学）
現　在　琉球大学教育学部准教授

野村晴夫（のむら・はるお）　〔4・9・10章〕
2003年　東京大学大学院教育学研究科博士課程単位取得退学　博士（教育学）
現　在　大阪大学大学院人間科学研究科教授

西村佐彩子（にしむら・さやこ）　〔序文・3・13・14章〕
2004年　九州大学大学院人間環境学府博士後期課程単位取得退学　博士（心理学）
現　在　京都教育大学教育学部准教授

義田俊之（よしだ・としゆき）　〔5・6・7章〕
2007年　九州大学大学院人間環境学府博士後期課程単位取得退学
現　在　国際医療福祉大学福岡保健医療学部講師

監訳者紹介

遠藤利彦（えんどう・としひこ）

1962年	山形県に生まれる
1986年	東京大学教育学部卒業
1992年	東京大学大学院教育学研究科博士課程単位取得退学
現　在	東京大学大学院教育学研究科教授，同附属発達保育実践政策学センター長，博士（心理学）
専　攻	発達心理学・感情心理学
著訳書	『発達心理学の新しいかたち』（編著）誠信書房　2005 『読む目・読まれる目』（編著）東京大学出版会　2005 『アタッチメントと臨床領域』（共編著）ミネルヴァ書房　2007 ブリッシュ『アタッチメント障害とその治療』（共監訳）誠信書房　2008　他

北山　修（きたやま・おさむ）

1946年	淡路島に生まれる
1972年	京都府立医科大学卒業 ロンドンのモーズレイ病院とロンドン大学精神医学研究所で卒後研修
現　在	九州大学名誉教授，国際精神分析協会正会員
専　攻	精神分析学
著訳書	『精神分析理論と臨床』誠信書房　2001 『劇的な精神分析入門』みすず書房　2007 『評価の分かれるところに』誠信書房　2013 『意味としての心──「私」の精神分析用語辞典』みすず書房　2014 ストレイチー『フロイト全著作解説』（監訳）人文書院　2005　他

ピーター・フォナギー　愛着理論と精神分析

2008年3月30日　第1刷発行
2019年5月25日　第5刷発行

監訳者		遠藤利彦 北山　修
発行者		柴田敏樹
印刷者		日岐浩和
発行所	株式会社	誠信書房

〒112-0012　東京都文京区大塚3-20-6
電話　03 (3946) 5666
http://www.seishinshobo.co.jp/

中央印刷　清水製本
検印省略
ⓒ Seishin Shobo, 2008

落丁・乱丁本はお取り替えいたします
無断で本書の一部または全部の複写・複製を禁じます
Printed in Japan
ISBN 978-4-414-41429-5 C3011

アタッチメントに基づく評価と支援

北川 恵・工藤晋平 編著

実証研究で標準化された乳幼児から成年までのアタッチメントのアセスメント法・測定法を紹介し、その評価方法や支援の実際を示す。

主要目次
Ⅰ 理論編
第1章 生涯にわたるアタッチメント
第2章 乳幼児期のアタッチメン
第3章 児童期から成人期のアタッチメント
Ⅱ アタッチメントのアセスメント
第4章 観察法
第5章 面接法
　　　──成人アタッチメント面接
第6章 質問紙法
Ⅲ 臨床実践におけるアタッチメントの理解
　　（評価）と支援
第7章 アタッチメントに基づく親子関係の
　　　理解と支援
第8章 社会的養護における関係支援
第9章 自閉症を抱える子どもと親の
　　　関係支援
第10章 司法における介入／他

A5判並製　定価（本体2700円＋税）

子どものこころの発達を支えるもの
アタッチメントと神経科学、そして精神分析の出会うところ

グレイアム・ミュージック 著
鵜飼奈津子 監訳

タビストック・クリニックの指導的心理療法士が、子どもの心理・社会的発達に関する重要な問題について、解決に導く論点を提示する。

主要目次
第1章 序論：群盲象を評す
Part 1 情緒的・社会的発達の始まり
第2章 命の始まり：受精から誕生まで
第3章 関係性の中に生まれてくる／他
Part 2 さまざまな観点から
第5章 共感、自己、そして他者のこころ／他
Part 3 発達の力とその諸段階
第7章 言語、言葉、そして象徴／他
Part 4 早期の体験の結末
第11章 トラウマ、ネグレクト、そしてその影響
第12章 遺伝子，素質と養育
第13章 本書のまとめ：早期の体験とその長期的な結末

A5判並製　定価（本体3200円＋税）